社会物流
成本效率及发展趋势

李琰 著

知识产权出版社
全国百佳图书出版单位
—北京—

图书在版编目（CIP）数据

社会物流成本效率及发展趋势/李琰著. —北京：知识产权出版社，2019.10
ISBN 978-7-5130-6514-6

Ⅰ. ①社… Ⅱ. ①李… Ⅲ. ①物流—成本管理—研究—中国 Ⅳ. ①F259.22

中国版本图书馆 CIP 数据核字（2019）第 220496 号

责任编辑：荆成恭　　　　　　　　　责任校对：谷　洋
封面设计：臧　磊　　　　　　　　　责任印制：孙婷婷

社会物流成本效率及发展趋势
李　琰　著

出版发行：	知识产权出版社 有限责任公司	网　址：	http://www.ipph.cn
社　址：	北京市海淀区气象路 50 号院	邮　编：	100081
责编电话：	010-82000860 转 8341	责编邮箱：	jcggxj219@163.com
发行电话：	010-82000860 转 8101/8102	发行传真：	010-82000893/82005070/82000270
印　刷：	北京九州迅驰传媒文化有限公司	经　销：	各大网上书店、新华书店及相关专业书店
开　本：	720mm×1000mm　1/16	印　张：	18.75
版　次：	2019 年 10 月第 1 版	印　次：	2019 年 10 月第 1 次印刷
字　数：	288 千字	定　价：	89.00 元
ISBN 978-7-5130-6514-6			

出版权专有　侵权必究
如有印装质量问题，本社负责调换。

前　言

　　物流是物品从供应地向接收地的实体流动过程中的一系列活动，而物流管理则是指在社会生产过程中，根据物质资料实体流动的规律，应用管理的基本原理和科学方法，使各项物流活动实现最佳的协调与配合，从而达到降低物流成本、提高物流效率和经济效益的效果。党的十九大以及陕西省十三次党代会的精神、深化供给侧结构性改革等一系列政策措施的落实，带动了陕西省经济的飞速发展，从而促进了物流业的发展，社会物流总额规模也随之扩大，相应地，如何降低社会物流总成本成为制约物流业进一步发展的最主要因素。本书试图借鉴社会物流成本的相关理论和方法，依照"理论研究—现状分析—模型构建—体系设计—对策建议"的思路，希望通过对陕西省社会物流成本的研究，发现影响社会物流成本增加的主要因素，并对社会物流成本的降低提供一定的思路，也为政府对社会物流成本这一反映区域经济情况的宏观指标的统计及预测提供一定的方法。

　　本书第 1 章首先介绍了物流业背景和研究意义；其次从社会物流成本、产业结构、成本效率、社会物流成本预测、社会物流成本核算方法和社会物流成本控制六个角度进行了国内外研究现状分析及文献评述，并说明了本书的研究内容和研究方法。

　　第 2 章主要阐述了物流业及物流成本的概念，并提出利用成本效率及成本控制来保证物流系统中各个要素的有效监督、提高物流成本控制的效率，最终达到成本控制目标的实现。本章还介绍了各个分析方法及模型，同时对各个分析方法及模型在物流业的成本分析中的优劣及影响因素做了详细说明与对比。分析方法有时间序列平稳性检验、多元线性回归分析、数据包络分析、随机前沿分析法、主成分分析法等；模型有灰色 GM（1，1）模型、BP 神经网络模型。

第 3 章将社会物流成本的影响因素分为第一产业、第二产业、第三产业、基础设施水平、经济发展水平五个部分，以 1998—2017 年的数据为样本区间，研究了影响社会物流成本的因素有哪些，各影响因素之间的关系以及社会物流成本与主要影响因素第一产业内部行业间的关系。结果表明，社会物流成本与第一产业具有正相关关系，与经济发展水平具有正相关关系，经济发展的影响相较于第一产业对成本的影响更强；社会物流成本与农业、渔业具有正相关关系，与牧业、林业没有协整关系，且农业相较于渔业对成本的影响更强。

第 4 章首先从物流业相关政策、基础设施、总费用和能源投入四个方面分析了陕西省物流业成本投入现状；其次通过 DEA 的三种模型，即 CCR、BCC 和超效率 DEA 模型，构建了成本效率投入产出指标体系，对陕西省物流业 2005—2017 年的成本效率进行了测算；最后基于效率影响因素理论，选取了陕西省 GDP、产业结构、在校人数、对外开放程度和城镇化水平五个指标，构建了 SFA 模型。并根据得出的各个因素对物流业成本效率不同的影响程度，从四个方面提出了提高陕西省物流业成本效率的建议。

第 5 章首先对陕西省经济发展现状及陕西省物流基础设施的情况进行了总结；其次从陕西省物流需求方面进行现状分析；最后构建了陕西省社会物流成本预测的主成分线性回归模型和灰色神经网络模型，并将两种预测模型的结果进行了对比。对比后发现，后者的精确度要优于前者，并且根据实证结果显示，陕西省社会物流成本在未来的一段时间内会呈现上升的趋势，本书也据此提出了降低陕西省物流成本的对策建议。

第 6 章首先在对我国的物流业成本的相关政策、社会物流总费用、物流业能源投入、物流业基础设施建设、物流业相关行业发展、物流业需求这六个方面的现状分析基础上，通过 CCR、BCC 和超效率 DEA 模型三种 DEA 的模型，构建了成本效率投入产出指标体系，对中国物流业 2005—2017 年成本效率进行了测算；其次通过中国与陕西省物流产业成本效率的

前　言

对比发现，整体上陕西省物流业成本效率低于全国水平；再次通过建立基于时间序列的灰色 GM（1，1）预测模型对我国 2018—2023 年的运输成本、库存成本、管理成本和社会物流成本进行预测，发现随着时间增长，我国社会物流成本的增长率将在 2023 年下降至 9% 左右，低于社会物流总额的增长速度；最后，提出我国的物流业成本效率的提高应该在促进技术进步、提高纯技术效率、提高规模效率三个方面着手。

第 7 章从案例入手开始分析。首先在对整个快递行业现状分析的基础上，对 YT 快递公司当前的成本核算以及控制现状进行分析，并发现当前公司在物流成本核算以及控制方面存在的问题；其次用作业成本法对 YT 公司的资源费用进行归集分配并核算物流成本，与传统成本核算方法进行比较；最后对 YT 快递公司物流成本控制方法进行研究并提出建议。

第 8 章对全书所做的工作及研究成果进行总结，并提出今后研究的展望。

本书的出版得到了西安科技大学的支持，谨在此向支持作者研究工作的所有单位表达诚挚的谢意；感谢参与本课题研究的研究生冉小佳、乔立、崔天舒、刘洋、陈潇沛、侯璟、蓝馨蕊、张丹菲、丁佳佳、徐鼎杰、孙锦程、毛钰、李福林的工作；感谢知识产权出版社的有关人员为本书出版付出的辛勤劳动。

由于作者理论修养和自身能力的局限性，本书必然存在不足与缺陷，敬请各位不吝指正。在本书的写作过程中，曾参考和引用了国内外学者的相关研究成果和文献，在此一并向他们表示诚挚的感谢！

作者
2019 年 7 月

目 录

第 1 章 绪论 ·· 1
  1.1 研究背景及意义 ·· 1
    1.1.1 研究背景 ·· 1
    1.1.2 研究意义 ·· 6
  1.2 国内外研究现状 ·· 9
    1.2.1 社会物流成本 ·· 9
    1.2.2 产业结构 ·· 16
    1.2.3 成本效率 ·· 17
    1.2.4 社会物流成本预测 ·· 22
    1.2.5 社会物流成本核算方法 ·· 29
    1.2.6 社会物流成本控制 ·· 30
    1.2.7 文献评述 ·· 32
  1.3 研究方案 ·· 34
    1.3.1 研究内容 ·· 34
    1.3.2 研究方法 ·· 35
    1.3.3 技术路线图 ··· 37

第 2 章 相关理论与方法 ·· 38
  2.1 物流与物流业 ··· 38
    2.1.1 物流 ··· 38
    2.1.2 物流业 ··· 40
  2.2 物流成本相关概念 ··· 41
    2.2.1 物流成本含义及分类 ··· 41
    2.2.2 社会物流成本含义及构成 ··· 42
  2.3 成本效率 ·· 43
  2.4 成本控制理论 ··· 45
    2.4.1 系统论 ··· 45

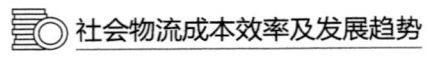

  2.4.2 控制论 …………………………………………………… 46
  2.4.3 信息论 …………………………………………………… 46
 2.5 分析方法及模型介绍 ………………………………………… 47
  2.5.1 时间序列平稳性检验 …………………………………… 47
  2.5.2 协整检验与格兰杰因果检验 …………………………… 48
  2.5.3 多元线性回归分析 ……………………………………… 50
  2.5.4 数据包络分析法 ………………………………………… 52
  2.5.5 随机前沿分析法 ………………………………………… 55
  2.5.6 主成分分析法 …………………………………………… 56
  2.5.7 灰色 GM(1,1)模型 ……………………………………… 59
  2.5.8 BP 神经网络模型 ………………………………………… 62
  2.5.9 作业成本法 ……………………………………………… 64

第 3 章 我国社会物流成本的影响因素研究 …………………………… 69
 3.1 机理分析与研究假设 ………………………………………… 69
  3.1.1 产业结构与社会物流成本 ……………………………… 70
  3.1.2 基础设施水平与社会物流成本 ………………………… 71
  3.1.3 经济发展水平与社会物流成本 ………………………… 72
  3.1.4 本节总结 ………………………………………………… 73
 3.2 社会物流成本影响因素的实证分析 ………………………… 73
  3.2.1 变量设计与模型构建 …………………………………… 73
  3.2.2 数据收集与处理 ………………………………………… 77
  3.2.3 社会物流成本影响因素的关系研究 …………………… 79
  3.2.4 社会物流成本与第一产业内部的实证分析 …………… 99
  3.2.5 实证结果分析 ………………………………………… 108
  3.2.6 本节总结 ……………………………………………… 110

第 4 章 陕西省物流业成本效率及其影响因素分析 ………………… 111
 4.1 陕西省物流业成本投入现状 ……………………………… 111
  4.1.1 物流业相关政策现状 ………………………………… 111
  4.1.2 物流业基础设施现状 ………………………………… 113
  4.1.3 社会物流总费用现状 ………………………………… 115
  4.1.4 物流业能源投入现状 ………………………………… 116
  4.1.5 本节总结 ……………………………………………… 118
 4.2 陕西省物流业成本效率分析 ……………………………… 118
  4.2.1 成本效率的投入产出指标选取 ……………………… 119

目 录

   4.2.2 样本数据来源……121
   4.2.3 陕西省物流业成本效率实证分析……122
   4.2.4 本节总结……131
  4.3 陕西省物流业成本效率影响因素分析……131
   4.3.1 物流业成本效率影响因素……131
   4.3.2 成本效率影响因素实证分析……138
   4.3.3 提高陕西省物流业成本效率的建议……142
   4.3.4 本节总结……144

第5章 陕西省社会物流成本预测研究……146
  5.1 陕西省社会物流成本现状分析……146
   5.1.1 社会物流总额规模持续扩大……146
   5.1.2 物流基础设施不断完善……149
   5.1.3 物流需求不断扩大……155
   5.1.4 本节总结……161
  5.2 陕西省社会物流成本指标体系构建……162
   5.2.1 陕西省社会物流成本影响因素分析……162
   5.2.2 陕西省社会物流成本预测指标体系构建……164
   5.2.3 陕西省社会物流成本指标体系关联度分析……169
   5.2.4 本节总结……173
  5.3 陕西省社会物流成本预测分析……174
   5.3.1 主成分线性回归模型……174
   5.3.2 灰色神经网络预测模型……181
   5.3.3 两种预测模型结果对比……184
   5.3.4 灰色神经网络模型预测……185
   5.3.5 陕西省社会物流成本有效控制的对策建议……186
   5.3.6 本节总结……188

第6章 我国社会物流业成本效率及预测研究……189
  6.1 我国物流业成本投入现状……189
   6.1.1 物流业相关政策现状……189
   6.1.2 社会物流总费用现状……192
   6.1.3 物流业能源投入现状……194
   6.1.4 物流业基础设施现状……195
   6.1.5 物流相关行业发展现状……198
   6.1.6 物流业需求现状……203

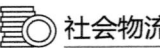

6.2　我国社会物流业成本效率分析……………………………… 206
　　　　6.2.1　样本数据来源 ………………………………………… 206
　　　　6.2.2　我国物流业成本效率实证分析 ……………………… 207
　　　　6.2.3　我国与陕西省物流业成本效率比较 ………………… 213
　　　　6.2.4　我国社会物流成本预测 ……………………………… 214
　　　　6.2.5　提高我国物流成本效率的建议 ……………………… 218
　　　　6.2.6　加强我国社会物流成本控制的建议 ………………… 223

第7章　物流成本核算与控制的案例分析 …………………………… 224
　　7.1　物流成本核算程序……………………………………………… 224
　　7.2　物流现状分析…………………………………………………… 227
　　　　7.2.1　YT快递公司概况及行业背景介绍 …………………… 227
　　　　7.2.2　YT快递公司物流成本核算与控制现状 ……………… 231
　　　　7.2.3　YT快递公司物流成本核算与控制存在的问题 ……… 234
　　　　7.2.4　本节总结 ……………………………………………… 236
　　7.3　基于作业成本法的物流成本核算与分析……………………… 237
　　　　7.3.1　YT快递公司应用作业成本法核算的可行性分析 …… 237
　　　　7.3.2　基于作业成本法的YT快递公司物流成本核算 ……… 239
　　　　7.3.3　基于作业成本法核算的物流成本分析 ……………… 248
　　　　7.3.4　与传统成本法核算结果比较 ………………………… 254
　　　　7.3.5　本节总结 ……………………………………………… 255
　　7.4　物流成本控制研究……………………………………………… 256
　　　　7.4.1　物流成本控制原则及主要思路 ……………………… 256
　　　　7.4.2　整体作业流程控制 …………………………………… 259
　　　　7.4.3　重点作业物流成本控制 ……………………………… 269
　　　　7.4.4　本节总结 ……………………………………………… 273
　　7.5　物流成本控制措施……………………………………………… 274
　　　　7.5.1　以人为本,加强员工归属感 …………………………… 274
　　　　7.5.2　夯实底盘,加强基础建设 ……………………………… 274
　　　　7.5.3　合理规划运输路线,减少运输成本 …………………… 274
　　　　7.5.4　降低场地使用费,提高场地坪效 ……………………… 275

第8章　研究结论与展望 ………………………………………………… 276
　　8.1　研究结论………………………………………………………… 276
　　8.2　展望……………………………………………………………… 278

参考文献 …………………………………………………………………… 279

第1章 绪论

1.1 研究背景及意义

1.1.1 研究背景

物流业虽然属于新兴行业,但无论在国内还是在国外都被看作是一个国家整体经济发展的动力和具有良好市场前景的行业。尤其是近年来,物流业更被称为"第三方"利润的来源,是继自然资源、人力资本效率提升到达一定程度之后,整体国民经济或者各行各业新的利润增长点,是衡量现代化国家综合实力的主要因素,对经济发展起着重要的推动作用,是国民经济增长的"加速器"。物流业凭借其产业关联性和带动效应,已成为不可忽视的产业。物流业对经济发展的贡献也逐渐凸显,可以说,大力发展物流业对提高整个社会经济效益、推动社会经济发展以及促进产业结构的优化都具有重要意义。自20世纪70年代末物流(业)概念在中国出现以来,经过几十年的积累与成长,到21世纪物流业在中国飞速发展,经历了一段令人惊叹的发展历程。截至2018年年底,中国物流业市场规模仍保持全球第一,未来几年,中国物流业仍将快速发展。物流业作为国民经济基础产业,融合了道路运输业、仓储业和信息业等多个产业,涉及领域广,吸纳就业人数多,其发展可以推动产业结构的调整和升级,发展程度成为衡量综合国力的重要标志之一。物流行业规模与经济增长速度具有相关关系,近十几年的物流业快速发展主要得益于国内经济的增长,但与发达国家的物流业发展水平相比,我国物流业尚处于发展期向成熟期过渡的阶段。

社会物流成本效率及发展趋势

据统计，2010—2017 年，我国社会物流总额从 125.4 万亿元攀升至 252.8 万亿元，实现 10.53% 的年均复合增长率，社会物流需求总体上呈增长态势，如图 1-1 所示。2017 年全国社会物流总额为 252.8 万亿元，按可比价格计算，比 2016 年增长 6.7%，增速比 2016 年提高 0.6 个百分点；2018 年 1—10 月，全国社会物流总额达到 206.3 万亿元，同比增长 6.8%。总体来看，物流需求各季度增速平稳，比 2007 年同期增幅有所扩大，回升的态势更加明显。

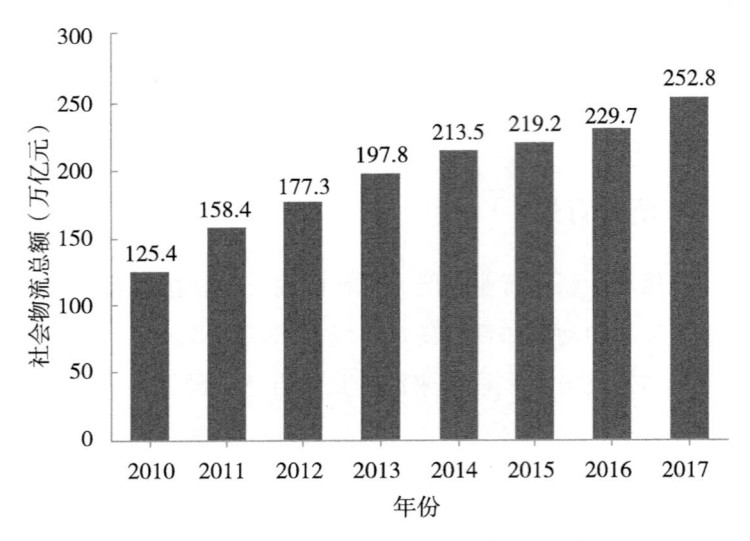

图 1-1　2010—2017 年全国社会物流总额

与此同时，2010—2017 年期间，全国社会物流总费用从 7.1 万亿元上升到 12.1 万亿元，年均复合增长率为 7.91%，体现出我国物流行业在需求旺盛的情况下，物流总费用规模也不断扩大，如图 1-2 所示。2016 年，我国社会物流总费用为 11.1 万亿元，同比增长 2.9%，增速比 2015 年提高 0.1 个百分点，增长速度与过去几年相比明显放缓。2017 年社会物流总费用 12.1 万亿元，同比增长 9.2%，增速低于社会物流总额、GDP 现价增长。2017 年社会物流总费用占 GDP 的比重为 14.6%，比 2016 年同期下降 0.3 个百分点。我国物流业近年来的发展面临的核心问题是效率低和成本高。近年来，我国社会物流总额不断升高，但社会物流总费用占 GDP 的比重一直维持在 18% 左右，直到 2016 年才有所下降，如图 1-3 所示。这一比例比全球平均水平高约 6.5%，比物流业发展水平较高的美、日、德三国平均高约 9.5%，比"金砖"国家巴西、印度两国平均高约 5%。造成我国物流成本偏高的因素有多种，其中有合理的也有不合理的，有的与我国物流业自身发展密切相关，有的与国家经济发展水平、产业结构相关。我国的物流成本居高不下，已成为制约物流业发展和经济进步的巨大障碍。

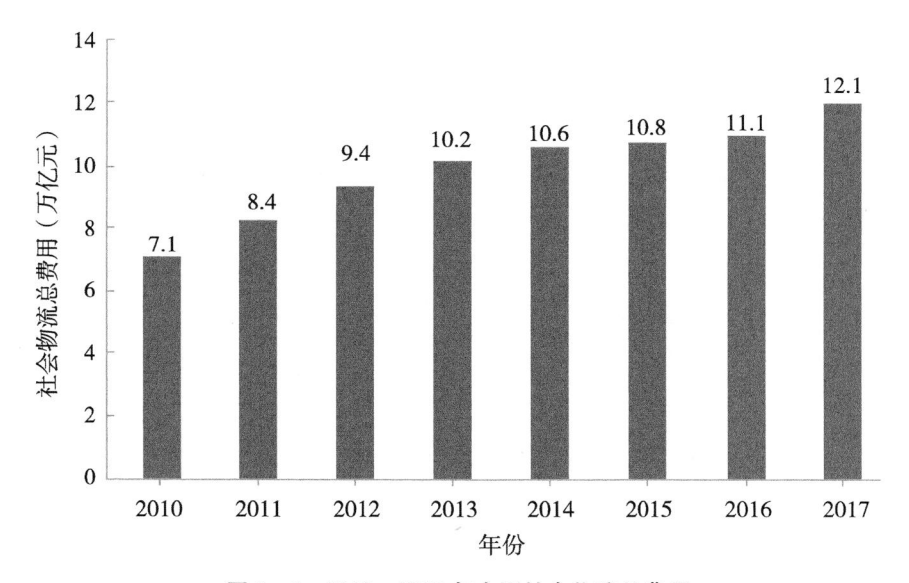

图 1－2 2010—2017 年全国社会物流总费用

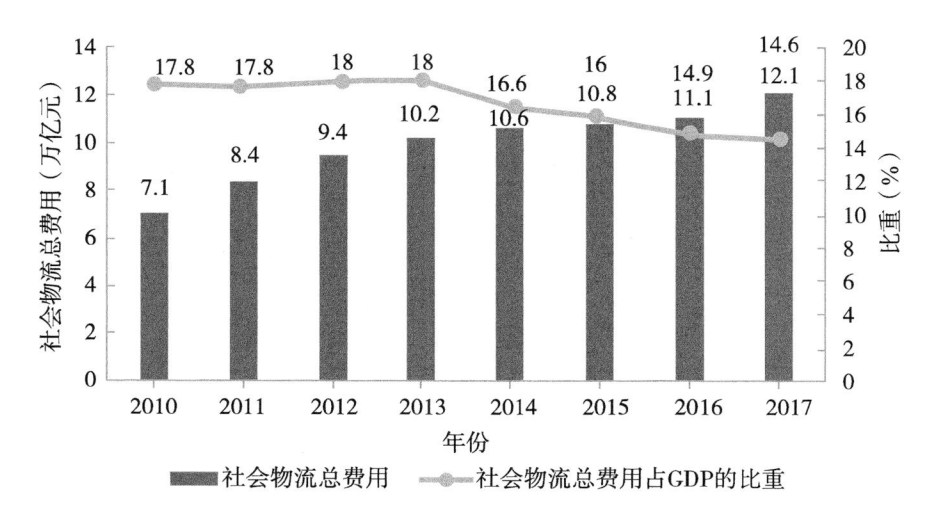

图 1－3 社会物流总费用及其占 GDP 的比重

物流业的有序发展需要具有与之相匹配的市场环境以及政府的大力支持。2012年我国以贯彻落实"物流国九条"为主线，相继出台了《降低流通费用10项政策措施》以及《关于深化流通体制改革加快流通产业发展的意见》（又称"物流国十条"）。促进物流业发展的政策和规划的相继出台，使我国物流业发展的政策环境不断得到改善。

"十三五"期间，国家发展改革委将按照引领经济新常态、贯彻发展新理念的要求，进一步把物流业降本增效和服务国家重大战略，作为降成本、补短板、推进供给侧结构性改革的重点任务，着力推动物流业创新发展。一方面，通过创新物流体制机制、完善相关政策、加强物流重要节点建设、支持第三方物流和多式联运等新模式发展，以此来减轻税费等负担、促进物流业降本增效、助力实体稳增长；另一方面，通过谋划构建国际物流大通道、推进京津冀农产品流通体系创新、加快以长江黄金水道为核心的多式联运发展等，服务于"三大战略"。同时，继续组织实施好现代物流重大工程、物流领域试点示范和行业标准制定、修订等基础性工作，促进物流业持续健康发展。

2013年中国物流业经过了一系列调整和改革，物流业呈现稳步良好发展的态势。国家发展和改革委员会综合运输研究所有关负责人表示，自2013年以来，我国物流业迎来巨大的发展机遇。一方面，物流与"走出去"产业布局紧密结合，例如，由我国投资、建设和运营的"物流、产业、城市（园区）"一体化合作平台，实现了物流与关联产业的联动发展，为物流产业提高发展层次和水平带来了机遇；另一方面，国际产能合作规模的扩大，推动我国和相关国家物流系统建设、运营及依托物流企业的物流服务的发展，为物流产业的扩张发展提供了契机。

陕西省作为重点物流省份，近几年，其物流业的发展面临着前所未有的机遇与挑战。一方面，陕西省位于中国版图的中心位置，从所处地域来看，陕西东面紧邻山西、河南，西面紧连甘肃、宁夏，南面紧接四川、重庆、湖北，北面紧靠内蒙古，是中国毗邻省份最多的省份之一，且其对内连接东部沿海地区和西部地区、对外连通中亚地区。这一地理位置横跨黄河和长江两大流域中部，是连接中国东、中部地区和西北、西南地区的重要枢纽,起着承东启西的作用;同时又是通向中亚、西亚、南亚的有利通路,在对外开放中处于重要地理位置。陕西省的省会西安市是古代丝绸之路的起点,是新亚欧大陆桥的重要枢纽,其物流业的发展拥有明显的地理区位优势。另一方面,陕西的交通网络体系日渐成熟,既可以连通内地又可以直通中亚。公路方面,陕西全省高速公路的里数已超过 4300 公里,形成连通东西南北的重要枢纽;铁路方面,陕西是全国六大铁路枢纽之一,重要的是开通了至中亚的"长安号"国际货运班列,目前已常态化运营的路线有:西安至鹿特丹、西安至莫斯科、西安至阿拉木图、西安至热姆;航空方面,西咸新区空港新城是全国首个国家航空城实验区,西安(咸阳)国际机场现已开通 243 条国内国际航线,且已实现 72 小时过境免签。陕西基本实现了铁路、公路、航空运输的立体联动,亚欧大陆桥陕西段的通行和辐射能力全面提升,为物流业加速发展提供了坚实的运输设施基础。物流业一头连着生产,一头连着消费,是融合运输、仓储、货代、信息等产业的复合型服务业,是支撑国民经济发展的基础性、战略性产业。加快现代物流业发展对陕西省加快建设丝绸之路经济新起点、着力打造内陆改革开放新高地具有重要意义。

从物流总额看,陕西省物流业持续较快增长。2017 年,全省社会物流总额达到 46749.4 亿元,同比增长 15.1%,增速较 2016 年提高 5.5 个百分点,高于全国 8.4 个百分点;物流相关行业实现增加值 1371.6 亿元,同比增长 7.7%,增速较 2016 年提高 1 个百分点;物流相关行业增加值占地区生产总值的比重为 6.2%,占第三产业增加值的比重为 14.8%。从物流费用看,增长加快,但运行效率也有所提高。2017 年,全省社会物流总费用为 3450.5 亿元,同比增长 11.3%,增速较 2016 年提高 3.8 个百分点。其中,物流运输环节、保管环节、管理环节总费用分别增长 9.6%、15.1%、15.1%,与 2016 年相比分别提高 3 个、5.5 个、5.5 个百分点。2017 年,全省社会物流总费用占全省地区生产总值的比重为 15.7%,较 2016 年下降 0.5 个百分点。单位 GDP 物流成本费用总水平降低,表明陕西省物流行业经济运行效率、服务水平有所提升。但与全国 14.6% 的水平相比,陕西省物流业运行的水平与全国物流业运行的平均水平还有差距。由此看来,陕西省的物流产业必须要有效降低物流成本、提高物流效率，才能有更大的利润增长空间与发展空间，促进陕西省的经济发展。

作为物流业的衍生，快递业的发展也呈现了持续快速发展的态势。2019年全国邮政管理工作会议报告中就详细说明了2018年快递业的发展情况。2018年共完成快递业务量505亿件，同比增长25.8%；业务收入6010亿元，同比增长21.2%。预计2019年业务量完成600亿件，增长20%；快递业务收入完成7150亿元，同比增长19%。近年来，国家在政策层面采取了一系列措施，如全面开放国内包裹市场、准许符合条件的外资快递企业进入市场，更加促进了快递业的有序竞争及长远发展。

伴随着我国五大快递公司的争相上市，我国快递业将进入一个全新的发展和竞争阶段，技术和资本层面的竞争也将越发的激烈，加之利润空间的压缩，各快递企业之间的价格战也逐渐趋近尾声。因此，如何精细化管理快递企业物流成本、提高物流成本控制水平是企业降本增效和提高市场竞争力的关键。目前，大多数企业在物流成本记账时并没有按照物流运作的不同阶段分别记录，而是将物流成本拆分计入整体的营运成本中，致使企业无法准确获取物流成本的有效数据及相关信息。此外，当前的核算体系导致企业不能清楚地知道物流成本究竟是发生在哪个环节，所以企业也不能根据具体阶段的成本耗费情况来对整个物流活动进行过程优化与控制，从而影响了控制效果。因此，选择科学合理的物流成本核算方法并基于此对企业物流成本进行具体的分析与控制，对中小企业物流成本的优化乃至整个物流行业的发展都具有重要意义。

1.1.2 研究意义

随着经济的发展，物流业越来越受重视，西部沿线各省市物流业面临着新的机遇和挑战。陕西省作为重要物流城市，要抢抓机遇，加快与各个国家之间的交通、物流基础设施联通能力建设，这不仅是陕西省物流业的重要任务，也是其向国际市场进军的重大机遇所在。对陕西省社会物流成本进行预测并对其效率进行研究，能够发现成本投入的冗余之处，减少成本浪费，达到资源的合理配置，可以促进物流产业的繁荣发展、降低社会

第1章 绪论

资源消耗、提高劳动生产率、降低总体费用。

随着物流业的蓬勃发展，近年来，快递业掀起上市热潮，资本的介入加快了快递业并购以及升级转型的步伐，物流（快递）业面临新一轮的重新洗牌，因此在同质化竞争较为激烈的快递市场，谁能真正做到合理的降本增效、优化物流流程，谁就能加大市场竞争优势并实现在价值链中的"爬升"。

1）理论意义

伴随着社会的进步和经济的不断发展，我国社会物流成本的影响因素可能也随之改变，因此与时俱进地丰富了社会物流成本影响因素的相关理论研究。物流成本是物流业是否能够健康发展的关键因素，与一个地区的经济、政策以及交通状况密切相关。虽然国内外学者对物流成本预测、物流成本效率进行了大量的研究，但将政策因素引入到预测指标中并对一个省的社会物流成本进行预测并研究其成本效率的很少。基于目前的政治经济环境，将政策因素加入到社会物流成本预测及成本效率的研究之中，探究陕西省社会物流成本的未来走势，并结合当地的市场环境和各种现状来构建成本效率的评价体系，同时分析其主要的影响因素，为社会物流成本的有效降低以及社会资源优化配置提供了理论基础，拓宽了物流成本的研究视野。

本书立足于丰富快递公司物流成本核算与控制的相关内容，把作业成本法引入到某具体快递公司物流成本核算分析过程中，丰富了作业成本法的研究领域。同时，通过查阅已有研究文献可知，以往针对企业物流成本控制的研究多以定性分析为主，主要从理论层面提出具体措施来说明如何控制，缺乏与定量分析的有效结合，因此本书通过引入成本价值系数，把物流作业所能创造的价值量化，并通过分析作业效率、基于量化结果识别重点作业，从而对公司的物流成本进行优化控制。本书以核算作为控制的基础、分析作为控制的手段、绩效考核作为控制的保障，丰富了作业成本法以及快递公司物流成本控制方面的研究。

2）实践意义

作为新兴产业的物流业，我国经济的繁荣使其存在着巨大的利润潜力。对社会物流成本影响因素的研究，可以为我国制定物流规划和相关物流产业政策提供依据，帮助政府、各界人士和物流相关企业了解社会物流成本与经济增长、产业结构变更等之间的关系，进一步有效地引导物流行业的成长，提高物流行业效率，改变物流资源配置不合理的现状，尽可能避免产生运输效率水平不高的现象，继而减少物流资源的浪费。

由于全国各省市物流业发展情况各不相同，对陕西省来说，怎样在面临诸多挑战下、在如此残酷的竞争中，首先抓住机遇，对其物流业的发展是至关重要的。但是，陕西省物流业存在高成本这一问题始终是其前进道路上的一块绊脚石。更加全面地认识社会物流成本、收集准确完整的物流成本数据，并据此预测，才能使陕西省社会物流成本动态状况更加清晰，为物流成本控制提供有效的途径，也为政府部门制定物流发展规划和物流发展政策、加强宏观经济调控提供依据。降低成本、提高成本效率对物流业的持续稳定发展来说至关重要。因此，对陕西省社会物流成本的研究，有利于陕西省节约物流成本，充分利用物流业的巨大利润潜力，推动经济发展，在残酷的竞争中发展壮大。

另外，本书最后选取快递公司加盟商为研究对象，为加盟制快递公司终端物流成本控制提供了参考。目前，大部分快递公司都采用加盟模式，在总部制度的规范下，各加盟公司自主经营、自负盈亏，由于总部为了占据市场而采取网点扩张布局战略，对加盟公司缺乏全方位的、有效的考核，因此，可能会导致加盟公司与总公司经营服务理念出现偏差、业务操作不规范等问题，从而导致物流活动过程中各项成本的增加。而且由于加盟商准入门槛较低、基础设施配套不齐全、管理不够精细化，因此在对物流成本核算、控制方面缺乏一套科学完整的体系，也没有把过多的关注点放在公司的物流成本控制层面，更没有从战略层面进行成本、价值分析。因此，本书的研究为加盟制快递公司精细化核算物流成本提供了思路，并对公司物流成本控制以及基于成本价值分析的战略管理决策具有重要的实践意义。基于作业成本法的物流成本核算与分析，使整个成本发生与控制过程处于可控状态。以作业为核心进行成本核算，并针对整体作业流程以及具体环节作业进行分析控制，有利于从系统全局以及物流系统各功能角

第1章 绪论

度出发,对物流整体作业链及部分影响物流成本的关键环节进行优化改进。对物流(快递)企业来说,物流成本控制的效果对企业的核心竞争力有重要影响。成本控制水平较高,有利于企业实行精益化管理,形成成本管理竞争优势,提高企业的利润空间,增强市场竞争力,对企业进一步扩大市场份额、获得更多收益等都具有十分重要的意义。

1.2 国内外研究现状

1.2.1 社会物流成本

1)社会物流成本文献计量

本书以 CNKI 中国期刊数据库为数据源,"主题 = (社会物流成本)"来搜索,选择时间为 2008 年 1 月 1 日至 2018 年 12 月 1 日,通过精确搜索,共有 170 篇文献。文献分类统计见表 1 – 1 及图 1 – 5。

表 1 – 1 社会物流成本相关文献的统计 (单位:篇)

检索词	总库	期刊论文	博硕士论文	会议论文	报纸	其他
社会物流成本	170	100	64	1	4	1

根据中国知网收集到的文献数据,得出文献量的年度分布状况,如图 1 – 4 所示。

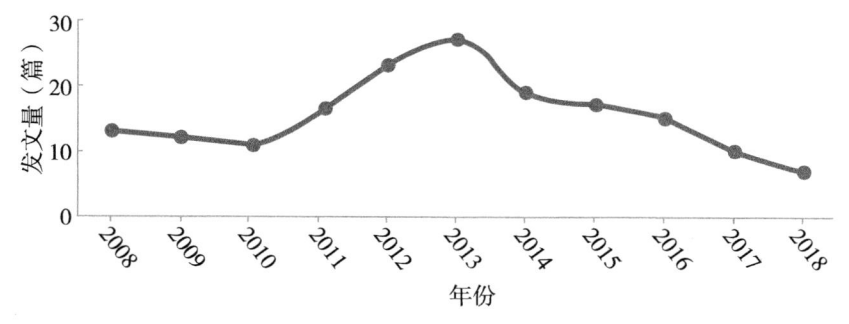

图 1 – 4 社会物流成本相关文献的年度分布

从图1-4中可以看出，社会物流成本研究文献总体呈下降趋势，2013年的文献数量最大，之后缓慢下降。虽然目前看来，该研究方向不是热门话题，但仍有值得研究的地方。

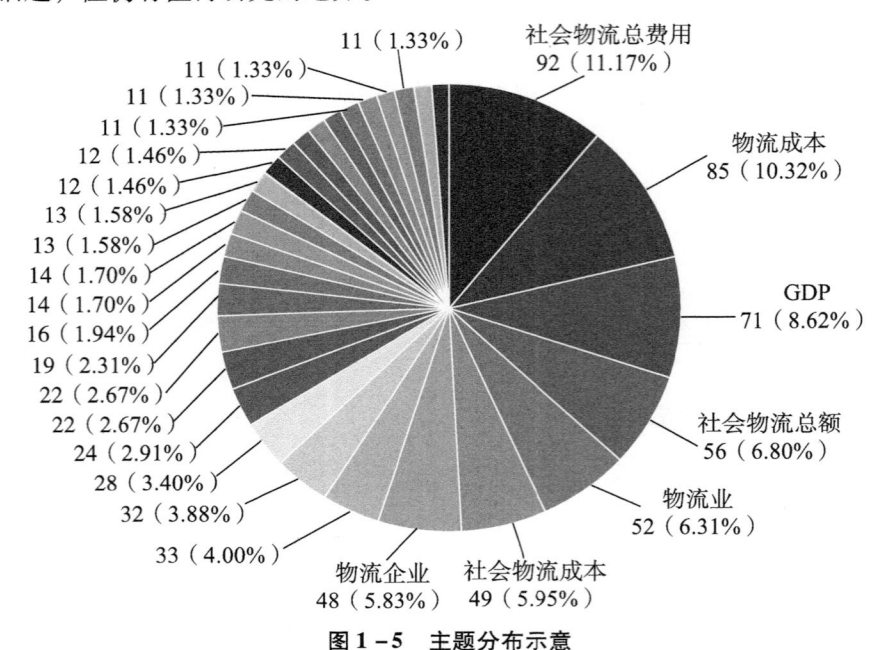

图1-5 主题分布示意

从图1-5可以看出，与"社会物流成本"相关的主题，最多的是"社会物流总费用"，随后是"物流成本""GDP""社会物流总额""物流业""社会物流成本""物流企业"等，可见探究社会物流成本的影响因素，对企业管理、社会经济发展都有促进作用，所以该方向值得我们进一步研究。

2）社会物流成本定义

Ar ChShaw（1975）在"市场流通的若干问题"中第一次提出了"物流"这一名词概念，为后续物流相关的界定及研究奠定了基础[1]。后来，随着物流行业的兴起与发展，有关物流的研究陆续开展，在美国物流协会看来，现代物流服务的主体是人，在物流服务过程中的一系列活动以及进行的管理，最终都是为了满足消费者的需求，并将物流成本界定为在服务过程中消耗的有关劳动的货币表现形式[2]。20世纪60年代，"物流"这一概念被引入日本，日本相关领域的专家认为运输费、保管费和管理费共同

第 1 章　绪论

构成了物流总成本[3]。

社会物流成本一般被简单划分为运输成本和仓储成本。此后，随着物流业不断发展，有关社会物流成本的研究越来越多，其划分也越来越具体。国外研究者 D M Lambent（1998）认为，社会物流成本主要可划分为采购成本、运输成本、库存持有成本、订单处理成本和仓储成本五类[4]。Outi Manunen（2000）结合制造业与零售业的调查，认为物流成本主要包括七类成本：采购成本、运输成本、入库物流成本、库存持有成本、储存成本、出库物流成本和销售成本[5]。Amy Z Zeng（2003）提出基于全球企业物流系统新分类的方法，将物流成本分为六类：运输成本、库存成本、管理成本、海关费用、风险和货损、包装成本[6]。同时，无论是对企业正常物流活动所产生的成本还是由于服务问题而产生的逆向物流成本来说，运输成本的影响都占据着非常重要的地位[7]。

我国"物流"的说法最早是从日文资料中引进的，是由日本相关资料中的"Logistics"翻译过来的。在国内，专家学者也对物流成本的界定提出了自己的看法，詹国华（2004）认为总物流成本是由各项物流环节的成本总和组成的，同时他把物流成本看成是一项重要的经济指标[8]。冯社苗（2010）认为社会物流成本又称宏观物流成本，是指全社会在一定时间范围内，为消除时间和空间障碍而发生的有价值的商品运动和静止行为所耗费的成本开支总额[9]。王之泰（2013）和宋则（2015）都认为物流成本包括经济性成本和体制性成本两类，在他们看来，前者是经营过程中发生的正常物流活动引起的合理成本，是无法避免的，它主要包含物流成本以及与物流活动相关的资金流、信息流和管理成本；而后者是由于不同国家体制以及制度状况的不同而发生的特殊的、不具有可比性的成本。前者需要设法降低，而后者需要坚决剔除[10-11]。徐春雨（2016）认为产品在空间位移的过程中，发生的人力、物力等的消耗，换算成货币的形式即为企业的物流成本[12]。国家标准 GB/T 18354—2006《物流术语》对物流成本的定义为：企业物流活动中所消耗的物化劳动和活劳动的货币表现[13]。

社会物流成本主要包括三个方面：运输费用、库存费用和管理费用。

运输费用包括两个方面：一是企业自有的运输工具和设施在物流活动

中支出的费用。二是企业雇用的第三方物流服务机构的运输费用。

库存费用是指存货过程中所形成的折旧费、水电费、人工费和存货所占用资金的机会成本等一系列费用的总和。存货所占用资金的成本一般通过银行贷款利率、市场资本投资回报率来计算。

Anon（2002）提出管理费用包括用于物流管理、物流管理系统以及系统运营维护等方面支出的各项费用。管理费用的核算难度较大，经验告诉我们，可以参考历史经验确定一个固定的比值，用这个比值乘以运输费用与库存费用之和，或者乘以制造业和流通业的 GDP 贡献值来计算物流管理费用[14]。

目前，物流学术界和实业界普遍认同的社会物流成本的公式为：

$$D = T + W + A \qquad 公式(1-1)$$

其中，D 表示社会物流成本，T 表示运输成本，W 表示存货持有成本，A 表示物流行政管理成本。物流行政管理成本一般按运输成本与存货持有成本的一定比例来计算[15]。

3) 我国社会物流成本的现状

作为国民经济的支柱型产业，社会物流和与国民经济息息相关的产业部门都有着一定的关联关系。着力解决社会物流成本高居不下的问题，可以有效缓解国民经济运行成本，适当促进经济增长速度，提高国民经济总体水准，支持国民经济继续高速发展。在国际物流行业，社会物流被看作是国民经济发展的动力和基石产业之一。评价一个国家的综合实力和现代化程度时，通常将社会物流的发展水平作为重要考量指标。2017 年，全国社会物流总额高达 252.8 万亿元，同比提高 6.7%，趋势属于稳步增长。与此同时，社会物流总费用也保持增长态势。我国物流费用占 GDP 的比重在 2006—2013 年间一直保持在 18% 左右，属于比较稳定的状态，2013 年以后出现下降的态势，2015 年为 16.3%，2016 年为 14.9%，2017 年为 14.6%。这个现象表明我国物流行业的运行质量与效率有了不小的提升，我国经济发展模式的改变对该比重的降低存在一定影响[16]。然而，在对照了中美社会物流成本发展近况之后，一方面，张弘（2014）指出：我国物流管理水平略微低效，物流成本与发达国家相比还略高，原因有两个：一是当前物流技术的限制，二是现

第 1 章 绪论

有制度的制约[17]。另一方面，王华（2017）比较了发达国家物流行业起点时间后，发现我国的社会物流仍旧处于刚刚起步的阶段，物流基础设施建设跟不上现有发展需求，设施水平低，加之我国的人口基数较大，人均物流设施覆盖率变得更低，物流设备比较落后，第三方物流市场需求亏欠，亟待提高服务水平[18]。2017 年 8 月 1 日，为了支持减少社会物流成本的支出，我国铁路系统统一了三项杂费，取缔了八项货运收费条目，个别计费标准下调，每一年帮助客户节省物流成本至少 20 亿元，运价治理卓有成效，为市场化价格机制做出了表率[19]。

4) 社会物流成本的影响因素

Linda K Nozick（2001）通过建模的方法研究了配送中心的设置对物流运输成本的影响，并将模型应用到具体的配送中心布置方案中[20]。David Dollar 和 Alejandro Micco（2004）等对港口效率以及海运成本进行了分析研究，发现港口效率是影响装运成本的重要因素[21]。Hens Runhaar 和 Rob vander Heden（2005）从公共政策的角度出发，通过案例分析，探讨了其对运输成本的影响[22]。Olorunniwo F（2007）等认为影响物流发展的主要因素是一个社会或者物流团队使用自动化的程度，他们剖析并阐明了自动化程度能够改变物流成本的构成，并给出建议[23]。王丽颖（2007）指出社会物流成本占 GDP 比重受到产业结构的重大影响，只有在同样产业结构的条件下，进行地区间的社会物流成本比较才是公平有效的[24]。张军和刘慧梅（2008）指出区域的经济发展水平主导了区域物流的发展水平，我国中西部地区物流发达程度显著低于东部沿海地区，国内各个地区经济发展不平衡致使中西部地区缺乏物流产业的规模和成本优势[25]。Morrison Stuart（2009）认为，为了形成物流联盟，有效促进组织间共同合作，提升物流效率，应该使物流业与金融业相互协作发展，重申将买方和卖方结合在一起的结构性调整的重要性[26]。Graham Heaslip（2012）等以系统集成的角度为基础，并以物流组织的内部关联关系为研究起点，探究了其对物流的影响关系[27]。张铁山（2014）等指出，产业结构的差异一定会影响社会物流总费用，其中物流成本较高的产品主要有三类：农产品、煤炭等未经加工的原始材料、钢材等低级工业产物，而汽车产业、IT等行业的物流成本所占比例往往不超过10%[28]。丁俊发（2014）认为，在经济下行的压力下，我国物流企业尤其是小微企业在发展过程中要面临税费重、融资难等问题，而且由于未建立一个统一高效的物流业行政管理体制，从而导致企业交易成本尤其是物流成本偏高[29]。范林榜（2014）认为，对社会物流成本占GDP的比重有反向作用的是科技发展水平，没有显著作用的是经济发展水平和市场化水平[30]。陈淑娴（2015）提出，伴随着产业结构的完善升级，社会物流成本占GDP的比重会随之产生转变，因而在比较这一比重时应该思忖产业结构的因素[31]。翁心刚（2016）在准确分析并比较物流成本指标的基础上，把物流成本的影响因素分为外部和内部两类。外部因素包括产业结构、经济规模、资源环境、统计口径等；内部因素有物流运作效率、物流管理水平、物流服务水准、物流需求特点以及物流服务价格等[32]。刘承子和刘丽英（2017）从物流成本管理战略导向层面出发，多维度剖析了创新、全流程以及人员参与等因素对企业物流成本的影响[33]。李彦和肖康元（2017）认为，要想节省运输仓储业务的成本，应注重物流园区的发展，有助于我国经济增加值的含金量更高、更快达到高速有效率的增加[34]。通过采取ANP的方式，李守林（2018）等确定了各个影响因素在社会物流中的重要程度，他们发现影响物流成本的基础性因素有两点：产业结构和生产力布局[35]。在制造业的生产过程中需要大量的资源，产业分布特点受到资源分布特点的影响。劳动力成本低廉且贸易便利的地方有利于进行劳动密集型产业。产业结构和生产力分布的不同能够直接导致运输成本的差异，继而引起物流成本的变化差异。

5）社会物流成本的评价指标

最近几年物流持续成为热门话题，研究物流的学者逐渐增多，由于降低成本能变相带来收益的增加，因此很多研究是针对社会物流成本进行详细探究的。国内外很多有关社会物流的研究报告为了体现社会物流的发达水平，均采用物流费用占GDP的比重做比较。美国供应链管理专业协会（CSCMP）按期发布的《美国物流年报》（*Annual State of Logistics Report*）

第 1 章 绪论

首次提到了社会物流费用占 GDP 比重（Logistics Cost as a Percent of GDP）这一指标。《美国物流年报》为了评估和剖析物流业的景气程度，对美国过去十年社会物流费用占 GDP 的比重进行了总计和比较分析[36]。如果物流成本占 GDP 的比重越高，表明该国物流成本越高，社会物流的发展水平越低；与之相反，该比重越低，社会物流的发达水平越高。冯社苗（2009）经过探究发现，GDP 的增长会导致物流管理成本基本上以同样速率增加，由此可知我国物流管理成本与 GDP 之间的关系最为密切[37]。胡晓冰（2010）探究后发现，一个国家的物流发展水平及发达程度会影响社会物流成本与其占 GDP 的比重，也会干预其产业结构[38]。漆世雄和沈渊（2012）发现 GDP 的增长会引起运输成本、存货支付成本几乎以近同样的速率增长，并且物流行政管理成本会随 GDP 的快速增长而自然降低[39]。赵东明（2012）发现近年来我国的边际社会物流费用呈现逐年减少的规律，单位社会物流分摊的平均成本在持续下降[40]。庞锦（2013）认为，美国和日本物流成本占 GDP 的比重下降的首要原因是库存成本的下降[41]。钟贤柏（2013）从不同行业的视角探究了社会物流总费用占 GDP 的比重较高的原因在于外部影响，例如国家的空间地理结构较广、产业层次低下、交易的步骤复杂以及反复运作等[42]。代子林（2014）认为治理物流成本高的问题可以从供应链视角出发，对物流各个环节的因素进行组合，以此降低物流各要素彼此间的效益悖反[43]。黄瑛子（2014）研究发现第一产业与社会物流成本关系密切，然而第二产业与社会物流成本的关系没有那么密切；第二产业比重提高有助于降低社会物流成本，而第一、第三产业比重增加则会增加物流成本[44]。林勋亮和陈挺（2015）认为社会物流成本与国内生产总值（GDP）呈正相关关系[45]。汪文生和张娟（2016）认为社会物流总费用占 GDP 的比重伴随第三产业产值占 GDP 的比重的提高而变小，社会物流总费用不受经济发展程度变化的影响[46]。付新平（2017）认为伴随 GDP 的增长，我国物流需求量也在不断增加，但是物流增加的速率远远低于 GDP 的增长速率，国民经济的物流弹性超过 1，也就是说，社会物流的不断成长对国民经济增长的拉动效应更加突出[47]。

1.2.2 产业结构

关于产业结构的探究，我国起步较晚，是从 20 世纪 70 年代至 80 年代慢慢着手研究的，但近几年伴随国民经济突飞猛进的不断发展，国家更加重视调整产业结构以促进国民经济快速发展的思路。因此涌现的文章和研究成果不断增多。我国对产业结构的探究离不开两点：对现状的研究和对发展规律、态势的进一步探究。

1) 我国产业结构的现状

在中国社会建设和发展的初期，我国着力发展工业经济，为的是尽快达到乃至赶超发达国家的经济水平，兑现人民生活水准不断提高的承诺。在高速工业化的背后，一系列的负面效应也随之产生，比如不均衡的产业结构等。而产业结构的不均衡发展更是导致了一连串的问题[48]。同时，吴文洁（2019）提出，现阶段我国经济进入高质量成长的时期，然而制造业产业结构长期处于"微笑曲线"的末端，要想完成"中国制造 2025"战略，帮助加快制造业产业转型升级是迫切要思考的重要课题[49]。根据我国公布的人均 GDP 可以看出，中国的人均收入已经属于中等靠上的水准，第三产业产值占总产值比重较第二产业高了 10% 左右，高达 50.2%。尽管服务业保持了较快的发展步伐，但是其产值和就业率的比例仍长时间在低水平上下波动，依旧低于同样低收入国家的产业发展水平，李勇刚（2015）认为中国服务业发展状况与产业结构变更的大部分规律有所违背，由此引起了产业结构中服务业的"中国悖论"表象[50]。

2) 产业结构变动的研究

Akamatsu（1962）认为，第一，大部分国家产业发展的必经历程是：从消费资料产业到生产资料产业，从农业到轻工业，再到重工业；第二，消费资料产业的产品会出现从粗制向精制转化的过程，出现产业结构的多元性和高度性[51]。美国经济学家 Ruttan Vernon（1966）在其著作《生命周期阶段论》中，将产业生命周期分为产业的构成期、生长期、成熟期和没落期，他认为工业先行国家的产业结构变化需要与国际市场的发展密切联系在一起，在国际舞台上，通过参与各国的义务分工来实现本国产业结构的改善，才能使工业结构从劳动密集型向技术密集型改变[52]。H Chenery（1975）在 Kuznets 研究的基础上对产业结构变更的常规走势进行了深入研究，经过对 51 个国家的研究发现了一条经验规律：国民收入在相当长一段时间内不停增长时，改变最小的是服务行业和农业，然而制造业的增速比重相较于其他两个行业来说高很多，产业增长的规律和产业发展的形式应运而生[53]。刘伟（1995）在《工业化进程中的产业结构研究》中较为综合且全方位地对整个国民经济产业结构进行了剖析。他不但解析了产业变化与经济增长的关联性，更重视产业结构变化的规律和影响因素，并预测了中国工业化所处的进程[54]。李红梅（2010）认为：采取密集行动从而提高资本和技术投入，发展产业信息化是带来产业结构优化升级的重要选择[55]。江小涓和李辉（2014）详细考察了我国服务业的发展与产业结构之间的变化规律，并且探究了其加快经济发展的潜力[56]。焦继文和李冻菊（2014）认为产业结构调整涵盖合理化和高端化两个方面，与此同时，在经济发展中经济结构改变预计会出现阶段性和跳跃性的特征[57]。马晓国（2015）对江苏省的产业结构调整和改良升级进行了多层次、多视角的系统探究，他认为第二产业能够带动经济增长，要想经济保持长期稳定增长，就要提高第二产业的效率[58]。何德平（2019）以经济增长与产业结构的内部关系为目标，通过 VAR 模型进行了深入探究，从而丰富了现存有关经济增长与产业结构演变规律的相关研究成果[59]。

1.2.3 成本效率

1）成本效率的概念

以 Koopmans[60]的理论为基础，著名的英国经济学家 M J Farrell（1957）[61]将效率的概念延伸到更广阔的经济领域，并且提出成本效率（cost effieiency）可以进一步分解为技术效率（technical efficiency）和配置效率（allocative effeciency）。其中，技术效率反映企业对现有技术的利用程度，配置效率反映企业是否合理安排了生产要素的投入比例。其在著名的有关生产率测量一书中指出,当规模报酬不变时,一个生产单位的生产效率包含两部分:技术效率(technical efficiency)和价格效率(price efficiency)。前者是指在现有生产要素比例保持不变和现有技术水平条件下,使用一定的投入要素使产出最大化的能力;后者是指在现有技术和生产要素价格不变的条件下,通过调整生产要素的投入比例,使生产成本最小化的能力。Leibenstein(1966)[62]从产出角度重新定义了技术效率,认为其是当要素的投入规模和比例,以及市场价格保持不变时,实际产出与最优产出的比值。之后很多学者关于技术效率的研究,都是在此基础之上不断展开与完善,而有关价格效率的界定在后来的研究中被更多地称为配置效率。配置效率可以从不同的视角进行分类,宏观的配置效率通常指一个国家宏观经济方面的配置效率状况,通常由某个部门的配置效率来体现;中观的配置效率更多关注一个区域的配置效率;而微观的配置效率则是指企业内部各个主体的配置效率,本书所研究的对象即为中观的陕西省物流业的配置效率。

2) 成本效率的应用

在 Farrell 和 Fare 等(1957)研究的基础上,国外学者开始了对相关行业的成本效率研究。Ray 和 Kim(1995)应用 DEA 对美国钢铁行业 1958—1986 年的生产数据进行了分析,结果显示:如果消除技术无效和分配无效,即使以现有技术,美国钢铁生产商的竞争力也会大大加强[63]。Goto 和 Tsutsui(1998)应用 DEA 测评并横向比较了 1984—1993 年日本和美国电力行业的成本效率和技术效率,结果显示:日本企业成本效率高于美国企业,分配无效是日本电力企业成本无效的主要原因[64]。Cummins 等(1999)应用 DEA 对美国寿险业公司 1988—1995 年的成本效率和收益效率进行了测评和分析,发现成本效率高于收益效率,但结果不显著[65]。赵永亮和徐勇(2007)首次将我国制造业上市公司的成本效率进一步分解为技术效率和配置效率,并针对 2001 年和 2004 年 254 个上市制造企业展开研究,发现研究对象的成本效率水平较高,达到 90% 以上[66]。韩晶(2010)应用 SFA 对中国高技术产业创新效率进行了实证分析,其模型同样也是借鉴了 Buttese 和 Coelli(1995)设定的模型,即柯布—道格拉斯生产函数[67]。

第 1 章 绪论

Ivan Huljak（2015）以 1994—2014 年银行的数据为对象，采用随机前沿分析法，对克罗地亚银行的成本效率进行了研究[68]。Busayo Bidemi Adeyemi（2017）利用从 62 名受访者通过结构化问卷收集的原始数据，采用二次成本函数分析得到了尼日利亚西南部碾米厂的收益效率和成本效率，并以回归分析确定了成本效率的影响因素[69]。

有关物流业成本效率的研究近年来开始出现。邓学平等（2009）研究了 8 家物流公司的企业规模与效率的关系，发现综合效率和纯技术效率有所下降，规模效率上升[70]。张毅等（2011）研究了中国上市物流公司的成本效率[71]。柳键（2011）基于 DEA 模型，分析了 2008 年全国 31 个省份的物流投入产出效率，研究发现 DEA 总体无效的省份有 22 个，全国物流投入产出平均总体效率、平均纯技术效率、平均纯规模效率分别为 0.71、0.79、0.90，说明我国物流效率偏低的主要原因是纯技术效率偏低造成的[72]。雷勋平（2012）运用 DEA 的 CCR 模型和"超效率"模型，根据我国 31 个省份 2008 年物流产业投入产出数据对物流产业投入产出效率进行了实证研究[73]。Fedele Iannone（2012）基于网络编程工具的应用程序，探讨了可持续发展与港口腹地集装箱物流的关系，提出可以通过该程序调查区域物流系统，实现港口腹地集装箱运输更高的个人和社会成本效率[74]。赵艺婷（2015）以第三方物流企业作业流程为研究对象，界定物流最小作业单元成本及效率的影响因素，构建了 3PL 成本及效率评价指标体系[75]。冯利朋（2016）利用 2010—2015 年相关数据，系统分析了市场化系数与所选 17 家物流企业的成本效率关系[76]。范璐（2016）通过对 2006—2013 年 48 家上市物流企业投入要素价格变化的量化处理，建立了上市物流企业 Cost Malmquist（CM）指数，扩展基于成本函数的 Malmquist 指数，将其变动进一步分解为技术效率变动、技术进步变动、配置效率变动以及价格因素变动四个部分[77]。Predrag Ralević（2016）提出了一种测量邮政运输部门成本效率的多输入多输出模型，分析了塞尔维亚邮政递送办事处的完整邮政网络，利用数据包络分析法对各部门的成本效率进行了度量[78]。黄振（2018）通过 DEA 模型对湖南省物流业投入产出效率进行了评价[79]。叶影霞（2018）基于 DEA 模型构建了广东省物流投入产出效率评价的 BCC 模型，对广东省 2016 年 21 个地市的数据进行定量分析评价，并分析了各城市的差异性[80]。

3）成本效率的估计方法

陕西省物流业成本效率的高低直接影响和制约着整个陕西省经济发展的效率，所以评价物流业成本效率有利于加快技术进步、改善物流管理、合理配置资源、减少浪费，从而提高物流业成本效率。成本效率及其分解的估计方法中，用得最多的是前沿效率分析法中的非参数的数据包络分析法（DEA）和参数分析中的随机前沿分析法（SFA）。

前沿效率分析法的前提条件是已经知道物流成本投入、产出各指标的准确数据，在此基础上，可以构造一条向右上方凸出的生产可能性曲线，使所有的产出值都能包含在曲线上或者曲线内，其中曲线上或曲线内的任意一点到该曲线的距离便是该点的效率值。因此，可以看出，随机前沿分析法对效率的评价不是绝对效率而是相对效率。在构造生产函数时，根据不同的需要（如是否需要构造具体的函数形式或者是否需要估计函数中的未知参数），前沿效率分析法派生出以下两种不同的方法。

一种是参数法，顾名思义该种方法需要构造函数并估计其参数，最常用的是随机前沿分析法（SFA），它是在构造投入产出函数的基础上，运用一些计量经济学的方法来确定生产前沿的具体形式，并通过分析估算出函数中的位置参数，考察了随机扰动因素对产出的影响。随机前沿分析法（SFA）开始于生产边界最优化的一系列研究，早在 20 世纪 50 年代，Debreu 和 Shephard 提出了有关技术效率的概念，他们认为只有在不减少其他产品产量的同时以及不增加投入成本的前提条件下，生产过程才会具有技术效率，否则就不具有技术效率。基于随机前沿的成本效率估计，可以基于单方程以及相应的软件完成模型的估计，但是涉及成本效率分解的研究时，则需要附加额外的份额方程才能够实现对配置效率以及技术效率的测度。田刚（2011）以 1991—2007 年中国 29 个省份面板数据为基础，采用外生性影响因素与随机前沿生产函数模型联合估计的方法，测算了中国各地区物流业技术效率，考察了人力资本、制度、政府干预、开放程度及产

第1章 绪论

业结构等环境因素对物流业技术效率的影响[81]。景保峰（2012）运用随机前沿分析模型，站在整个物流行业的角度，对中国沪深两市18家上市物流公司2003—2009年的技术效率进行了动态测度[82]。李茭（2016）选取我国32家上市物流公司2000—2012年的面板数据，利用四种不同的随机前沿模型对上市物流企业异质性环境下的成本效率进行研究[83]。于丽静（2017）从节能低碳角度出发，在利用投影寻踪模型对物流产出进行降维分析的基础上，运用随机前沿分析模型对我国30个省份2008—2014年的物流效率进行了测算[84]。郑秀娟（2018）基于技术效率改进的随机前沿分析，通过不同时序产业部类发展技术效率的随机前沿面决策单元分类效率，对物流业技术效率增进的时空差异进行了验证[85]。张云凤（2018）以2008—2013年我国30个省份的物流业的面板数据为基数，运用基于C-D生产函数的异质性随机前沿模型评价了我国物流产业效率[86]。

另一种是非参数法，可以不用构造相关函数，代表方法是数据包络分析法（Data Envelopment Analysis，DEA），这种方法的优点是只需要知道投入产出的数据，不需要建立相关的生产函数[87]。DEA方法及其模型自1978年由美国著名运筹专家A Charnes和W W Cooper提出以来，已广泛应用于不同行业及部门，且在处理多指标投入和多指标产出方面，体现了其得天独厚的优势。张毅（2013）应用NEW-COST-DEA模型对20家上市物流公司2000—2009年的成本效率做了测算[88]。王琴梅（2013）运用DEA模型对西安市2003—2010年的物流效率进行了分析，并利用Tobit回归模型评价物流效率与各个影响因素之间的相关性[89]。路天浩（2015）运用DEA模型对广西1997—2014年的物流投入产出效率进行了测算[90]。朱佳翔（2017）采用超效率DEA模型，对中国1992—2014年各省份的物流业技术效率进行了测算，并对物流业技术效率进行收敛性检验，结果显示：我国各省份物流业平均技术效率有下降的趋势，并呈现出一定区域性差异[91]。唐建荣（2018）基于2007—2016年中国物流产业省级面板数据，运用DEA与Malmquist指数模型测算了区域物流效率及改善程度，通过区域物流效率收敛性研究，探究了区域物流效率均衡发展规律及路径[92]。仲昇（2018）构建了包含直接影响因素、产业影响因素、外生性环境影响因素在内的农产品物流业技术效率影响因素框架，并使用 DEA – SBM 模型测量了农产品物流业的技术效率水平[93]。

前沿效率分析法中参数法（常用 SFA）的缺点是，参数法通常用回归技术来估计生产函数的参数，这是一种对全部样本数据进行平均化的结果，得到的是一个穿过所有样本观测点"中心"的平均生产函数，估计出来的结果其实并不符合生产函数最优性的定义，因此不是严格意义上的生产前沿。换句话说，SFA 是需要通过构造具体函数来确定相关的生产可能性前沿边界，这也导致了它的最大缺点在于只适用于多投入、单产出的效率评价；而 DEA 方法相比其他方法的优点在于：不需要事先确定具体的投入产出函数形式，因此可以评价多（个）投入、多（个）产出的决策单元，且在评价过程中不会受到主观因素的影响，具有客观性。因此，本书选择用数据包络分析法（DEA）作为评价陕西省物流业成本效率的方法。

1.2.4　社会物流成本预测

关于社会物流成本预测方面的研究，国内外学者主要是通过选取一定的指标，并构建指标体系，运用一定的预测方法对社会物流成本的增加或减少进行研究。

1) 预测指标

（1）定性指标

社会物流成本预测选取的定性指标主要有以下几个方面：首先是经济发展水平，现代物流被认为是经济发展到一定阶段的产物，社会物流业的发展状况与宏观经济发展水平密不可分[94]，两者之间的密切联系，使得任何一方的变化都会对另一方产生影响，物流产业发展的加快能促进分工，同时，经济的发展能促进物流系统的完善、增强和扩充。两者之间是相互影响、相互制约的，构成反馈环。在适当的条件下，两者可以形成相互促进的正反馈环，使双方协同发展，共同向更高水平演化。其次是产业结构，它是指各生产要素在各个产业部门之间的配置构成方式，它既包括劳动资源在产业部门之间的配置构成方式，也包括资产设备、中间要素以及

第1章 绪论

技术等要素在产业部门之间的配置构成[95]。随着经济发展,产业分工不断广化和深化,劳动生产率的迅速提高,商业、服务业等其他行业加速发展,一个地区的产业结构呈现出不断由低级向高级转化、由低附加值向高附加值发展的趋势,社会经济增长对物流业的拉动作用发生变化,最终导致物流成本发生较大变化[96]。再次是物流业基础设施,发达的物流业基础设施为提高物流运作效率、降低物流成本提供了物质基础,而落后的物流业基础设施是物流业发展的"瓶颈",阻碍货物的正常流通并因此增加物流营运成本,因此物流业基础设施是影响区域物流成本的非常重要的一个因素[97]。最后是物流业营运水平,在物流业不发达的地区,物流专业化、社会化程度低,生产企业受计划经济体制时期"大而全,小而全"思想影响,仍采用自营物流;第三方物流企业规模小、市场份额小、服务功能少、竞争能力弱、货源不稳定且结构单一、缺乏网络组合,物流业整体营运水平低,必然导致区域物流成本高。相反,当区域现代物流业发展到一定阶段,随着现代化仓储设施和运输工具的拥有,以及相应的物流网络、可靠的运输网络、仓储网络支持和信息支持,形成了具有高度系统化、集成化的现代管理体系,从而使拥有高素质的物流管理专门人才的现代物流企业不断涌现和发展壮大,并凭借其专业化的运作方式,在整合物流资源、实现物流活动规模化方面表现出强大的优势[98]。

(2)定量指标

定量指标的选取主要是社会物流成本占 GDP 的比重。Howard T Lewls、James W CuLiton、Jack D Steeele(1965)在《物流中航空货运的作用》一书中提出了一个重要的概念——效益悖反,即要保持物流效益的增加和物流成本降低的可能性较低,同时,应当结合物流总成本来评价各种运输方式的优缺点。Donald(1998)等对美国 1998 年的物流耗费所支付的全部费用进行了研究,经过一系列估算提出了美国的物流总成本占国民生产总值的 10% 左右,即当年 GDP 每增长 10000 亿美元相应的物流成本就会增加 1000 亿美元[99]。Newton de Castro(2004)针对巴西社会物流成本与地区发展进行了研究,并在研究中指出巴西社会物流成本占 GDP 的比重为 20%,是美国等物流业发达国家的两倍,通过比较分析也指出了一些物流成本管理和控制方面存在的差距[100]。张亮亮、周石鹏等（2012）对我国1991—2011年物流成本与GDP数据提取了对数，通过协整检验，平稳性检验和恩格尔—格兰杰检验（AEG）之后，得出我国社会物流成本和GDP之间的量化方程式，并提出协整的关系和双向因果关系存在于我国的物流成本与GDP之间，并对这种关系产生的原因进行了具体的研究分析[101]。庞锦（2013）通过时间序列来分析我国社会物流成本占GDP比重的变化趋势。认为改革开放以来，我国社会物流成本占GDP的比重大致可分为三个阶段[41]。钟贤柏（2013）认为导致我国社会物流总成本与GDP的比重较高的原因有物流环节自身的问题，还有我国国土面积大、空间地理结构广、交易环节较多、重复运作、产业层次较低等问题[42]。

2）预测方法

（1）线性回归预测法

丁雪慧（2009）利用一元线性回归分析模型，将我国相关历史数据代入回归模型对物流成本费用总额进行预测。预测结果显示：随着物流支出总额的不断增长，我国社会物流成本占经济总量的比重在逐渐降低[102]。孙淑生和罗宝花（2014）应用多元回归分析理论对国家宏观物流成本数据进行分析，通过选取研究指标构建相应的多元线性回归方程，并对其进行了统计性检验，计算结果表明多元线性回归方程在预测社会物流成本的变化趋势中是可行的[103]。岳俊（2017）在主成分分析的基础上对物流成本影响因素进行主成分提取、线性拟合，减少各个成本因素之间存在的多重共线性问题，使物流成本多元线性预测模型更加精确可靠，为企业的物流成本预测提供更加科学准确的依据[104]。田博等（2018）通过将主成分分析与多元回归分析相结合的思路，构建出商品流通企业的物流成本预测模型。该模型克服了商品流通企业物流成本变量体系之间的多重共线性问题，提升了多元回归模型预测的准确度[105]。

（2）基于灰色系统理论的灰色预测法

以往学者运用的社会物流成本预测方法主要有时间序列预测法、回归分析法和灰色模型等。其中，灰色系统理论是1982年我国著名学者邓聚龙

第 1 章 绪论

教授提出的,这种方法受到研究者的欢迎,因为这种方法不需要采集大量样本数据,也不需要计算统计特征量来提高预测效率。刘雷等(2011)认为,由于社会物流总成本的部分信息已知,但仍然有许多信息未知,即它具有某些灰色的特征,基于此,他采用 GM(1,1)模型建立社会物流总成本与 GDP 比值的灰色预测模型,完善物流成本预测的方法[106]。侯晓华(2013)分别采用灰色关联预测模型、基于最小二乘法的线性回归模型、时间序列模型三种模型,以 2000—2010 年的我国物流总成本数据为基础对未来一年或若干年的物流成本进行了预测,并对以上三种方法物流成本的预测结果进行了误差检验,结果显示:采用灰色关联理论模型预测的误差最小,预测的精度最高,因此可以认为,通过灰色关联预测模型预测物流成本来反映我国物流成本的变化趋势是可行的[107]。刘柏阳(2015)则在分析我国区域物流成本统计指标体系的基础上提出进一步的增加、完善指标体系的思路,通过运用基于灰色系统理论的分析及预测研究方法,建立灰色关联分析及灰色预测模型,然后以江西省为例进行了实证研究,通过使用软件 MATLAB 对影响江西省物流成本因素的 11 个相关指标进行了灰色关联分析及预测物流总成本,并根据分析及预测的结果提出有效控制江西省物流成本的对策建议,这是对灰色系统理论在实践中的大胆运用[108]。高子源(2016)为了克服传统灰色模型预测精度低的缺陷,通过引入阶跃函数改进传统灰色模型,提升灰色模型预测精度,并利用历年我国物流总费用数据,对未来的年物流成本和灰色预测模型的精度进行预测,将预测结果与简单平均法、移动平均法、指数平滑法和传统灰色模型的预测结果进行比较,验证模型的合理性和有效性[109]。

(3) BP 神经网络模型预测法

国外学者运用的关于物流成本预测的研究方法有很多,其中 BP 网络模型是应用最广泛的方法。Timo 等(2005)对线性回归、滑动回归和神经网络预测方法的精度进行比较,考虑到神经网络对复杂模型的参数分析不准确的缺陷,采用贝叶斯分析方法推断未知参数,将两者组合应用,得出了改进后的神经网络预测精度较高的结论[110]。Real Carbonneaut 等(2007)利用反馈神经网络与支持向量方法预测供应链需求,与传统方法中的趋势分析法、回归预测法和移动平均法分别进行比较，并引入实例做验证分析，得出结论：相对于传统方法，反馈神经网络与支持向量学习方法在其性能为最优时，预测精度较高[111]。Luis Aburto 等（2007）建立了移动平均线法和神经网络算法的混合预测系统并应用于智利大超市的销售网络，结果表明预测精度得到了提高，与先前的解决方案相比较，销售错误率和库存水平都得到降低。目前国外对物流成本预测的方法也主要集中在组合预测模型方面，组合预测模型往往具有更高的预测精度和外推能力[112]。

  中国近年来物流需求的增长迅速，以至于传统的方法不能准确地进行物流成本预测。如何找到一个精确的预测模型也是物流行业人士一直追求的目标。牛忠远（2006）基于物流需求的时间序列统计数据，应用人工神经网络（BP）多步预测和滚动预测方法，建立货运量神经网络预测模型和物流成本占 GDP 比重神经网络预测模型以及物流总值神经网络预测模型，对物流需求进行了预测，在进行样本训练时，采用了归一化处理方法，对神经网络的输入和输出数据进行一定的预处理，认为只要模型的设计合理，将神经网络应用于物流需求中是一种更为科学的预测模型[113]。河北工业大学的魏连雨（2006）提出了基于神经网络的物流量预测方法，认为运用综合静态前馈模型和简单动态模型进行预测可准确地预测物流量[114]。胡心专（2010）则从我国的物流成本现状出发，通过分析物流成本的衡量指标及影响因素，建立了物流成本预测指标体系，同时使用 MATLAB 建立 BP 神经网络并对该网络模型进行训练，得到确定的、可以达到目标误差的预测模型，同时，使用该模型对未来若干年社会物流成本进行了较为精确的预测。此结果一定程度上能对影响我国社会物流成本各个环节的物流活动管理和未来物流成本规划提供定量依据[115]。而张吉刚（2014）认为由于社会物流总成本（WLCB）时间序列具有线性和非线性的特征，传统预测方法、神经网络（ANN）方法都在预测分析时产生较大的误差。他以相邻两年的 WLCB 的增长率作为网络的输入，以此建立基于 BP – ANN 的 WLCB 预测模型，对我国 WLCB 进行预测，与建立在原始数据的 BPNN 模型进行比较，仿真实验表明，改进的 BPNN 模型预测准确率大大提高，从而证实了改进 BPNN 模型用于 WLCB 预测的有效性[116]。冯社苗（2009）

第 1 章 绪论

采用了基于 RBF 神经网络模型的变形模型之一的广义回归神经网络（Generalized Regression Neural Network，GRNN）对我国社会物流成本进行了预测，计算结果证明该模型能够较好地处理非线性问题，预测值、拟合值与实际值较为接近，误差较小，但该方法需要大量的训练样本，否则无法进行计算[37]。

以上各种预测方法的优点及缺点的总结，见表 1-2。

表 1-2 预测方法优缺点总结

方法名称	方法简介	优点	缺点
简单平均法	采用计算一定观察期的数据平均数，以平均数为基础确定预测值的方法	模型简单，计算简便	将预测对象的波动平均化了，因而不能反映预测对象的变化趋势，所以该方法只适合对比较稳定的、波动不大的预测对象使用
移动平均法	根据时间序列资料、逐项推移，依次计算包含一定项数的序时平均值，以反映长期趋势的方法	当时间序列的数值由于受周期变动和随机波动的影响，起伏较大，不易显示出事件的发展趋势时，使用移动平均法可以消除这些因素的影响，显示出事件的发展方向与趋势，然后依趋势线分析预测序列的长期趋势	移动平均值并不能总是很好地反映出趋势。由于是平均值，预测值总是停留在过去的水平上而无法预计会导致将来更高或更低的波动
系统动力学	通过研究系统内部诸因素形成的各种反馈环，同时搜集与系统行为有关的数据和情报，采用计算机仿真技术对大系统、巨系统进行长期预测的方法	对各项影响因素之间的因果关系回路研究透彻，有利于建立各因素之间的反馈结构关系，进而研究整个系统	需要对系统内的因果关系进行大量分析，而且主要研究一些非线性关系，精确度较低

续表

方法名称	方法简介	优点	缺点
主成分线性回归法	主成分分析法与线性回归模型的组合模型	从多种因素中分析出对其影响程度大或可以代表所有因素的某几个因素，对各影响因素进行降维处理，不仅可以将相互关联的指标变成相互独立的指标，同时降维还可以减少指标的个数使预测指标体系变得简单化，更易进行计算	预测步骤较多，工作量较大
灰色预测法	灰色预测是一种对含有不确定因素的系统进行预测的方法。灰色预测通过鉴别系统因素之间发展趋势的相异程度，即进行关联分析，并对原始数据进行生成处理来寻找系统变动的规律，生成有较强规律性的数据序列，然后建立相应的微分方程模型，从而预测事物未来发展趋势的状况	灰色预测模型所需要的数据量比较少，预测比较准确，精度较高。样本分布不需要有规律性，计算简便，检验方便。灰色预测模型适用于中长期预测	对短期预测精确度无法保证，预测工作量较大，需要借助计算软件
BP神经网络预测法	BP神经网络算法是通过对样本数据的期望输出与实际值之间的最小误差为目标进行的一种机器学习，学习的实质是通过不断的修正权值，使期望输出值与实际值之间的误差尽可能地小。直到达到规定的误差范围，样本训练才宣告结束	较强非线性映射能力，自学习和自适应能力，训练结果出错时也可以正常工作	样本依赖性较强，对数据的选取来说，有一定难度，步骤复杂

1.2.5 社会物流成本核算方法

核算是控制的基础，只有选择科学合理的核算方法并进行有效分析，才能真正找出成本控制的突破点，提高控制效率。当前的核算方法主要有基于财务报表及已有会计核算体系的物流成本核算方法以及基于作业成本法的核算方法，并且国外的物流成本核算体系相对完善，值得我们借鉴。

作业成本法首次被提出是在20世纪80年代的美国[117]，它的出现在当时被认为是管理会计领域的新突破，是一种采用区别管理模式的定量管理方法[118]。美国学者Robin Copper和Robert Kaplan（1988）在研究企业物流成本的过程中，发现物流成本的核算数与实际支出并不相符，提出应用作业成本法对物流成本进行核算[119]。Manunen（2000）在研究中对比了传统成本核算方法与作业成本法，发现作业成本法核算出来的结果更为准确，也更适用于企业的成本核算[120]。Kaplan和Steven R Anderson（2004）在作业成本法的基础上提出了"时间驱动作业成本法"，其在动因的选择上不同于作业成本法，主要是以时间作为动因，在实际核算过程中也只需要估计单位资源能力成本和单位作业所需资源能力这两个参数[121]。目前，在作业成本法的应用和研究上，国外已经非常成熟。

在国内，作业成本法核算应用的层面更多是在制造企业[122]。虽然也有物流企业通过作业成本法来核算成本，但是涉及的类型大多集中在采取集中运输方式运送大宗货物的传统物流企业，专门针对快递企业的研究较少[123]。贺琼和杜敏（2004）从成本动因以及作业的完成效果两个方面进行分析，并结合物流企业的特点，说明了作业成本法在企业成本核算中的具体应用[124]。苗玉树（2014）认为基于作业成本法的成本核算可以根据相关作业流程的基本信息为企业提供准确的成本数据[125]。何灵（2018）将时间驱动作业成本法应用到第三方物流企业的成本核算和管理中，结合案例进行实证分析，构建成本核算模型，并利用模糊综合评价分析成本数据[126]。

1.2.6　社会物流成本控制

1）国内外物流成本控制研究

国外对物流成本控制的相关研究起步较早，主要以美国和日本为代表。美国著名的物流专家 Robert V Delaney 通过对物流系统构建管理模型，对物流系统活动进行管控，为美国物流成本的管理实践提供了蓝本。在日本，有关学者提出按阶段对物流成本管理进行划分，但是，唐泽丰与菊池康在阶段划分上出现了分歧，前者认为日本物流成本的管理主要分为四个阶段，后者则认为是五个阶段，相同的是两者都认为日本物流成本的管理还停留在第三阶段，需要进一步发展完善[127]。西泽修（2000）提出物流成本"第三个利润源"观点，认为人们看到的物流成本是有限的，如能有效挖掘第三利润源的潜力，减少物流费用，就可以提升企业利益[128]。Cavinato（1992）建立了总成本价值分析模型，在价值识别区分的基础上提出相应的成本控制意见[129]。Huiskonen 与 Pirttilau（1996）认为物流服务具有差异化，并从该角度出发构建分析模型，对内外两方面的差异化服务需求进行分析，找出异同点并构建了假设流程模型来进行成本控制[130]。Hyunsoo Kang（2014）首次把波特的价值链理论运用到成本控制的分析过程中[131]。Walter Alt（2015）认为企业成本偏高的一个非常重要的原因是由于成本管理短视行为，同时提出企业进行成本控制时要考虑战略管理的思想[132]。Benjamin T Hazen（2014）定量分析了整个运输流程及成本，提出应用成本一体化、系统化控制决策模型，来制定不同时期、不同阶段的控制标准，以期实现最优状态[133]。

我国对物流成本控制方面的研究相对国外来说虽然起步较晚，但是进展较快，目前，国内学者已从多角度对物流成本控制方面的内容进行探究。

一些学者以宏观制度环境为切入点研究成本控制对策。庞锦（2013）对我国与美国和日本的物流成本数据进行比较，认为发展理念、体制、税费等因素是导致我国物流成本偏高的重要因素，并在改进管理体制、发展环境以及规模经济形成方面提出物流成本控制的政策建议[41]。史锦梅（2016）认为当前是物流业供给侧结构性改革的重要时机，政府要充分发挥宏观调控的职能，通过物流专业人才培养、提高服务意识等措施来降低体制性成本[134]。龚雪（2018）在对物流成本相关理论研究、总结、分析的基础上，提出应在定量分析宏观经济统计数据的前提下，对相关政策准确解读，并针对不同地区和不同类型物流企业分类实施成本管控措施[135]。

另一些学者则从核算层面入手，提出控制意见。王增慧（2014）对我国以及美国在物流成本核算上的异同点进行对比分析，得出结论：在对物流成本进行优化控制过程中，需要充足的数据来支撑，同时要重点关注库存成本以及运输网络和运输方式的改善[136]。胡博（2017）以"互联网＋物流"为背景，分析了当前物流成本管理中存在的问题，提出应从目标成本控制、建立核算体系、统一标准化作业以及明确成本责任方面进行物流成本控制[137]。

还有一些学者从供应链管理方面进行分析。李亚坤（2015）针对供应链环境下企业物流成本控制存在的问题，从改善显性物流成本以及优化隐性成本两个方面提出针对性的控制措施[138]。戴钰慧和张学慧（2017）提出基于供应链视角下进行物流成本核算与控制可以加强企业成本核算的规范性和控制的有效性[139]。

2）快递企业物流成本控制研究

随着快递市场竞争的加剧、行业利润的不断压缩，如何有效实现对快递企业物流成本的控制，是提升企业竞争力的关键。任颖洁（2011）选择陕西汉中某物流企业为研究对象，比较了传统成本法与作业成本法的优缺点，针对新环境下传统成本法存在的缺陷与不足，对作业成本法在汉中物流企业中应用的必要性和可行性进行分析，认为基于作业成本的管理思想更符合企业成本管控的需求[140]。姚亮（2013）在案例分析的基础上，构建了基于作业成本法的横向、纵向、网络三维立体控制体系，并根据邮政速递企业的物流成本特点进行针对性的控制[141]。韩丽敏（2015）把退货成本的控制作为快递企业物流成本控制的关键，并对退货原因进行深入分析，确定是商品质量不符、配送不及时、售后不完善等客观原因还是由于客户非理性下单引起的退货等主观原因或是同行业竞争导致的退款对退货物流成本的控制至关重要[142]。李腾（2018）提出当前快递物流企业面临的主要难题有资源利用率偏低、车辆有效配载率低、半程空载率较高等，并提出基于成本预算管理方案的设计与实施来优化物流成本控制[143]。韩海轩（2018）认为目前企业对物流成本的控制没有考虑到资源之间的相互影响，不能很好地反映成本性态的变化，因此应当通过借鉴并引进国外先进技术以及管理经验来达到降低成本、提升物流管理能力的目的[144]。

1.2.7 文献评述

综合以上研究文献的回顾发现：

①我国社会物流成本占 GDP 的比重在逐年降低，但依旧远远高于发达国家；对于影响社会物流成本的因素，不同学者给出了不同的看法，从宏观到微观，从产业结构调整到区域经济发展，涉及的方面十分广泛；我国的产业结构需要继续优化提升；产业结构的演变存在规律。不同的学者由于研究方法、数据截取等的差异，得出的结论也有一定的差别。

②对社会物流成本效率的评价指标体系构建不够合理，不能反映陕西省物流业的真实发展现状。近年来，陕西省物流业飞速发展，但是在考虑政策因素的情况下，学者对物流成本效率的研究基本没有，已有的文献里研究指标体系的构建并未考虑政策因素对物流成本的影响。评价方法存在差异，评价指标也各有不同，尽管有学者在分析时将两种或两种以上方法结合，但只简单地局限于对比分析；另外，将成本效率评价方法运用到物流领域的文献数量不多；DEA 研究物流产业效率问题已经取得一定的进展，但运用超效率 DEA 方法进行物流效率方面研究的较少。

③研究对象也存在一定的局限性，大多数研究选取的样本为具有代表性的一些上市物流企业，虽有部分学者从物流业整体考虑，但多以大城市的上市物流公司为代表。由于物流业发展参差不齐，物流企业数量多、范围广，各种不同类型的企业众多，使用物流企业成本估计社会物流成本不具有代表性。这些研究仅能说明部分上市物流企业的成本状况，而缺乏在

某一政策、经济环境下，对国家或者某个省市的社会物流成本整体状况的研究。

④社会物流成本预测指标的选择大多选择定量指标，主要将社会物流成本与GDP或者社会物流总额进行比较，以此得出两者存在线性关系；所选取的定性指标均为一些传统的预测指标，没有将区域导向性较强且较为具体的政策指标考虑到社会物流成本预测中，仅为单一时间序列的预测，使预测结果有一定的偏差。

⑤物流成本预测的方法主要集中于简单平均法、移动平均法、指数平滑法、系统动力学、基于主成分分析的多元线性回归法、灰色关联预测法、BP神经网络预测法。其中前三种预测方法较为简单，但需要大量数据做支撑才能得到一个较为科学的预测结果，且对预测的趋势也不能很好地体现；系统动力学主要运用于物流需求的预测，主要研究各种因素之间的因果关系，进而形成一个因果回路；基于主成分分析的多元线性回归法可以对主要变量进行简化和细化，解决变量信息重复问题；灰色预测的精确度较高，使用较少数据就能进行预测，但模型实现的难度也较大。由于本书研究的社会物流成本具有一定的特殊性与复杂性，经过比较分析以及数据可获得的具体情况，为了提高预测的科学性与准确性，对社会物流成本未来发展趋势进行合理的预测，本书选用主成分线性回归模型与灰色神经网络模型两种组合预测方法进行社会物流成本预测，比较分析后，选择最优的预测方法。

⑥国内外学者对社会物流成本的研究主要集中于成本降低的措施以及与世界各国的多边经贸合作方面，而较少对社会物流成本本身的效率以及未来发展趋势进行深入研究。本书将政策因素作为成本效率及预测研究的基础，对社会物流成本进行政策条件驱动下的预测，这有利于物流业和政府部门对未来社会物流成本的变化趋势进行宏观掌控，以避免决策中的主观性和盲目性。

⑦在作业成本法的应用方面，国外较早地把作业成本法应用到物流成本的实际核算过程中，目前，已经形成了一套系统、完整的成本核算理论体系，并应用到各个领域实际的物流成本核算中，通过实践检验了作业成

本核算方法在物流成本核算中的适用性与优势,对物流企业优化成本核算方法以及追根溯源控制物流成本具有重要的现实意义。我国关于作业成本法的相关概念及理论都是从国外引进的,主要是基于国外已有的成果来进行研究的,目前虽然已经形成了较为完善的作业成本法理论体系,但是缺乏实践以及统一的标准,在实践领域的研究仍处于探索阶段,并没有形成相对成熟的量化模型,研究成果还需经过进一步的广泛验证。

⑧在物流成本控制层面,国外的研究更侧重于解决企业面临的实际问题,研究涉及的领域较多,覆盖范围也比较广。从实际控制情况来看,国外学者更擅长于从策略、方法以及技术的角度,通过建立数学模型来对物流成本进行控制与优化,并且研究相对来说比较成熟;在国内,物流成本的控制研究与世界上的发达国家如美国、日本等相比存在较大差距。尽管目前我国快递企业发展已经相对成熟,但对物流成本的控制更多的是停留在理论层面、研究领域也不够全面,且已有文献主要关注的是传统意义上的运送大宗货物、集中运输的物流企业,针对快递企业成本管控方面的研究较少。通过对文献进行归类可以发现,对快递企业物流成本控制的研究大多是结合单一企业的案例进行分析、以理论研究为主,缺乏定性以及定量分析的有效结合。

1.3 研究方案

1.3.1 研究内容

第一,本书在明确社会物流成本、产业结构、物流业、成本效率、成本控制等含义的基础上,首先利用计量经济学方法对我国物流行业相关统计数据进行定量研究,主要针对我国社会物流成本占 GDP 比重与经济发展水平、产业结构、基础设施建设水平的关系进行研究,并进一步针对社会物流成本占 GDP 的比重与第一产业内部结构的关系进行研究。

第二,在前文分析全国社会物流成本影响因素的基础上,对目前陕西省

第1章 绪论

社会物流成本现状进行分析。结合陕西省社会物流成本现状,构建成本效率评价指标体系,用三种 DEA 的模型分析 2005—2017 年陕西省社会物流成本效率,基于对陕西省经济发展水平、产业结构、物流专业人才、对外开放程度和城镇化水平的现状分析,总结出陕西省社会物流成本效率的主要影响因素,构建 SFA 模型来检验每个因素与成本效率的具体相关系数。

第三,在对成本效率以及产业结构具体分析的基础上,运用主成分回归模型以及灰色神经网络模型对陕西省物流成本的分析及预测进行较为深入系统的研究。

第四,立足于当前快递行业的整体背景,以加盟商 YT 快递公司为研究对象,采用作业成本法对整个物流活动以及物流成本进行划分与核算,基于作业成本法分析过程,从物流环节各功能耗费的控制以及整体绩效优化控制两个层面对 YT 快递公司的物流成本进行分析与控制。

第五,根据前文的分析结果,针对如何提高我国物流业发展水平和运行效率、社会物流效率水平给出合理化建议。

1.3.2 研究方法

1) 文献及信息研究法

通过阅读大量的文献,学习整理社会物流成本、成本效率、成本预测与控制、作业成本法等的基础理论知识,总结前人的研究现状并找出其研究的不足之处,以此作为本书的研究出发点并进行深入探讨。充分挖掘可能对陕西省社会物流成本有影响的相关信息和有关政策,通过对相关信息和有关政策的收集、加工及整理获得本书的研究所需的资料。

2) 统计分析方法

利用计量经济学方法进行定量研究。包含时间序列平稳性检验、协整检验和多元回归分析。第一步,搜索各个种类的统计年鉴和有关网站,获得所需要的数据;第二步,使用 Eviews 8.0 进行实证探究。

3) 数据包络分析法

运用数据包络分析法,对陕西省物流业成本效率进行分析。DEA 是非参数前沿方法，运用线性规划，在观测点中寻找出在前沿面上的有效点，并以此设定效率前沿面，不用构造效率前沿的具体函数，不用分解残差项，也不必考虑误差项、非效率项的分布假设。

4) 随机前沿分析法

采用随机前沿分析法（SFA）分析物流成本效率的影响因素，DEA无法提出随机因素和环境因素带来的影响，利用 SFA 可以克服 DEA 的弊端。

5) 主成分分析法

主成分分析法针对从研究对象中提取出来的变量进行分析，在避免对结果产生影响的情况下最大限度地减少变量的数量，用最后分析得出的新的一组变量来表达原有所有变量间的相互关系，且它们之间相互独立，并被赋予相应的权重，这样得出的一组变量对后一步要进行的数学模型建立提供了基础。本书的研究通过对陕西省社会物流成本影响因素进行分析后，将相关指标进行主成分分析，为预测做准备。

6) 灰色神经网络

灰色神经网络是将灰色预测和 BP 神经网络结合到一起的组合模型。灰色神经网络预测模型是指首先利用自变量的历史数据建立灰色预测模型预测出自变量未来几年的变化情况，进而再利用已有的历史数据和自变量的预测数据构建 BP 神经网络模型预测出未来几年因变量的数值。运用此方法对陕西省社会物流成本进行预测。

7) 案例分析法

本书的研究选取了某市快递公司 YT 公司为案例分析对象，通过实地考察、对快递公司的业务实施流程进行观察学习、并对快递员发放问卷调查、与财务人员进行深入沟通交流等方式搜集 YT 公司物流成本的相关数据，并熟悉部分操作流程，明确 YT 公司存在和待研究解决的问题，从而进行以数据为依据的针对性的案例分析和研究，并根据研究结果，对 YT 公司的物流成本进行有效控制。这遵循了从实践中来到实践中去的基本思

第1章 绪论

想,也充分体现了会计学要结合实际情况,才能解决企业的实际问题这一特点。

1.3.3 技术路线图

本书的研究的技术路线,如图1-6所示。

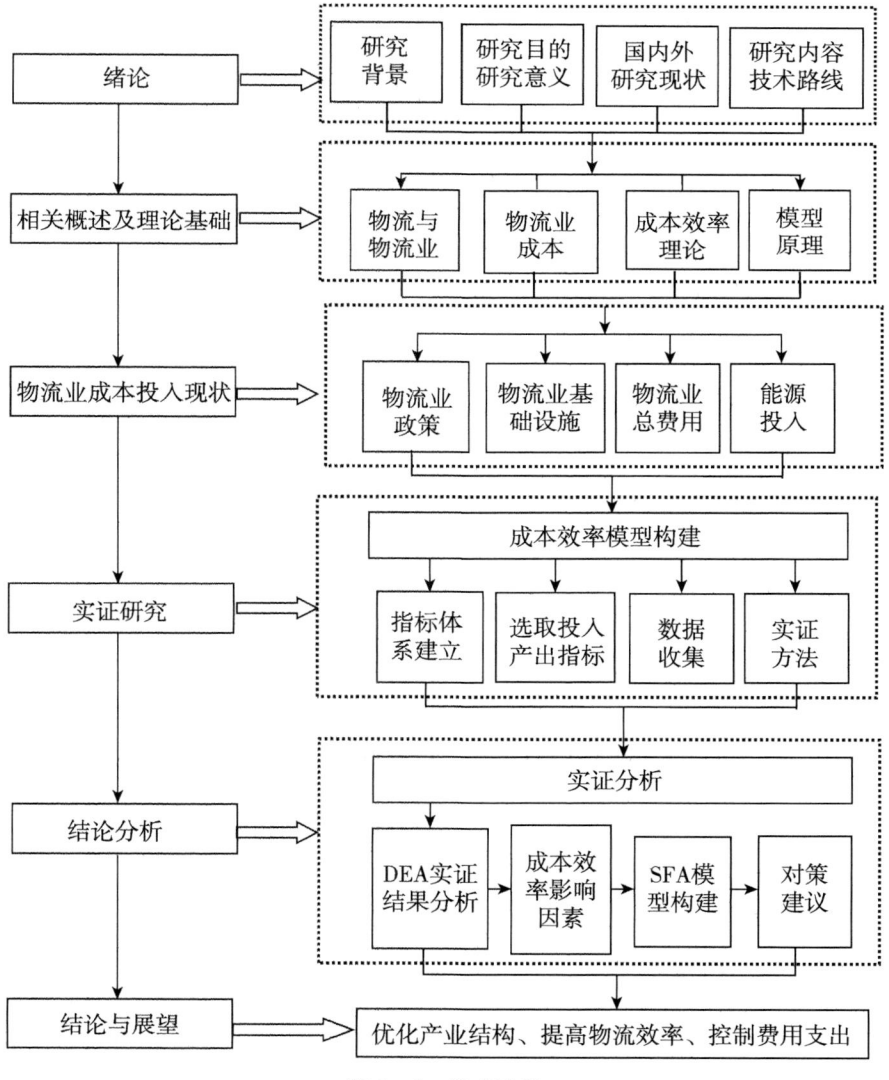

图1-6 技术路线

第 2 章 相关理论与方法

2.1 物流与物流业

2.1.1 物流

物流是社会分工发展到一定阶段的产物，物流有利于推动技术进步、促进经济增长方式的转变、提升经济运行质量，因此它代表着社会经济的发展程度。物流思想伴随着时间的推移逐渐成熟，时至今日，物流已形成物流产业，对产业结构的改变起着重要作用。

物流，仅从字面上看，可解释为物的流动，包含从生产领域到消费领域等一系列活动中物体的流动。物流从实物流通到物流概念，再到现代物流的概念，逐渐变得更加规范，所包含的内容也越来越多。在物流发展过程中，学者对物流的定义也存在差异。物流这个概念最早出现在美国，其基本含义是指实物的分配或者货物的配送。经过不断的演变，美国物流管理协会（CLM）于 2000 年对物流进行了详细的定义：物流是供应链过程的一部分，它是以满足客户需要为目的，以高效和经济的手段来组织产品、服务以及相关信息，让其从供应到消费的运动以及储存的计划、执行和控制的过程。根据目前的研究结果来看，这是较有权威性和代表性的定义，见表 2-1。

随着生活节奏的加快和生活方式的改变，"闪送服务""当日达""冷链运输"等各式各样的物流服务产品为了适应社会发展应时而生，既满足了人们多种多样的需求，也开拓了各级物流市场。

第2章　相关理论与方法

表2-1　物流定义

年份	定义主体	物流定义
1992	美国物流管理协会（American Council of Logistics Management）	物流是为了满足消费者需求而对货物、服务及相关信息进行处理的一系列过程，包括从起始地到消费地效率与效益的流动与存储的计划、实施与控制的过程
1994	欧洲物流协会（European Logistics Association, ELA）	将物流定义为一个系统，在这个系统里对人员或商品进行运输、安排，并对与此相关的支持活动进行计划、执行以及控制，最终达到特定的目的
1997	日本物流系统协会（Japan Institute of Logistics Systems）	物流是一种对原材料、半成品以及成品的有效流动所进行的计划、实施和管理的思路，并且与供应、生产和销售各部门之间进行有效的协调合作，从而达到满足客户需求的目的
1998	美国物流管理协会（American Council of Logistics Management）	物流是供应链运作中，以满足客户要求为目的，对货物、服务及相关信息在原产地和销售地之间实现高效率和低成本的正向和反向的流动和储存所进行的计划、执行和管理的过程
2001	美国物流管理协会（American Council of Logistics Management）	物流是企业为使商品、服务以及信息资源从起始地到消费地有效率和有效益的正向和反向移动或储存而进行的计划、执行与控制活动，进而满足客户的要求，并指出它是供应链管理过程的重要组成部分
2001	中华人民共和国国家标准《物流术语》（GB/T 18354—2001）	物流是指物资由生产供应地转向接收地的流动过程中，根据实际的需要，将运输、储存、流通加工、配送以及信息收集等基本功能进行有机整合。
2006	中华人民共和国国家标准《物流术语》（GB/T 18354—2006）	物流是指物品从供应地向接收地的实体流动过程，根据实际需要，将运输、储存、装卸、搬运、包装、流通加工、配送、信息处理等基本功能实施有机结合

续表

年份	定义主体	物流定义
2011	中国物流行业分析报告	物流活动作为供应链过程中的重要组成部分，是为了满足客户的需求，为使商品、服务和信息资源等从供应地到消费目的地高效地流动以及存储所进行的一系列计划、管理与控制活动，并整合运输、仓储、配送、信息处理以及流通加工等方式，最终实现用最低的成本将原材料、半成品、制成品、服务活动和信息资源等从生产领域转到消费领域的目的

当前各界对物流的定义大体一致但又尚未统一，本书综合考虑了不同定义后，给出本书的物流概念：根据相应的需求以相对合理的成本将目标物从当前所在地输送到目的地的过程，包括运输、储存、配送、信息处理等不同的环节。其具有以下三个方面的特点。

① 技术信息化。时下最新的传感器技术、大数据应用等都在逐渐融入物流业的日常运营中，智能分拣、自动传送、无人仓储成为将来物流业变革的大趋势，机器人的研制也被提升到战略层面。

② 系统综合化。当下的社会物流需求不再单一，而是需要综合的物流解决方案，其发展更趋向于整合性的配套服务，从物流方案策划、制定到执行，系统化的物流服务将得到更多认可。

③ 服务个性化。除了提供常规的货物流通选择，物流企业更多地站在需求角度，设身处地地发现客户需求的关键点，精准找出潜在的需求，放大并满足主流之外的市场需求。

2.1.2 物流业

物流业作为新兴复合产业，与简单的搬运加工不同，物流业将运输、装卸、仓储、流通加工、配送、信息等程序整合起来，成为一种新兴产业。换句话说，物流业就是将业务有机组合的复合型服务业。

物流业的性质决定了它贯穿三大产业，有效地将国民经济各个部分紧密联系起来，促进经济发展和产业结构的转变。国民经济活动中，物流业主要为生产最终消费的其他产业提供中间投入和最终运输，向其他

第 2 章 相关理论与方法

生产性企业提供流通服务、满足其中间需求。可以说,物流体现在各类生产性活动中,其发展极大地推动了全社会流通体系的建设,使各行业之间的流通更加顺畅。物流业成本效率的高低在一定程度上决定着各行业企业的利润。提高物流效率会使行业库存周转快、平均成本降低、时效性更快,会为企业节约大量资金,提高了企业的利润,所以越来越多的企业开始关注物流。由此可见,贯穿第一、第二、第三产业的物流业,是支撑社会经济发展的基础性、支柱性产业,是带动、支撑并保障其他行业健康发展的重要产业,是当今社会高效运转、经济结构调整必不可少的关键环节。

2.2 物流成本相关概念

2.2.1 物流成本含义及分类

1) 物流成本

物流成本是产品在实物运动过程中,如包装、装卸、运输、储存、流通加工等各个活动中所支出的人力、财力和物力的总和。中国在 2006 年颁布实施的国家标准《企业物流成本计算与构成》(GB/T 20523—2006)中指出:"物流成本是企业物流活动中所消耗的物化劳动和活劳动的货币表现,包括货物在运输、储存、包装、搬运、装卸、流通加工、物流信息、物流管理等过程中所耗费的人力、物力和财力的总和,以及与存货有关的流动资金占用成本、存货风险成本和存货保险成本。"该定义的物流成本包括:一方面是直接在物流环节产生的支付给劳动力的成本、耗费在机器设备上的成本,以及支付给外部第三方的成本;另一方面包括在物流环节中因持有存货等情况产生潜在的成本,如占有资金成本、保险费等。

2) 物流成本分类

现代物流成本的范围更广,贯穿于企业经营活动的全过程,包括从原材料供应开始一直到将商品送到消费者手中所发生的全部物流费用。物流成本按不同的标准有不同的分类，按产生物流成本的主体不同，可以分为企业自身物流成本和委托第三方从事物流业务所发生的费用即委托物流费。物流成本一般有以下三种分类。

①一般分类：直接成本或运营成本、间接成本。

②按物流功能范围分类：运输成本、流通加工成本、配送成本、包装成本、装卸与搬运成本、仓储成本及物流信息技术相关成本。

③按物流活动范围分类：供应物流费、企业内物流费、销售物流费、回收物流费及废弃物物流费。

2.2.2 社会物流成本含义及构成

1）社会物流成本

社会物流成本又称宏观物流成本，是指全社会在一定时间范围内，为消除时间和空间障碍而发生的有价值的商品运动和静止行为所花费的成本总额。从社会宏观物流成本的角度看，社会物流成本是一个国家或地区一定时期内发生的物流总成本。2004年10月，国家发展和改革委员会、国家统计局联合印发了《关于组织实施社会物流统计制度及核算表式（试行）的通知》（发改运行〔2004〕2409号），标志着我国社会物流统计和核算制度正式建立。2009年国家标准GB/T 24361—2009《社会物流统计指标体系》发布并实施，表明我国社会物流成本是指在我国全部常住单位因社会物流经济活动而发生的总费用。

2）社会物流成本构成

（1）运输费用

运输费用是指社会物流活动中，国民经济各方面由于物品运输而支付的全部费用。它包括支付给物品承运方的运费（承运方的货运收入）；支付给装卸搬运保管代理等辅助服务提供方的费用（辅助服务提供方的货运业务收入）；支付给运输管理与投资部门的，由货主方承担的各种交通建设基金、过路费、过桥费、过闸费等运输附加费用。用公式表示为：

第 2 章　相关理论与方法

$$运输费用 = 运费 + 装卸搬运等辅助费 + 运输附加费$$

具体计算时，根据铁路运输、道路运输、水上运输、航空运输和管道运输等不同的运输方式及对应的业务核算办法分别计算。

（2）保管费用

保管费用是指社会物流活动中，物品从最初的资源供应方（生产环节、海关）向最终消费用户流动的过程中，所发生的除运输费用和管理费用之外的全部费用。其内容包括：物流过程中因流动资金的占用而需承担的利息费用；仓储保管方面的费用；流通中配送、加工、包装、信息及相关服务方面的费用；物流过程中发生的保险费用和物品损耗费用等。其基本计算公式为：

$$保管费用 = 利息费用 + 仓储费用 + 保险费用 + 货物损耗费用 + 信息及相关服务费用 + 配送费用 + 流通加工费用 + 包装费用 + 其他保管费$$

（3）管理费用

管理费用是指社会物流活动中，物品供需双方的管理部门，因组织和管理各项物流活动所发生的费用。主要包括管理人员报酬、办公费用、教育培训、劳动保险、车船使用等各种属于管理费用科目的费用。其计算公式为：

$$管理费用 = 社会物流总额 \times 社会物流平均管理费用率$$

其中，社会物流平均管理费用率，是指在一定时期内，在各物品最初供给部门完成全部物品从供给地流向最终需求地的社会物流活动中，管理费用额占各部门物流总额比例的综合平均数。

2.3　成本效率

对"效率理论"的研究是研究成本效率的基础。可以把成本效率看作是"效率"理论在成本管理中的延伸与实际应用。对效率的研究最初是威廉·配第（1662）在《赋税论》中提出的，提高劳动生产率是国家财富增长的关键因素，在他之后，许多知名经济学家如马克思、萨缪尔森、亚当·斯密等都对效率问题进行了深入研究，现代学者在研究产业效率和企业效率的过程中，基于上述理论，衍生出投入产出效率、生产效率和成本效率等多种效率概念，进一步深化和丰富了效率理论，并拓展了其应用范畴。

1957年，Farrell首次从技术层面引申出成本效率的概念。从技术层面的效率所引申出来的成本效率衡量的是成本与收益的比例关系，其所涵盖的范围更广，除了考察对象的投入产出状况，还包括衡量其资源配置状况、市场竞争状况等。成本效率的研究可追溯到R W Shephard（1953）在其研究中所引入的成本"距离函数"。该函数基于生产前沿面技术思想，构建多投入多产出的评价模型，包括参数和非参数模型。后期经过不断发展与创新，成为众多效率衡量参数与非参数方法的理论基石。

此后，关于产业效率的研究层出不穷，涉及各领域、各产业，并衍生出多种产业效率研究方向，包括金融效率研究、投入产出效率研究以及创新效率研究等。尽管各方向的研究成果丰硕，产业效率理论日渐丰富，但尚未成熟，仍需不断发展与深化。

成本效率是在管理经济领域中使用非常广泛的概念，但一直以来对它没有一个明确而统一的定义。但是，可以明确的是成本效率是一个投入产出相对效率的概念，而且是指产出一定的企业单位以最小成本进行生产的效率。成本效率研究在成本数据的基础上，既要考虑投入与产出之间的技术效率，又要考虑要素价格因素所带来的配置效率，因此是衡量企业经营能力水平的一个常用指标。

尽管成本效率在经济以及管理领域的应用较为广泛，但成本效率以及基于成本函数Malmquist指数的测度需要满足两个必要条件，即需要投入—产出量和投入要素的价格，以及生产单元能够实现成本最小化。而物流业不仅涉及的范围广，包括运输、仓储、流通加工等环节，而且由于其投入要素的价格波动频繁，价格数据很难确定和获取，因此相关研究在物流领域的应用并不多见。目前关于成本效率的研究在金融行业的研究较为多见，究其原因是金融行业投入和产出要素的价格相对来说容易确定和获取。显然，成本效率是一个相对的静态概念，代表了生产单元如何以最小的成本投入组合实现产出的效率水平。

在借鉴已有银行业、保险业成本效率研究成果的基础上，本书概括了成本效率的一些基本内容：首先，成本效率是一个投入、产出相对效率的概念，这几乎是所有应用这一概念所包含的意义。其次，成本效率不仅是个相对效率，而且是指产出一定的企业单位以最小成本进行生产的效率。根据 Farrel 的效率理论，成本效率是给定价格水平下实现最优化投入组合的能力，通常用决策单元投入要素的最小成本与实际成本之比来反映。

2.4 成本控制理论

创立于 20 世纪 40 年代的系统论、控制论与信息论合称为 SCI 理论，不仅为现代科技的发展提供了新的指导思路，同时也为复杂管理问题的解决提供了方法。为了更好找到解决成本控制问题的方法及思路，本书在对物流成本控制问题进行研究探讨时，主要以系统论、控制论与信息论作为理论指导。

2.4.1 系统论

系统论的主体思想是把主要研究对象当作系统来看待，在解决问题的过程中，首先要深入了解研究对象的具体功能、结构以及主要问题，在此基础上探究系统、要素、环境的关系，再采用系统最优的原则和方法来解决问题。用系统论的思想来看，任何事物都可以被整合为一个完整的系统，而解决问题的关键便是根据不同系统呈现出来的不同特点以及其系统变化的规律，采取相应的手段和措施，用以解决最终的问题。总的来说，系统论旨在优化系统之间各要素相互配置协调的基础上，达到系统优化的最终目的。

对企业来说，其成本控制对象也是一个有机的系统。企业物流活动产生的全部成本耗费与各部门之间的密切联系，构成了一个相对完整的有层次的系统。从系统论的观点来看，企业的成本控制本身就是一个开放的动态系统，所以在对企业物流成本进行控制时，要用系统的思想来贯穿整个控制过程，不仅要关注成本费用要素，还要关注外部环境的影响，只有根据外部环境的动态变化来调整企业的控制系统，才能事半功倍并且真正达到成本控制的目的。

2.4.2 控制论

控制论思想认为，控制是在一定条件之下，为了达到目的而人为施加作用的行动。控制的实现依赖于相关信息的收集，因此，信息的收集是控制的基础，而信息的传递最终也是为了达到控制的目的。

成本控制是控制论思想在成本管理中的应用与表现。管理的职能要素可概括为计划、组织、指挥、协调与控制，其中，控制的实施同时包含了其他四种职能，通过有效控制可以保障计划的准确性、提高组织协调水平与指挥效率。因此，控制的有效施行以及控制目标最终能否得以实现也是衡量企业经济效益与管理水平的一个重要指标。控制论为企业控制体系的构建以及有效实施提供了指导。

2.4.3 信息论

信息论思想认为，企业的一切与物流相关的活动发生过程中都会伴随着物流成本信息的产生，这些信息以不同的形态分布于企业的各个部分，企业物流活动的顺利开展离不开各项物流功能的共同作用及紧密配合，同时物流功能的有效作用也离不开信息的收集与传递。成本控制的过程是一个动态的有机过程，同时也是一个信息不断输入、输出循环往复的过程，现代物流的高效运行离不开信息的实时交流与反馈。因此在成本控制的过程中要把信息作为指导控制活动的关键，只有保证信息的畅通有效，才能真正实现对物流系统中各个要素的有效监督、提高物流成本控制的效率，最终保障成本控制目标的实现。

2.5 分析方法及模型介绍

2.5.1 时间序列平稳性检验

1) 平稳性定义

时间序列是指将同一统计指标随时间变化所对应的数值按照时间先后顺序进行排列而形成的数列。其平稳性是指随时间变化的统计指标所对应的时间序列不会发生剧烈的变化,而在某个数值上下进行很小的浮动,表示其统计指标与现实时间无关;相反,若某个统计指标的时间序列随时间的变化而变化,我们称其为非平稳时间序列。对平稳时间序列来说,不同时间点的数值会在一条平稳的水平线上下小范围地波动,不会发生显著的上升和下降情形。

本书所调查收集到的相关经济数据均为时间序列,其中大多数不具备平稳性,会随着时间的变化而发生显著的上下波动趋势。对非平稳时间序列进行回归分析可能会存在以下两个缺陷:①若分析结果显示两个变量之间不存在线性关系,则结果与实际意义不相吻合;②出现伪回归现象,即受序列间的变化趋势影响使回归模型得以建立,然而回归结果并不具有实际意义。

2) 平稳性检验

在运用 Eviews 软件时,时间序列平稳性的检验就是对时间序列是否存在单位根的检验。若是被检验序列属于非平稳的,检验结果将显示存在单位根;若是平稳序列,则检验结果不会存在单位根。假如序列自身是平稳的,则可以称为 0 阶单整序列,标记为 I(0),加入经过 d 阶差分后,非平稳序列转变成平稳序列,则可以称之是 d 阶单整序列,标记为 I(d)。往往采用 ADF 检验法对时间序列进行单位根检验,继而获得序列的平稳性。

ADF 模型如下所示：

$$\Delta y_t = py_{t-1} + \sum_{k=1}^{\alpha} \delta_k \Delta y_{t-k} + \varepsilon_t \qquad 公式(2-1)$$

$$\Delta y_t = c + py_{t-1} + \sum_{k=1}^{\alpha} \delta_k \Delta y_{t-k} + \varepsilon_t（包含常数项） \qquad 公式(2-2)$$

$$\Delta y_t = c + \tau t + py_{t-1} + \sum_{k=1}^{\alpha} \delta_k \Delta y_{t-k} + \varepsilon_t（包含常数项和时间趋势项）$$

$$公式(2-3)$$

进行 ADF 检验，首先需要利用检测数据的时间走势图来判断检测模型是否应当包含常数项和时间趋势项，根据判断结果来选取需要采用的模型。通常采用 AIC/SC 信息准则来选择滞后阶数，同时选择使 AIC、SC 值最小的滞后阶数。

2.5.2 协整检验与格兰杰因果检验

1）协整性的概念及检验方法

非平稳时间序列之间的回归，很可能会发生伪回归，表示虽然模型拟合结果看起来很完美，但通过进一步的分析就会发现参数估计与现实会有所差异，这是由于一般的显著性检验所决定的彼此之间的变量在实际上是不存在的。而协整检验可以有效地避免伪回归的发生。协整检验是指一些经济变量自身属于非平稳时间序列，但将其进行线性组合之后可能呈现出平稳的时间序列。该平稳线性组合通常被称为协整方程，也可以描述为变量之间持久稳固的平衡关系。从经济学的角度来说，满足协整的经济变量之间不会相差太大，即使有一两次的冲击使它们偏离平衡位置，在后期随着时间的推移也会慢慢地回复到原来的平衡关系。两个属于非平稳时间序列的变量，若彼此之间是协整关系，则其整体会有一个持续的平衡关系。

协整检验方法主要分为两种：①EG 检验，也被称为两步检验法，是由 Engle 和 Granger 合作提出的检验方法。主要是对两个变量先进行线性回归分析，然后对所得到的残差值利用单位根进行检验，若单位根不存在，

第 2 章　相关理论与方法

则两个变量之间具有协整关系；②Johansen 检验法，通过计算极大值推荐来检验多个变量之间的协整关系。

2）格兰杰因果检验

经济方面的时间序列很容易发生伪相关事件，即从经济学出发可能会发现两个现实中不相关的序列，通过回归分析却发现了两者之间存在明显相关关系。针对如何分解分析变量间的关联关系，经济学者们仍有许多争议。Granger 提出了格兰杰因果检验法，可以判断变量之间的因果关系，解决了变量 x 与变量 y 之间的因果问题，其主要是根据现在的 x 能够在多大程度上被过去的 y 所解释，主要对以下回归进行估计：

$$y_t = \sum_{i=1}^{q} \alpha_i x_{t-i} + \sum_{j=1}^{q} \beta_j y_{t-j} + \mu_{1t} \qquad 公式（2-4）$$

$$x_t = \sum_{i=1}^{s} \varphi_i x_{t-i} + \sum_{j=1}^{s} \delta_j y_{t-j} + \mu_{2t} \qquad 公式（2-5）$$

其中，α_i，β_j，φ_i，δ_j 为待估参数，μ_{1t}，μ_{2t} 为误差，假定为不相关。

可分为四种情况讨论：

①若公式（2-4）中滞后的 x 的系数预测值在统计上整体显著不为零，并且公式（2-5）中滞后的 y 的系数预测值在统计上整体显著为零，那么表明 x 是引起 y 变化的格兰杰原因。

②若公式（2-5）中滞后的 y 的系数预测值在统计上整体显著不为零，并且公式（2-4）中滞后的 x 的系数预测值在统计上整体显著为零，那么表明 y 是引起 x 变化的格兰杰原因。

③若公式（2-4）中滞后的 x 的系数预测值在统计上整体显著不为零，并且公式（2-5）中滞后的 y 的系数预测值在统计上整体显著不为零，那么表明 x 与 y 互为格兰杰原因。

④若公式（2-4）中滞后的 x 的系数预测值在统计上整体显著为零，并且公式（2-5）中滞后的 y 的系数预测值在统计上整体显著为零，那么表明 x 与 y 是相互独立的。

为了查验 x 是引起 y 变化的原因，做零假设 H_0：$\alpha_1 = \alpha_2 = \alpha_3 = \cdots = \alpha_q = 0$，即滞后项 x 不属于此回归。为了验证此假设，利用 F 检验，即：

$$F = \frac{SSR0 - SSR1_q}{SSR1_{N-K}} = F(q, N-K) \qquad 公式(2-6)$$

它遵守自由度为 q 和（$N-K$）的 F 分布。$SSR1$ 代表原方程的回归残差平方和，$SSR0$ 代表方程零假设创建时的回归残差平方和，N 代表样本量，q 代表滞后项 x 的数目，K 代表无约束回归中待估参数的数目。依照 F 的分布，可以查表获得临界值 F_α。若是获得的值 F 高于该临界值，则拒绝该零假设，表明 x 不是引起 y 变化的格兰杰原因，否则表明 x 是引起 y 变化的格兰杰原因。交换变量 y 与 x 的位置，则可以检验 y 是否是 x 的格兰杰原因。

2.5.3 多元线性回归分析

1）多元线性回归模型及假设

多元线性回归是分析两个或两个以上变量的变动对因变量所产生的影响。大部分情景下，多元线性回归的模型能用以下公式表示：

$$y = a_0 + a_1 x_1 + a_2 x_2 + \cdots + a_n x_n + u \qquad 公式(2-7)$$

其中 y 为因变量，也称被解释变量；$a_0, a_1, \cdots, a_n$ 为自变量系数；n 代表有 n 个解释变量存在；u 代表随机误差。

线性回归模型成立的前提是满足以下五个基本假设：

①解释变量与被解释变量之间线性相关；

②自变量彼此属于独立存在，相互无关；

③随机误差彼此属于单独存在，相互无关；

④随机误差项服从期望值为 0、方差属于定值的正态分布；

⑤自变量与随机误差项之间属于独立存在的关系，相互无关。

2）线性回归的常见问题

（1）多重共线性

多重共线性是指，在 n 个解释变量 $x_1, x_2, x_3, \cdots, x_n$ 之间有着严苛或者相似的线性关系，即满足等式：$a_1 x_1 + a_2 x_2 + \cdots + a_n x_n = 0$ 或者 $a_1 x_1 + a_2 x_2 + \cdots + a_n x_n \approx 0$，等式中的 $a_1, a_2, \cdots, a_n$ 不都是 0。

第 2 章　相关理论与方法

在对经济数据变量进行多元线性回归分析时，多重共线的现象往往很容易发生。在多个自变量中，有一个或者多个变量可以被剩余的自变量诠释，因而引起多元回归时出现"信息重叠"。具有多重共线性的变量强行进行多元线性回归，导致的结果会失去准确性：系数通不过 t 检验的概率增加、变量的系数符号可能与现实意义相矛盾、无法得到系数估计值的准确值等。

多重共线性有多种解决办法：改变解释变量的形式并重新加入模型中，例如对序列取对数、取增量等；用主成分分析的方法，此方法对严重的多重共线性作用较大；采取逐步回归的方式筛选出不可用的变量，只选用对模型显著的变量；保留主要的解释变量，对不太重要的变量选择性删除。

平时研究中，往往使用逐步回归来消除多重共线性的影响。具体内容是：将自变量顺次加入到回归模型中，加入的前提条件是自变量经 F 检验是显著的；每次加入一个新的变量后，都要重新进行回归检验，若是新加入的变量引起了模型的拟合度显著改善，说明该变量独立存在，若导致模型拟合度降低，那么该变量未通过查验，筛掉该因素。重复不断地进行这个过程，直到所有变量都已经加入过回归模型，并且剔除了不合格变量。

（2）异方差性

异方差性是相较于同方差产生的。线性回归模型中有一个基本假定，即为同方差性。拥有不相同的方差存在于随机误差项里，可以认定这个模型存在异方差性。当存在异方差的情况时，获得的参数估计量（OLS 估计）不是最优选择，因此导致回归模型同样不再是最优解，无法进行下一步的参数显著性检验。异方差的诊断方式大致包含：White 检验、Park 检验、Gleiser 检验、图示检验等。

（3）自相关性

自相关性没有满足多元线性回归模型成立的前提假设，主要为模型中的随机误差项的期望值之间彼此具有相关关系。自相关性会导致模型的 t 检验不显著、OLS 估计量失去有效作用、模型不能继续进行预测。

自相关性的诊断方法主要有两种。包括 DW 检验法和 LM 检验法。DW 检验实质上就是查看回归模型中的 DW 值大小范围。若 DW 值趋近于 2，则基本可以断定变量间没有产生相关性；若 DW 值远远背离标准值 2，则表明变量之间存在相关性。值得注意的是，在 LM 检验法中，LM 统计量 $= Obs \times (R-squared)$ 渐进服从卡方分布，如果其值太大，则拒绝原假设。在检验过程中一般存在 P 值，如果 P 值比较小，比如小于 0.005，则拒绝原假设，认为原模型存在自相关。通过设定最大滞后阶数，可以区别模型中的显著与不显著的滞后项，通过对比，可以剔除不显著的项，再进行一次检验。LM 检验法可以检查全部的自相关现象，然而 DW 检验法只适用于一阶自相关的查验。

2.5.4 数据包络分析法

数据包络分析方法（DEA）由 Charnes 于 1978 年提出，研究多投入多产出的相对有效性，DEA 模型中将投入产出系统叫作决策单元（Decision Making Unit，DMU）。DEA 主要通过相对效率进行评价每个决策单元的效率，是一种相对测算模型。DEA 综合数学、经济等理论，形成一套可供分析效率的方法，是一种非参数方法。在 DEA 中，决策系统指的是投入一定的生产要素而获得一定产出以实现最大收益的经济系统。DEA 主要依靠线性规划进行评价决策单元的相对效率，并且可以根据决策单元距离线性规划的远近得到非有效单元的无效程度和改进方向。其计算原理是：通过数学中的线性方程，对所有数据进行观测分析得到一个可以包含所有观察数据的生产可能性边界即效率前沿面，再通过比较各个决策单元与效率前沿面的距离，从而得到最终的效率。如果 DMU 测量值在效率前沿面上，则称 DMU 有效，效率值为 1。如果 DMU 观测值不在效率前沿面上，则称 DMU 相对无效，效率值在 0 到 1 之间，值越小效率越差。此外，DEA 可以判断 DMU 的规模，为决策者调整生产规模提供决策依据。

现有研究主要使用两种基本的 DEA 模型，即 DEA 的 CCR 模型和 BCC 模型，本书将在这两种模型的基础上，再运用超效率 DEA 模型来测算陕西省物流业成本效率。DEA 的 CCR 模型假定有 n 个决策单元（DMU），每个 DMU 都有 m 种输入的种类和 s 种输出的种类，相应的输入和输出向量分别用 x_{ij} 和 y_{rj} 表示，λ 为每个 DMU 的投入产出指标权重，$\sum_{j=1}^{n} x_{ij} \lambda_j$ 和 $\sum_{j=1}^{n} y_{rj} \lambda_j$

第 2 章 相关理论与方法

分别为该 DMU 的投入、产出综合值。为了方便从理论和经济意义上进行深入分析，进一步引入松弛变量 s^+ 和剩余变量 s^-，具体模型如下：

$$(D)\begin{cases} \min\theta \\ \sum_{j=1}^{n} x_{ij}\lambda_j + s^+ = \theta x_0 \\ \sum_{j=1}^{n} y_{rj}\lambda_j - s^- = y_0 \\ \lambda_j \geq 0, j = 1,2,\cdots,n \\ \theta \text{ 无约束}, s^+ \geq 0, s^- \geq 0 \end{cases} \quad 公式(2-8)$$

公式（2-8）中，θ 为相对效率。假设该模型的最优解为 λ^*、θ^*、s^{*+}、s^{*-}，若 $\theta^* = 1$，且 s^{*+}、s^{*-} 同时为 0，则决策单元 j_0 为 DEA 有效；若 $\theta^* = 1$，存在任一 s^{*+}、s^{*-} 不为 0，则决策单元 j_0 为弱 DEA 有效；若 $\theta^* < 1$，则决策单元 j_0 不是 DEA 有效。λ_j 用来判断决策单元的规模收益情况。如果存在 $\lambda_j^*(j=1,2,\cdots,n)$，使 $\sum \lambda_j^* = 1$，则该决策单元为规模收益不变；如果 $\sum \lambda_j^* < 1$，则该决策单元为规模收益递增；如果 $\sum \lambda_j^* > 1$，则该决策单元为规模收益递减。

基于 CCR 模型，BCC 模型增加了规模报酬是可变的这一条件，决策单元的规模效率会对该决策单元的技术效率产生影响，因此通过 BCC 模型测算出来的是决策单元的纯技术效率。通过对 CCR 模型增加条件 $\sum \lambda_j^* = 1$，可得到 BCC 模型如下：

$$(D)\begin{cases} \min\theta \\ \sum_{j=1}^{n} x_{ij}\lambda_j + s^+ = \theta x_0 \\ \sum \lambda_j^* = 1 \\ \lambda_j^*, s^+ \geq 0, s^- \geq 0 \end{cases} \quad 公式(2-9)$$

在以上两个 DEA 模型中，所有有效决策单元最大效率值只能为 1，不能对它们进行进一步的分析和比较大小，而若采用由 Andersen 和 Petersen 提出的超效率 DEA 模型进行测算，则不会出现这个现象，该模型测算出的效率值可以大于 1，从而可以根据所有决策单元的效率进行排序。超效率 DEA 模型如下：

$$(D)\begin{cases} \min \theta \\ \sum_{j=1}^{n} x_{ij} \lambda_j - \theta x_0 \leqslant 0 \\ \sum_{j=1}^{n} y_{rj} \lambda_j - \theta y_0 \geqslant 0 \\ \lambda_j \geqslant 0, j = 1,2,\cdots,n \end{cases} \quad \text{公式}(2-10)$$

DEA 适用于对复杂系统的多输入—多输出进行分析，企业管理者可以利用 DEA 分析结果，做出有效的管理决策，它是一种非常重要、有效的评价和改进绩效的非参数线性规划方法。DEA 主要对多投入多产出系统进行效率评价，已被用于农业、服务业等行业的效率评价，尤其是多投入多产出的系统活动，克服了如主成分分析法、层次分析法、模糊分析法等模型的弊端，DEA 在分析物流业成本效率上的优点有以下四种。

① DEA 不需要任何人为权重假设，从而避免了选取权重时存在的主观性因素，它主要根据客观数据，通过研究生产函数理论为手段，得到最有利于决策单元的权重。物流活动投入产出指标选择具有多样性，无须设置权重减少了主观性，使物流业成本效率评价指标体系更加客观，分析的结果也更加客观公平。

② DEA 适用于计算具有多投入多产出的复杂系统，不需要事先给出投入指标和产出指标之间的函数关系。这一点恰好符合物流业的特征，由于物流业是复合型产业，在评价其效率时必须选取多个投入指标和多个产出指标，并且物流业的投入产出比较复杂，难以用特定的函数表示。所以 DEA 这一特点对物流业成本效率研究有绝对优势。

③ DEA 无量纲化的优点比较适合用于研究物流业，即 DEA 模型的应用不受计量单位的影响。由于物流业的评价指标多为不同方面的集合，指标数据在单位上无法统一，因而难以对指标进行量纲化处理，而 DEA 不需要对指标进行量纲同一化处理，恰好满足了这一要求，使它的数据处理更有弹性。

④ DEA 不仅可以得到具体的相对效率值，进而进行排序，还能够计算出每个决策单元的投入冗余率。因此，在评价物流业成本效率时，要尽可能地选择容易调整的指标，使结果更具可操作性。投入冗余率能够为物流业管理者提供可靠的量化依据，而不是仅仅停留在定性方面，利用价值大。

2.5.5 随机前沿分析法

随机前沿分析法（Stochastic Frontier Analysis，SFA），开始于生产边界最优化的一系列研究，是 Aigner、Lovell 和 Schmidt 在 1977 年提出的用于测量随机因素和非效率因素各自对某经济活动的影响程度，以便更加准确地体现这一经济活动的实际情况，有关生产效率的相关基础性研究对随机前沿理论的发展起到了积极的促进作用。SFA 可以用来衡量效率的大小，但鉴于本书是分析物流业成本效率，物流业作为典型的复合型产业，具有多投入多产出的特性，SFA 仅适合多投入单产出的情况，所以主体分析部分不采用 SFA。SFA 对某经济活动的影响因素的分析更加全面，它能够对随机因素和环境因素进行剔除，所以本书在分析影响物流业成本效率的因素时采用 SFA。

SFA 基本模型如下：

$$y_i = f(x_i,\beta)\exp(\delta_i)\exp(\gamma_i), i = 1,2,\cdots,n \quad 公式(2-11)$$

其中 y_i 是产出，x_i 是投入，β 是模型设定的参数。SFA 模型将随机误差分为两部分，即 δ_i 代表统计误差和 γ_i 代表技术的无效率。通过构建 SFA 模型来分析物流成本效率的影响因素，选用 Cobb – Douglas 生产函数，构建的模型如下：

$$\ln y_i = \beta_0 + \sum_i \beta_i \ln x_i + \delta_i - \gamma_i, i = 1,2,\cdots,n \quad 公式(2-12)$$

该模型假设：①随机误差 δ_i 服从正态分布 $N(0, \sigma, \delta^2)$，此项误差主要由不可控因素导致，如自然灾害等；②随机误差 γ_i 服从正态分布 $N(0, \sigma, \gamma^2)$ 的截断形式，即截去小于 0 的部分，且 δ_i 和 γ_i 满足相互独立的条件；③δ_i 和 γ_i 与投入要素 x_i 之间也相互独立。

2.5.6 主成分分析法

在对社会物流成本预测的过程中，提取对社会物流成本有影响的因素是研究的主要问题之一，而往往分析得到的影响因素数量较多，每一个影响因素对项目成本影响的程度又是不一样的，要准确地对物流成本进行预测，就需要从这些因素中分析出对其影响程度大或可以代表所有因素的某几个因素，这个问题就需要用主成分分析法来解决。

主成分分析法（Principal Component Analysis，PCA）也可称为主分量分析，此方法在1993年被一个名为Hotelling的人所推广开来。此方法针对从研究对象中提取出来的大量变量进行分析，在避免对结果产生影响的情况下最大限度地减少变量的数量，用最后分析得出的新的一组变量来表达原有变量间的相互关系，且它们之间相互独立，并被赋予相应的权重，这样得出的一组变量对后一步要进行的数学模型建立提供了基础。这种方法在引进多方面变量的同时将复杂因素归结为几个主成分，使问题简单化，从而使得到的数据信息更加科学有效。

1) 数学模型

对一个样本资料，观测 p 个变量 $x_1, x_2, \cdots, x_p$，N 个样品的数据资料矩阵为：

$$X = \begin{pmatrix} x_{11} & x_{12} & \cdots & x_{1p} \\ x_{21} & x_{22} & \cdots & x_{2p} \\ \vdots & \vdots & \vdots & \vdots \\ x_{n1} & x_{n2} & \cdots & x_{np} \end{pmatrix} = (x_1, x_2, \cdots, x_p) \qquad 公式(2-13)$$

其中：

$$x_j = \begin{pmatrix} x_{1j} \\ x_{2j} \\ \vdots \\ x_{nj} \end{pmatrix}, \quad j = 1, 2, \cdots, p$$

第 2 章 相关理论与方法

主成分分析就是将 p 个观测变量综合成为 p 个新的变量（综合变量），即：

$$F_j = \begin{cases} F_1 = a_{11}x_1 + a_{12}x_2 + \cdots + a_{1p}x_p \\ F_2 = a_{21}x_1 + a_{22}x_2 + \cdots + a_{2p}x_p \\ \cdots \\ F_p = a_{p1}x_1 + a_{p2}x_2 + \cdots + a_{pp}x_p \end{cases} \quad 公式(2-14)$$

简写为：

$$F_j = \alpha_{j1}x_1 + \alpha_{j2}x_2 + \cdots + \alpha_{jp}x_p \quad j = 1,2,\cdots,p \quad 公式(2-15)$$

要求模型满足以下条件：

① F_i, F_j 互不相关（$i \neq j$，$i,j = 1,2,\cdots,p$）；

② F_1 的方差大于 F_2 的方差，F_2 的方差大于 F_3 的方差，依次类推；

③ $a_{k1}^2 + a_{k2}^2 + \cdots + a_{kp}^2 = 1$　$k = 1,2,\cdots,p$。

于是，称 F_1 为第一主成分，F_2 为第二主成分，依此类推，有第 p 个主成分。主成分又叫主分量，这里 a_{ij} 为主成分系数。

上述模型可用矩阵表示为：

$$F = AX \quad 公式(2-16)$$

其中：

$$F = \begin{pmatrix} F_1 \\ F_2 \\ \vdots \\ F_p \end{pmatrix} \quad X = \begin{pmatrix} x_1 \\ x_2 \\ \vdots \\ x_p \end{pmatrix}$$

$$A = \begin{pmatrix} a_{11} & a_{12} & \cdots & a_{1p} \\ a_{21} & a_{22} & \cdots & a_{2p} \\ \vdots & \vdots & \vdots & \vdots \\ a_{p1} & a_{p2} & \cdots & a_{pp} \end{pmatrix} = \begin{pmatrix} a_1 \\ a_2 \\ \vdots \\ a_p \end{pmatrix}$$

A 称为主成分系数矩阵。

2) 主成分分析法基本步骤

假设样本观测数据矩阵为：

$$X = \begin{pmatrix} x_{11} & x_{12} & \cdots & x_{1p} \\ x_{21} & x_{22} & \cdots & x_{2p} \\ \vdots & \vdots & \vdots & \vdots \\ x_{n1} & x_{n2} & \cdots & x_{np} \end{pmatrix} \qquad 公式(2-17)$$

首先对原始数据进行标准化处理：

$$x_{ij}^* = \frac{x_{ij} - \bar{x}_j}{\sqrt{\operatorname{var}(x_j)}} \quad (i=1,2,\cdots,n; j=1,2,\cdots,p) \qquad 公式(2-18)$$

其中：

$$\bar{x}_j = \frac{1}{n}\sum_{i=1}^{n} x_{ij} \qquad 公式(2-19)$$

$$\operatorname{var}(x_j) = \frac{1}{n-1}\sum_{i=1}^{n}(x_{ij} - \bar{x}_j)^2 \quad (j=1,2,\cdots,p) \qquad 公式(2-20)$$

然后计算样本相关系数矩阵：

$$R = \begin{pmatrix} r_{11} & r_{12} & \cdots & r_{1p} \\ r_{21} & r_{22} & \cdots & r_{2p} \\ \vdots & \vdots & \vdots & \vdots \\ r_{p1} & r_{p2} & \cdots & r_{pp} \end{pmatrix} \qquad 公式(2-21)$$

为了方便起见，假定原始数据标准化后仍用 X 表示，则经标准化处理后的数据的相关系数为：

$$r_{ij} = \frac{1}{n-1}\sum_{t=1}^{n} x_{ti} x_{tj} \quad (i,j=1,2,\cdots,p) \qquad 公式(2-22)$$

再用雅克比方法求相关系数矩阵 R 的特征值（$\lambda_1, \lambda_2 \cdots, \lambda_p$）和相应的特征向量 $a_i = (a_{i1}, a_{i2}, \cdots, a_{ip})$，$i=1,2,\cdots,p$。

最后选择重要的主成分，并写出主成分表达式。

主成分分析可以得到 p 个主成分，但是，由于各个主成分的方差是递减的，包含的信息量也是递减的，所以实际分析时，一般不是选取 p 个主成分，而是根据各个主成分累计贡献率的大小选取前 k 个主成分，这里贡献率就是指某个主成分的方差占全部方差的比重，实际上也就是某个特征值占全部特征值合计的比重。即贡献率 q 满足：

$$q = \frac{\lambda_i}{\sum_{i=1}^{p} \lambda_i} \qquad 公式(2-23)$$

贡献率越大，说明该主成分所包含的原始变量的信息越强。主成分个数 k 的选取，主要根据主成分的累积贡献率来决定，即一般要求累计贡献率达到 80% 以上，这样才能保证综合变量能包括原始变量的绝大多数信息。

2.5.7 灰色 GM（1，1）模型

灰色神经网络是将灰色预测和 BP 神经网络结合到一起的组合模型。灰色神经网络预测模型是指首先利用自变量的历史数据建立灰色预测模型预测出自变量未来几年的变化情况，进而再利用已有的历史数据和自变量的预测数据构建 BP 神经网络模型预测出未来几年因变量的数值。通过灰色和 BP 神经网络的结合不仅可以减少数据量，同时也可以提高预测的精度。

1）数据处理

为了弱化原始时间序列的随机性，在建立灰色预测模型之前，需先对原始时间序列进行数据处理，经过数据处理后的时间序列称为生成列。

设 $X^{(0)} = \{X^{(0)}(1), X^{(0)}(2), X^{(0)}(3), \cdots, X^{(0)}(n)\}$ 是所要预测的某项指标的原始数据，计算数列的级比 $\lambda(t) = \frac{X^{(0)}(t-1)}{X^{(0)}(t)}, t = 2, 3, \cdots, n$。如果绝大部分的级比都落在可容覆盖区间 $(e^{\frac{-2}{n+1}}, e^{\frac{2}{n+1}})$ 内，则可以建立 GM（1，1）模型且可以进行灰色预测。否则，对数据做适当的预处理。目前方法主要有数据开 n 方、数据取对数、数据平滑。预处理的数据平滑设为三点平滑，具体可以按照下式处理。

$$X^{(0)}(t) = [X^{(0)}(t-1) + 2X^{(0)}(t) + X^{(0)}(t+1)]/4$$

$$X^{(0)}(1) = [3X^{(0)}(1) + X^{(0)}(2)]/4$$

$$X^{(0)}(n) = [X^{(0)}(n-1) + 3X^{(0)}(n)]/4 \qquad 公式(2-24)$$

预处理后对数据做一次累加生成处理，即：将原始序列的第一个数据作为生成列的第一个数据，将原始序列的第二个数据加到原始序列的第一个数据上，其和作为生成列的第二个数据。按此规则进行下去，便可得到生成列。

根据 $X^{(1)}(k) = \sum_{n=1}^{k} X^{(0)}(n)$，得到一个新的数列：

$$X^{(1)} = \{X^{(1)}(1), X^{(1)}(2), X^{(1)}(3), \cdots, X^{(1)}(n)\} \qquad 公式(2-25)$$

这个新的数列与原始数列相比，其随机性程度大大弱化，平稳性大大增加。新数列的变化趋势近似地用下面的微分方程描述：

$$\frac{dX^{(1)}}{dt} + aX^{(1)} = u \qquad 公式(2-26)$$

其中：a 称为发展灰数；u 称为内生控制灰数。

2) 模型原理

令 $Y_n = [X^{(0)}(2), X^{(0)}(3), \cdots, X^{(0)}(n)]^T$，$\hat{\alpha}$ 为待估参数向量，$\hat{\alpha} = \begin{pmatrix} a \\ u \end{pmatrix}$，

$$\boldsymbol{B} = \begin{pmatrix} -\frac{1}{2}(X^{(1)}(1) + X^{(1)}(2)) & 1 \\ -\frac{1}{2}(X^{(1)}(2) + X^{(1)}(3)) & 1 \\ \vdots & \vdots \\ -\frac{1}{2}(X^{(1)}(n-1) + X^{(1)}(n)) & 1 \end{pmatrix} \qquad 公式(2-27)$$

于是模型可表示为：

$$Y_n = \boldsymbol{B}\hat{\boldsymbol{\alpha}} \qquad 公式(2-28)$$

通过最小二乘法得到：

$$\hat{\boldsymbol{\alpha}} = (\boldsymbol{B}^T\boldsymbol{B})^{-1}\boldsymbol{B}^T Y_n \qquad 公式(2-29)$$

第 2 章 相关理论与方法

求解微分方程,即可得灰色预测的离散时间响应函数:

$$\hat{X}^{(1)}(t+1) = \left[X^{(0)}(1) - \frac{u}{a}\right]e^{-at} + \frac{u}{a}, t = 0,1,2,\cdots,n-1 \quad 公式(2-30)$$

$\hat{X}^{(1)}(t+1)$ 为所得的累加的预测值,将预测值还原即为:

$$\hat{X}^{(0)}(t+1) = \hat{X}^{(1)}(t+1) - \hat{X}^{(1)}(t) \quad 公式(2-31)$$

注:若数据经过预处理,则还需经过相应变换才能得到实际预测值。

3) 模型检验

灰色预测检验一般有残差检验、关联度检验和后验差检验。

(1) 残差检验

$$\begin{cases} \hat{X}^{(0)}(t) = \hat{X}^{(1)}(t) - \hat{X}^{(1)}(t-1) \\ \Delta^{(0)}(t) = |\hat{X}^{(0)}(t) - X^{(0)}(t)| \\ \varepsilon(t) = \frac{\Delta^{(0)}(t)}{X^{(0)}(t)}, t = 1,2,\cdots,n \end{cases} \quad 公式(2-32)$$

分别求出预测值、绝对误差值和相对误差值,计算出平均相对误差,判断精度是否理想。

(2) 关联度检验

①定义关联系数 $\eta(t)$。

$$\eta(t) = \frac{\min\Delta^{(0)}(t) + \rho\max\Delta^{(0)}(t)}{\Delta^{(0)}(t) + \max\Delta^{(0)}(t)} \quad 公式(2-33)$$

其中:$\Delta^{(0)}(t)$ 为第 t 个点 $X^{(0)}$ 与 $\hat{X}^{(0)}$ 的绝对误差;ρ 称为分辨率,$0 < \rho < 1$,一般取 $\rho = 0.5$,对单位不一、初值不同的序列,在计算相关系数前应首先进行初始化,即将该序列所有数据分别除以第一个数据。

②定义关联度 $r = \frac{1}{n}\sum_{t=1}^{n}\eta(t)$,称为 $X^{(0)}(t)$ 与 $\hat{X}^{(0)}(t)$ 的关联度。

根据上述方法算出 $\hat{X}^{(0)}(k)$ 与原始序列 $X^{(0)}(k)$ 的关联系数,然后计算出关联度。根据经验,当 $\rho = 0.5$ 时,关联度大于 0.6 便满足检验标准。

(3) 后验差检验

计算原始序列标准差和绝对误差序列的标准差分别为:

$$S_1 = \sqrt{\frac{\sum [X^{(0)}(t) - \overline{X}^{(0)}]^2}{n-1}}, S_2 = \sqrt{\frac{\sum [\Delta^{(0)}(t) - \overline{\Delta}^{(0)}]^2}{n-1}}$$

公式(2-34)

计算方差比 $C = \frac{S_2}{S_1}$，小误差概率 $P = P\{|\Delta^{(0)}(t) - \overline{\Delta}^{(0)}| < 0.6745S_1\}$，令 $e_t = |\Delta^{(0)}(t) - \overline{\Delta}^{(0)}|$，$S_0 = 0.6745S_1$，则 $P = P\{e_t < S_0\}$。

检验指标 P 和 C 与灰色预测精度检验等级标准，见表2-2。

表2-2 检验标准

检验指标	优	良	中	差
P	>0.9	>0.8	>0.7	≤0.7
C	<0.35	<0.5	<0.65	0.65

2.5.8 BP神经网络模型

BP神经网络算法是通过对样本数据的期望输出与实际值之间的最小误差为目标进行的一种机器学习，学习的实质是通过不断地修正权值，使期望输出值与实际值之间的误差尽可能小，直到达到规定的误差范围样本训练才宣告结束。BP神经网络简单来说可以分为输入层（input layer）、隐含层（hide layer）和输出层（output layer），每一层的神经元仅仅和紧邻层的神经元具有可达路径，同一层之间神经元不产生关联。一般情况下BP神经网络的结构由输入层、隐含层、输出层构成，各层均有若干个神经元组成，每一个节点的输出值与输入值则由作用函数和阈值共同决定，最终实现输入和输出之间的映射关系，达到预期效果。一个单隐层的BP网络模型如图2-1所示。

BP神经网络的预测大致可以分为两个阶段：第一个阶段就是先将已知的样本值导入，通过预先设计好的网络结构计算出神经元的输出；第二阶段就是误差反向传播，从后向前计算各个权值、阈值对误差的不同影响，根据误差最小的原则进行修正。这两个过程反复交替，直到至到预期。

下面设定一个三层的BP网络为输入节点 i，隐含层输入和输出分别为

第 2 章 相关理论与方法

输入层　　　隐含层　　　输出层

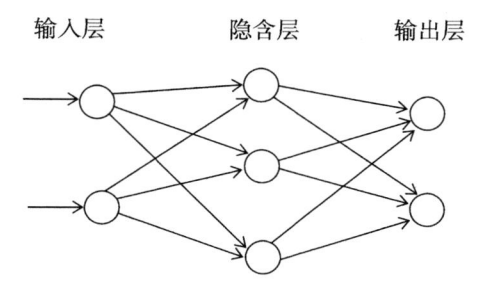

图 2-1 BP 神经网络的结构

y_i 和 y_o，输出层输入和输出分别为 o_i 和 o_o，期望输出为 E_o，设置数据个数 m 有 n 个，即 $m = 1,2,\cdots,n$。误差函数为 e。

$$e = \sum_{o=1}^{c} [E_o(m) - oo_o(m)]^2 \qquad 公式(2-35)$$

第一，对网络进行初始化。对输入层与中间层连接权值 w_{iy} 和隐含层与输出层连接权值 w_{yo} 随机赋予 -1 至 1 之间的数值。设隐含层各神经元阈值为 u_y、输出层各神经元阈值为 u_o，隐含层的输出为：

$$yo_b(m) = f\left[\sum_{i=1}^{a} w_{iy}i_i(m) - u_y\right], b = 1,2,\cdots,n \qquad 公式(2-36)$$

计算输出层的输出为：

$$yo_c(m) = f\left[\sum_{i=1}^{b} w_{yo}yo_i(m) - u_o\right], c = 1,2,\cdots,n \qquad 公式(2-37)$$

第二，通过网络的期望输出和实际输出来计算误差对输出层各神经元的偏导数。

$$p_y(m) = \left[\sum_{o=1}^{c} p_o(m)w_{yo}\right]yo_b(m)[1 - yo_b(m)] \qquad 公式(2-38)$$

第三，通过 $p_o(m)$ 和 $yo_b(m)$ 来修正 $w_{yo}(m)$ 和 $u_o(m)$，神经网络 N 调整后为 $N+1$；η 为网络的学习率，常在 [0, 1] 中取值。

$$u_o^{N+1}(m) = u_o^N(m) + \eta p_b(m) \qquad 公式(2-39)$$

第四，通过隐含层中各神经元的 $p_b(m)$ 值和输入层各神经元的输入 $i_i(m)$ 值，以修正连接权值和阈值。

$$w_{yo}^{N+1}(m) = w_{iy}^N + \eta p_b(m)i_i(m) \qquad 公式(2-40)$$

$$u_y^{N+1}(m) = u_y^N(m) + \eta p_b(m) \qquad 公式(2-41)$$

第五，由以上数据计算出全局的误差：

$$W = \frac{1}{2n} \sum_{m=1}^{n} \sum_{o=1}^{c} [E_o(m) - o_o(m)]^2 \qquad 公式(2-42)$$

此时将做一次判断，看全局误差 W 是否已小于当初的设定值。只有当其小于当初的设定值或网络学习的次数大于设定值时，才会结束运算。未满足则会重新选取新的学习样本和对应的输出值不断循环计算，直至满足条件。完整的算法步骤如图 2-2 所示。

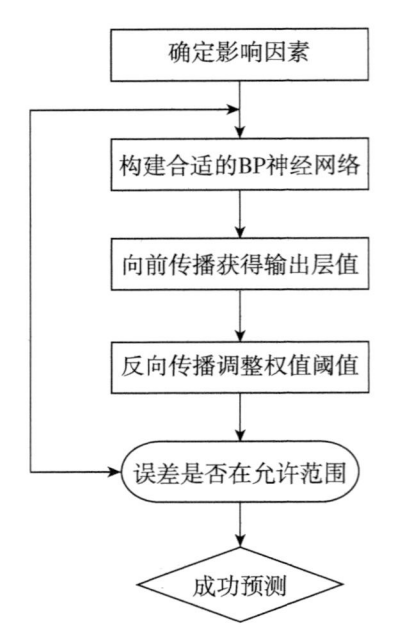

图 2-2　BP 神经网络预测步骤

2.5.9　作业成本法

1）作业成本法定义及理论依据

作业成本法简称 ABC，主要核心是作业，在实际分配过程中，以资源动因为标准，将资源耗费分配到作业上，再以作业动因为基础，将作业划分到企业最终产品上，即"成本对象消耗作业，作业消耗资源"。从本质

第2章 相关理论与方法

上来看，作业成本法是一种基于作业的成本核算和管理体系，通过对企业实际运营过程中所有的作业活动进行实时追踪、动态反映来达到作业评价以及控制的目的。目前，作业成本法实现了管理会计与成本会计的有机结合与统一，也是当前最科学的成本核算方法之一。

（1）作业链、价值链理论

在作业成本法下，为了满足客户服务需求而发生的一系列作业会构成一个有序完整的作业集合体，作业与作业之间在相互独立的同时又紧密联系，上游作业的形成会对下游作业产生一定的影响，这就是所谓的"作业链"，而企业全部作业活动最终目的都是为了创造价值，一系列相互联系的活动创造的价值就构成了企业的"价值链"。最终形成的产品或服务，不仅是整个作业的集合体，同时也是全部价值的集合体。

企业在实际判断时，可以该项作业是否能增加顾客或企业的价值为划分标准，将作业划分为增值和非增值两类，对能带来价值的增值作业予以改进完善，而非增值作业能为企业或顾客带来的价值很小，但却消耗了企业的资源，因此应当根据企业的实际情况予以减少或消除，以实现成本—效益最优的目标，如图2-3所示。

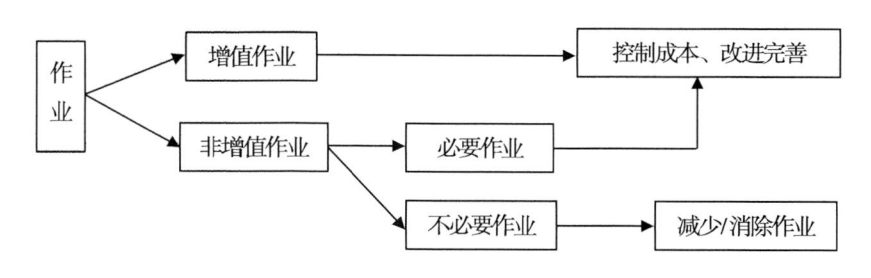

图2-3 作业链及价值链理论

（2）成本动因理论

成本动因是诱导成本发生的主要原因，因此成本动因理论也是整个作业成本法最核心的理论依据。该理论是由库珀和卡普兰在1987年提出的，该理论认为"作业是组织内消耗的活动形成的，产品消耗作业，作业消耗资源，从而产生成本"。在通过作业成本法核算产品成本时，最终间接成本的确认不仅仅是通过实际产品的产量来决定的，作业量、员工工时、订单量等都可以作为成本的驱动因素来决定间接成本的最终分配与确认。成本动因主要包括资源动因和作业动因两种，在对间接费用进行实际分配时，首先要根据资源的耗费情况将其归集到作业中心，接下来再将作业中心的成本分配到最终的产品或服务中去，如图2-4所示。

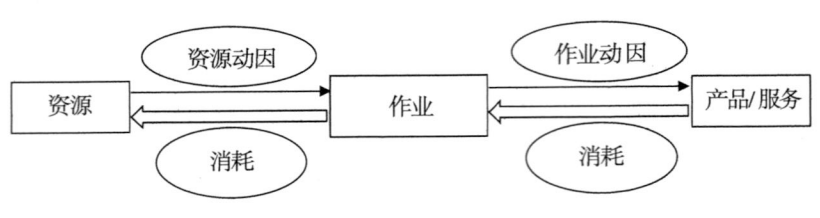

图2-4 成本动因理论

2）作业成本法概念体系

在使用作业成本法进行物流成本核算分析之前，需要对基本概念以及关键点进行一个明确的了解，因此，本书按照作业成本法的计算过程对相关概念界定如下。

（1）作业、作业中心

在作业成本法中，作业是最核心也是最重要的概念，一般来讲，作业的主体是人，是指为了实现一定目的、在特定范围内消耗一些资源的活动，因为资源耗费无法直接分配到最终的产品，因此就需要作业来作为资源与最终产品（服务）之间联系的纽带。

按照层次水平可将作业划分为以下四种类型。

①产品水平作业，顾名思义是指每种产品都受益的作业，每种产品的生产和销售都离不开该作业，产品水平作业的成本受产品种类规格变动的影响，也是企业在生产运营过程中需要重点关注的作业活动。

②单位水平作业，作业的受益对象为每单位的产品或顾客，其所消耗的资源受每单位产品产量或服务量的影响，且成比例变动，如直接人工、直接材料等。

③批次水平作业，是指作业会使一批产品受益，该作业成本的变化受产品批次影响。不同于单位水平作业的一点是批次水平作业的资源不依赖每批包含的单位数，如对每批次产品发生的检验、订单处理等费用。

第 2 章　相关理论与方法

④支持性作业，该作业在一定程度上保障了企业生产经营活动的正常运行，受益对象为某个特定的机构或部门，就是使某个机构或某个部门受益的作业，与产品的规格种类、批次等关系不大。

此外，彼得·托尼（Peter B Turney）在库珀研究的基础之上，提出了一种为顾客提供服务、使顾客收益的作业，叫作顾客作业。

作业中心是采用融合的方式，把公司发生的活动以作业定义，并将同质化的作业合并，就形成了作业中心，即一系列相互独立但彼此又能相互紧密联系的、能实现某种特定功能的作业的集合。建立作业中心的主要目的是把相关的一系列作业消耗的资源费用归集到作业中心（或作业），构成该作业中心（或作业）的作业成本库，作业成本库是作业中心的货币表现形式。

（2）成本库

作业成本库本质上是作业中心消耗的资源费用的货币表现形式，即价值体现。成本库是连接间接费用生产与分配的桥梁，成本动因的选择与成本库息息相关。

（3）成本动因

成本动因是解释成本特性的一个计量指标，通俗来讲就是导致成本发生变动的主要诱因，也是利用作业成本法进行成本分配的关键。根据不同成本分配阶段的不同作用，可以把动因划分为资源动因和成本动因两类。资源动因是资源分配到作业的基础和依据，在阶段上来看属于作业成本法分配的第一阶段，揭示了作业中心的资源耗费情况；成本动因从阶段上看，属于第二阶段分配，反映最终产品（服务）的成本与作业量之间的关系，从本质上来看，成本动因是一个抽象的概念，而资源动因是从实务角度定义的，本身具有可操作性。

通过上述具体概念的表述可以将作业成本法基本理论概括为：企业与生产经营相关的一系列活动，都可以被拆分为一个个相互独立又彼此紧密联系的作业，而这些作业构成了企业整体的业务活动，在这一过程中，作业的形成需要对企业的资源进行消耗，而最终产品的成本又由作业消耗资源的总和来构成，其主要的分配原理如图 2-5 所示。

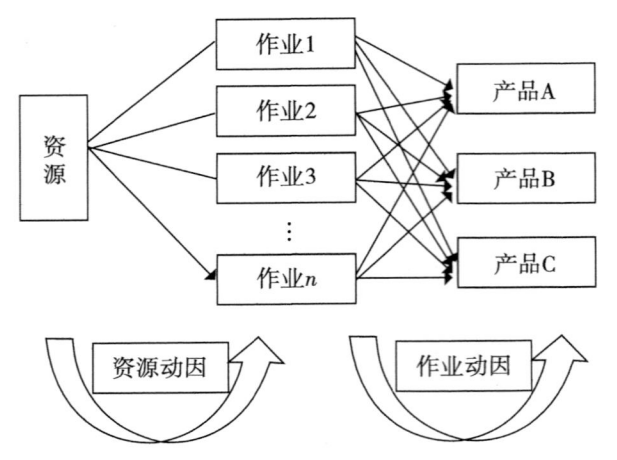

图 2-5　作业成本法成本分配原理

第 3 章　我国社会物流成本的影响因素研究

3.1　机理分析与研究假设

针对社会物流成本的影响因素进行深入剖析具有重大意义，强化对物流行业的宏观调节和控制的基础就是了解物流成本与各影响因素之间的关联关系。社会物流成本影响因素的选取，是定量分析的基石。其影响因素众多，且影响因素彼此相互关系繁杂。我国的物流统计工作起步较晚，因此早期的物流统计数据不够完整，国家统计局发布的有关国家物流成本的统计数据也仅仅能推算至 1991 年。因而针对影响因素的取舍和调整、对有关缺失数据进行相应的补充和处理是十分重要的。通过整理文献可以看出，社会物流成本受到了学者们的广泛关注。

整理和综合中国知网上以"社会物流成本影响因素"为主题检索出的 72 篇文献，结果见表 3-1。

表 3-1　社会物流成本影响因素文献分类

因素分类	基础设施建设	产业结构	经济发展水平	政策	运营水平	资源环境
篇数	27	17	13	7	4	4

①与基础设施建设有关的社会物流成本研究共有 27 篇文献，是社会物流成本的影响因素里提及次数最多的。由此可见，众多学者都认为基础设施水平能深刻影响社会物流成本。其中基础设施水平提到最多的是公路、铁路以及水路的运输能力。

②与产业结构有关的社会物流成本研究共有 17 篇文献，是相关文献里

提及次数较多的影响因素。部分学者将产业影响因素分成三次产业，分别探讨对社会物流成本的影响程度，其中一些学者又进一步探讨了产业结构的发展与变化对社会物流成本的影响。

③与经济发展水平有关的社会物流成本研究共有 13 篇文献。在评价经济发展水平时，学者们提到了用国内生产总值、人均国内生产总值、社会消费品零售总额以及财政指标来反映经济发展状况，并进行了假设验证。

④与政策有关的社会物流成本研究有 7 篇文献。与政策相关的概念很宽泛，有的学者将研究重点放在政府对物流行业的扶持基金上，有的学者集中研究了体制对社会物流成本的影响程度，还有的学者专注于研究政府颁布的各种政策对社会物流成本的利好影响。

⑤与运营水平有关的社会物流成本探讨文献有 4 篇，与资源环境有关的社会物流成本探究有 4 篇。另外，72 篇之外的 2 篇，1 篇文献提及市场化程度、1 篇文献谈到科技发展水平对社会物流成本影响。

3.1.1 产业结构与社会物流成本

根据党的十九大会议精神，中国特色社会主义进入新时代，经济增长已由高速度向高质量转变。产业结构的改善与优化推动着经济的发展，引发了物流需求的数量和质量等方面的变化。经济发展、工业化程度、高科技研发进展均会引起经济社会的产业结构变化，而这些经济社会活动的变化又会引起交通运输方式的改变，进而影响社会物流成本。社会物流成本与产业结构有密切关系，产业结构侧重点的变化，会导致社会物流成本的变化。

第一产业主要指以自然力为主，生产不必深加工的产品或者工业原材料的行业。当第一产业产品作为生产资料在生产环节中存在时，会产生大量的运输、库存和管理，从而增加了社会物流成本。例如，有着"全国规模最大的水果生产基地""南方最大的运菜基地"之称的茂名市，农产品的品种众多，因此对货运量有很高的需求，强有力地拉动了当地物流行业的发展。可见第一产业的发展会带动社会物流成本的增加。

第 3 章 我国社会物流成本的影响因素研究

第二产业主要是指以实物形式存在的物质加工生产部门，包括采矿业、制造业、电力、燃气及水的生产和供应业、建筑业。第一产业所能创造出的价值要比以上产业能够创造出的价值低得多，并且所产生的物流成本相比第二产业的运输、库存和管理成本要低。统计数据显示：工业物流需求已经占据了城市物流需求的主体地位。在第二产业中，尤其是重工业所占比例越高，其所在城市单位 GDP 所产生的社会物流总额就越高。

第三产业相较于第二产业往往以非物质形式存在，在生产经营过程中，更多的表现在技术和服务方面，其运送、储存和管理所需要的社会物流成本比较低，因而第三产业所产生的物流成本所占比重最终负向影响社会物流成本占 GDP 的比重。第三产业越发达的地区，物流产业投入产出比越小，第三产业经济发展越快，对物流产业投入产出影响越显著，投入产出比下降越快。因此，基于以上分析提出以下假设：

H1a：第一产业产值占 GDP 比重与社会物流成本呈正相关。

H1b：第二产业产值占 GDP 比重与社会物流成本呈正相关。

H1c：第三产业产值占 GDP 比重与社会物流成本呈负相关。

3.1.2 基础设施水平与社会物流成本

在物流运输成本方面，铁路运输在所有运输方式中优势性最强。铁路是国民经济的大动脉，综合优势超越其他运输模式：能够运输的距离更长、运载的货物更多、连续性更强、运输速度比较快、所消耗的运输成本相较空运方式低廉、安全性较高。综合考量铁路运输与其他运输模式，可以发现其作用是其他运输模式难以取代的。铁路运输在运距、运量、成本、环境保护等方面都具有明显的优势，强化其运输主体的地位，就能够达到降低社会物流成本的目的。Jonah（2013）曾特别强调，社会先行资本投资，即一般强调的基础设施水平投资的重要性，基础设施水平投资最主要的职能是降低运输成本、有效结合现有资源、为主导部门的出现创造市场环境。我国一些落后、地理位置较为偏僻的地区，物流基础设施水平不够优良、路况条件差、通信及运输条件不完善，加大了农产品在运输过程中的耗损,资源浪费现象明显,从而提高了农产品运输的物流成本。

本书提到的基础设施水平主要是指与物流行业有关的,包括运输线路里程、运输线路质量水平、港口码头的数量等。这些基础设施指标与物流效率息息相关,因此也会间接对物流成本产生影响。根据数据的可获得性以及指标是否易于评价的特点,本书选取公路、铁路、水运、管道运输线路的总里程作为基础设施水平的评价指标。因此,基于以上分析提出以下假设:

H2:基础设施水平与社会物流成本呈负相关。

3.1.3 经济发展水平与社会物流成本

经济发展水平可以衡量一个国家综合实力的高低,经济发展水平可以影响产业结构、基础设施水平等,并且落后的经济发展水平必然也会存在着相对落后的物流管理、物流信息化、第三方物流服务水平,从而影响社会物流成本。物流和经济发展是一种相辅相成的关系,二者互以对方的发展为发展要求。李正(2013)提出为了加快国民经济的发展、提升我国国际贸易水平,要着重发展我国沿海城市的物流产业,增大物流行业的附加值、减少物流成本的支出、提高港口物流的吞吐量,如此一来我国的国际贸易能够得到迅速发展、创造越来越多的外汇收益。依照当前我国产业结构的分布状况,经济发展水平的提高会引起对物流需求的增大,因此导致的物流支出也会增多。当扩大生产规模时,生产要素的投入也会随之增多,此时物流业能够得到相应的发展。经济的发展离不开物流运输行业的支持。GDP的改变会受到物流成本改变的影响,物流过程中运输、库存、管理活动成本的增加会拉动有关行业的发展,从而促进GDP的提高。因此,基于以上分析提出以下假设:

H3:经济发展水平与社会物流成本呈正相关。

综上所述,可以得出社会物流成本的影响因素模型,如图3-1所示。

第 3 章 我国社会物流成本的影响因素研究

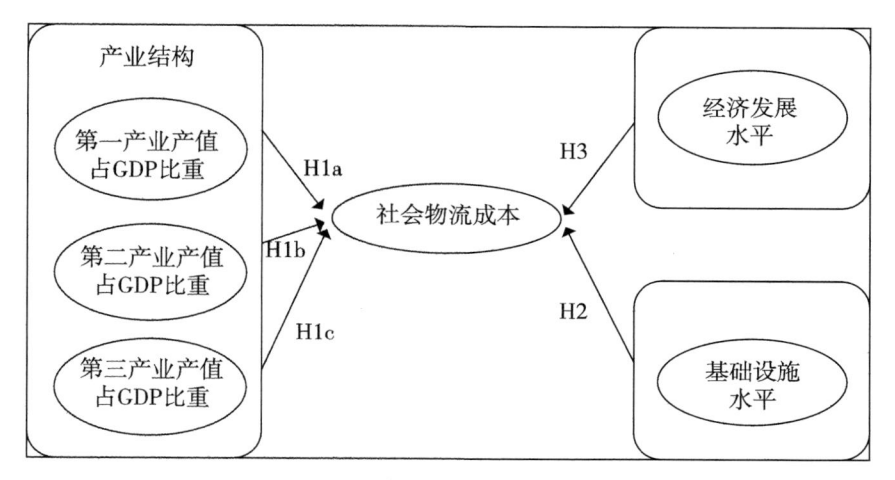

图 3-1 社会物流成本影响因素模型

3.1.4 本节总结

基于对目前的社会物流成本影响因素的研究总结，发现社会物流成本主要受到产业、基础设施和经济发展的影响。因此，本节将社会物流成本的影响因素分为第一产业、第二产业、第三产业、基础设施水平、经济发展水平五个部分，参考已有文献做出假设：第一产业与社会物流成本正相关；第二产业与社会物流成本正相关；第三产业与社会物流成本负相关；基础设施水平与社会物流成本负相关；经济发展水平与社会物流成本正相关。接下来进一步设计各个假设的变量指标，以深入探讨社会物流成本与影响因素之间的关系。

3.2 社会物流成本影响因素的实证分析

3.2.1 变量设计与模型构建

解释变量和被解释变量的选取不仅要总结、参考以往学者们已有的文献研究，还要考虑到数据的可获得性和定量研究的可行性。

1) 解释变量设计

(1) 产业结构变量设计

国家或地区的物流成本与产业结构之间的关系十分密切，因此本书将产业结构引入衡量物流产业发展水平的体系之中，以此来探讨产业结构变化对物流成本比重的影响。产业结构有多种划分方法：两大领域、两大部类分类法；三次产业分类法；资源密集程度分类法；国际标准产业分类。其中，三次产业分类法是世界通用的产业结构分类方法。刘柏阳（2015）在探讨江西省物流成本时，就将第一产业/GDP（$X1$）、第二产业/GDP（$X2$）、第三产业/GDP（$X3$）作为因素序列，反映了产业结构的构成。社会物流成本占 GDP 比重的高低与一个国家的产业结构密切联系。一般来说，越是附加价值高、比重小、入出库批量小的产品，相应的单位物流成本就越高，反之则低。我国社会物流成本占 GDP 比重高于美国、日本等发达国家，与我国的产业结构特征密切相关。也正因为如此，社会物流成本占 GDP 比重的变化可以反映产业结构和规模的变化。将产业结构划分为三次产业，使其包含了国民经济的所有产业和行业，既包括了所有的物质生产部门，也包括了所有的非物质生产部门。

为了体现产业结构指标的全面性和层次性，本书选择的产业结构变量为：第一产业产值占 GDP 的比重、第二产业产值占 GDP 的比重、第三产业产值占 GDP 的比重。分别用字母表示为 AP（Agriculture proportion）、IP（Industry proportion）、TP（Tertiary industry proportion）。

(2) 基础设施水平变量设计

物流的基础设施是指满足物流组织与管理需要的、具有综合或单一功能的场所或组织，主要包括公路、铁路、港口、机场、流通中心以及网络通信基础。在国家 2017 年发布的《2017 年交通运输行业发展统计公报》中，将基础设施划分为：公路、铁路、水路，并且将公路的总里程、铁路的营业里程、内河航道的通航里程和港口数量、民航机场数量作为评价全年基础设施建设的指标。杨永全（2006）提到最初考虑依据物质实体各通路，包括铁路、公路、内河、民航、管道所实现价值增加额的加权和计算

第3章 我国社会物流成本的影响因素研究

的运输线路总里程作为指标,但限于数据可得性和有效性,以及各通路在货物周转中的贡献,在选用基础设施水平指标时,只考虑四种运输方式,也就是公路、铁路、内河水运和管道运输,并以其简单加总后的总和作为考察基础设施水平的指标。

本书结合前人经验,考虑各种运输方式对物流周转的贡献率以及能收集到的有效数据量,选取指标时,筛除港口数量以及民航数量,选取公路总里程、铁路营业里程和内河航道通航里程,即运输线路总里程,来评价基础设施水平。

因此,基础设施水平变量为:运输线路总里程。用字母表示为 MT (Total mileage of transport line)。

(3) 经济发展水平变量设计

不同国家对宏观经济的衡量标准体系有所不同,主要有 GDP、宏观经济景气指数、国房景气指数、工业增加值、人均 GDP 等。国内生产总值是目前国际上用于宏观评价经济发展水平与潜力的主流统计工具,主要是对某一国家或地区特定时期内(通常为一年)总量经济的生产、收入及支出进行记录与核算,反映当期总体经济运行的投入、产出、支付及流量关系。人均 GDP 是衡量一个国家或地区经济发展水平最普遍的一个标准,一般地说,人均 GDP 高,社会福利水平也就高。楚天舒(2015)将人均 GDP 纳入经济发展水平评价指标之一,利用灰色关联理想点法,动态综合评价了中国 11 个中心城市,北京、天津、沈阳、上海、南京、武汉、广州、深圳、重庆、成都和西安的经济发展水平和现状。人均国内生产总值是人们了解和把握一个国家或地区的宏观经济运行状况的有效工具,常作为发展经济学中衡量经济发展状况的指标,是最重要的宏观经济指标之一。

因此本书结合研究需要,选择代表经济发展水平的变量为:人均国内生产总值。用字母表示为 GDPPC (Real GDP per capital)。

2) 被解释变量设计

考察社会物流成本的变化情况时,物流效率通常作为其衡量指标。国际上普遍以全社会物流成本占 GDP 的比重来评价整个经济体的物流效率。该比重来源于美国供应链管理专业协会定期发布的《美国物流年报》，该年报将美国历年社会物流成本占 GDP 比重做纵向对比。社会物流成本占 GDP 比重体现了物流业发展水平的高低，通过纵向对比数据可以反映物流业整体发展状况。

参考之前学者的研究，发现林艳（2014）选择物流成本占 GDP 比重作为物流效率的主要考察指标，主要因为该指标在国际物流效率比较中的公认性高。随着物流的发展与统计制度的完善，世界各国几乎都有物流成本、GDP 的数据统计，从而解决了数据获得性问题，数据可得性高。王瑶（2017）评价广东省的物流运行效率时，用广东省的社会物流成本占广东省 GDP 的比重与全国的社会物流成本占全国的 GDP 的比重比较，从而得出广东省物流运行成本仍然偏高，运行效率有待提升的结论。

因此，本书依据前人经验，选择体现社会物流成本的指标为：社会物流成本占 GDP 比重。用字母表示为 SLC（Social logistics cost）。

综上所述，本书的变量设计见表 3-2。

表 3-2 变量列表

类别	变量代码	变量含义	预期方向
被解释变量	SLC	社会物流成本占 GDP 比重	—
解释变量	AP	第一产业产值占 GDP 的比重	正
	IP	第二产业产值占 GDP 的比重	正
	TP	第三产业产值占 GDP 的比重	负
	MT	运输线路总里程	负
	GDPPC	人均国内生产总值	正

3）模型构建

基于以上分析假设以及对变量的选取，建立社会物流成本的影响因素的假设模型：

$$SLC = \beta_0 + \beta_1 AP + \beta_2 IP + \beta_3 TP + \beta_4 MT + \beta_5 GDPPC + \varepsilon \quad 公式(3-1)$$

第 3 章 我国社会物流成本的影响因素研究

3.2.2 数据收集与处理

本书选用 1998—2017 年的有关数据进行探究。首先考虑到统计区间越大，回归测量的分析结果越好，但需要结合我国产业结构、经济发展以及基础设施水平数据的可测量性和可统计性的现实问题，例如年代久远的数据有欠缺以及不完整。再者研究数据间的相关性以及相互之间的作用规律时，年限过少容易有失公允。因此本书结合现实情况以及可收集到的范围，选取了我国近 20 年的相关数据进行研究。

1）原始数据来源

本书使用的是年度性数据，年度跨度为 20 年，样本区间为 1998—2017 年。数据主要来自中国统计出版社出版、国家统计局编制的《中国统计年鉴》。此外，还包括中国国家统计局网站、中国物流采购与联合会网站，以及国泰安数据库等网络统计资料。表 3 - 3 为各项指标原始统计数据。

表 3 - 3　1998—2017 年各项指标统计数据

年份	第一产业产值（亿元）	第二产业产值（亿元）	第三产业产值（亿元）	GDP（亿元）	人均 GDP（元）	运输线路总里程（万公里）	社会物流成本（亿元）
1998	14618.7	39018.5	31558.3	85195.5	6860	144.6384	17021
1999	14549.0	41080.9	34934.5	90564.4	7229	152.6122	17814
2000	14717.4	45664.8	39897.9	100280.1	7942	158.0679	19230
2001	15502.5	49660.7	45700.0	110863.1	8717	188.9593	20619
2002	16190.2	54105.5	51421.7	121717.4	9506	195.8657	22741
2003	16970.2	62697.4	57754.4	137422.0	10666	200.6800	25695
2004	20904.3	74286.9	66648.9	161840.2	12487	206.8400	30002
2005	21806.7	88084.4	77427.8	187318.9	14368	354.3938	33860
2006	23317.0	104361.8	91759.7	219438.5	16738	365.7471	38414
2007	27788.0	126633.6	115810.7	270232.3	20505	378.5176	45406
2008	32753.2	149956.8	136805.8	319515.5	24121	393.2614	54542
2009	34161.8	160171.7	154747.9	349081.4	26222	407.0024	60826

续表

年份	第一产业产值（亿元）	第二产业产值（亿元）	第三产业产值（亿元）	GDP（亿元）	人均GDP（元）	运输线路总里程（万公里）	社会物流成本（亿元）
2010	39362.6	191629.8	182038.0	413030.3	30876	422.3649	70984
2011	46163.1	227038.8	216098.6	489300.6	36403	432.4249	84102
2012	50902.3	244643.3	244821.9	540367.4	40007	446.0128	93702
2013	55329.1	261956.1	277959.3	595244.4	43852	458.5216	102396
2014	58343.5	277571.8	308058.6	643974.0	47203	470.2014	105944
2015	60862.1	282040.3	346149.7	689052.1	50251	482.5267	108096
2016	63673.0	296548.0	383365.0	743585.0	53980	494.7354	110627
2017	62100.0	332743.0	425912.0	820754.0	59200	502.7500	120804

2) 原始数据预处理

经济数据往往是错综复杂的，影响经济变化的因素有很多，且相互关联、相互制约。单纯靠经济数据的上升或下降趋势并不能完全表示出经济发展的动态。因此对得到的上述数据要进行处理。

在计量经济学的一般原理中，实际经济问题里的随机扰动项经常存在异方差。异方差会对模型参数估计、模型检验及模型的实际运用带来深远影响。比如模型参数估计值的显著性检验结果作废、模型估量式的代表性降低、预测准确度降低，从而影响模型结果的精准度。因此，将采用的各指标变量转换为对数，能够有效避免实证检验分析中大概率出现异方差的问题，提高本书实证检验分析时的可信度。为此，对本书涉及的指标数据进行取对数处理，消灭各时间序列的异方差性。

$$Li' = Ln(Li) \qquad 公式(3-2)$$

其中，Li 表示数列的原始数据值，Li' 表示数列经过取对数后的值。

在本书中，使用三次产业指标时，是取各产业产值占 GDP 的比重，不需要取对数。因此需要将余下指标人均 GDP 以及 GDP 进行消除异方差处理。结果见表 3-4。

第3章 我国社会物流成本的影响因素研究

表3-4 1998—2017年数据处理

年份	GDP（亿元）	人均GDP（元）
1998	11.35270	8.833463
1999	11.41382	8.885856
2000	11.51572	8.979920
2001	11.61605	9.073030
2002	11.70946	9.159678
2003	11.83081	9.274816
2004	11.99436	9.432443
2005	12.14057	9.572759
2006	12.29883	9.725437
2007	12.50704	9.928424
2008	12.67456	10.09084
2009	12.76306	10.17435
2010	12.93128	10.33773
2011	13.10073	10.50241
2012	13.20000	10.59681
2013	13.29673	10.68858
2014	13.37541	10.76221
2015	13.44307	10.82479
2016	13.51924	10.89637
2017	13.60837	10.90172

3.2.3 社会物流成本影响因素的关系研究

本节使用上一小节经过处理的各项原始数据，对所提出的研究假设H1a、H1b、H1c、H2、H3进行验证。首先，对原始数据进行平稳性检验，保证进行回归分析所采用的数据都平稳可用；其次，对变量进行协整检验，判断所选评价指标与被解释变量之间是否存在协整关系，即长期均衡关系；再次，对存在长期均衡关系的两变量进行Granger因果检验，研究两变量中的哪一方能够引起对方变化；最后，进行回归分析，探究变量间的具体线性关系。

1) 时间序列平稳性检验

在本书对现有原始数据进行多元回归前,对其进行时间序列的平稳性检验是最重要的一步。因为本书调查收集到的经济数据均为时间序列,其中大多数不具备平稳性,会随着时间的变化而发生显著的上下波动趋势。然而在以时间序列为模型时,一般情况下要求时间序列是平稳的,即没有随机趋势或者某种明显的趋势。一个时间序列被认为是平稳时,要求其均值没有系统的改变(无趋势)、方差没有系统的改变,且绝对地消灭了周期性的变化。否则不平稳的序列会干扰回归结果,产生伪回归的问题,模型结果不切合实际意义,误导使用者的判断。经济序列、物流序列经常存在明显的时间趋势,因此有必要进行时间序列平稳性检验。

常用的单位根检验法有:ADF(Augmented Dickey – Fuller)检验法和 PP(Phillips – Perron)检验法。本书使用 Eviews 8.0 中的 ADF 法检验时间序列的平稳性。在 ADF 单位根检验中,如果被检验变量存在单位根,说明该序列不平稳;如果不存在单位根,说明该序列平稳。

首先观察各变量数据的趋势图,图、表是直观反映变量变化的有效方式,可以初步判断平稳性。其趋势如图 3 – 2、图 3 – 3、图 3 – 4、图 3 – 5、图 3 – 6、图 3 – 7 所示。

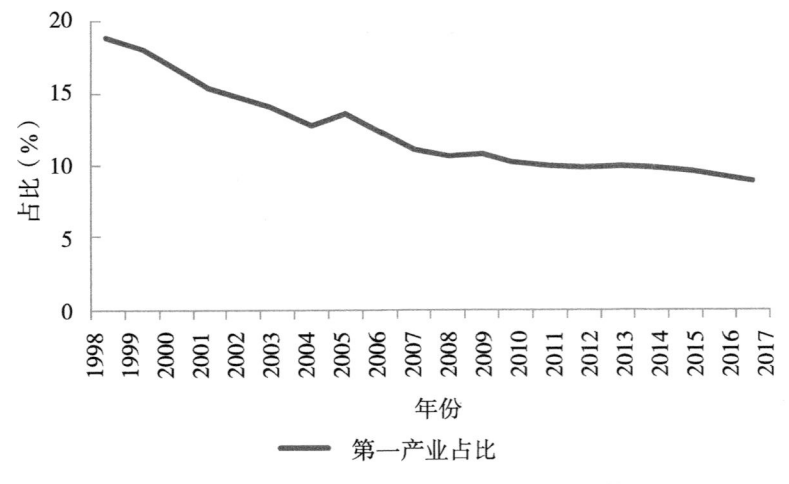

图 3 – 2 第一产业占 GDP 比重的发展趋势

第3章 我国社会物流成本的影响因素研究

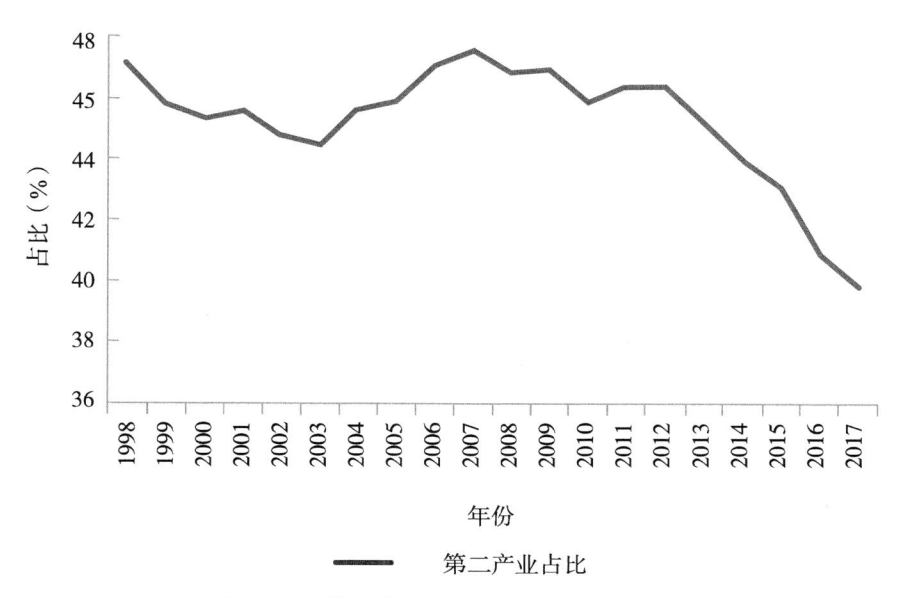

图 3-3 第二产业占 GDP 比重的发展趋势

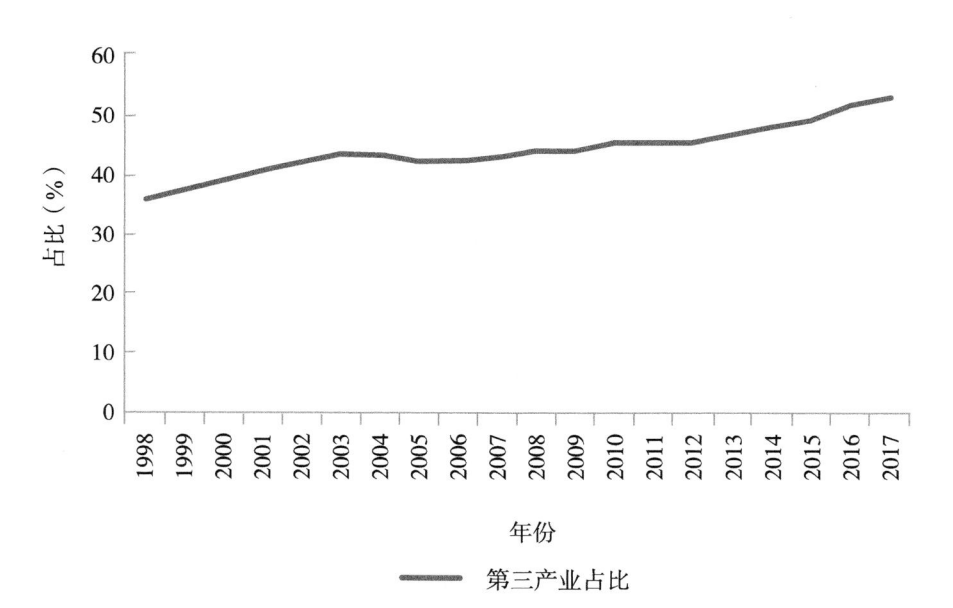

图 3-4 第三产业占 GDP 比重的发展趋势

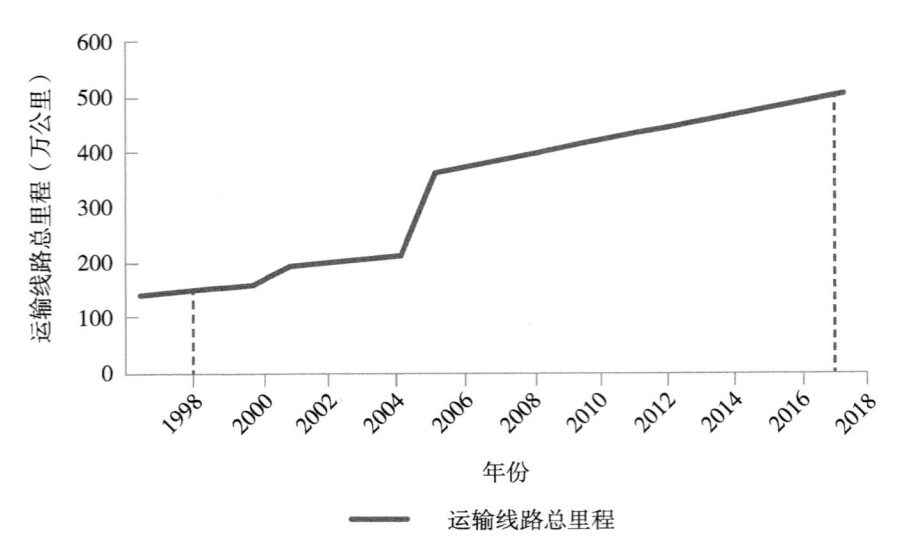

图 3-5 运输线路总里程的发展趋势

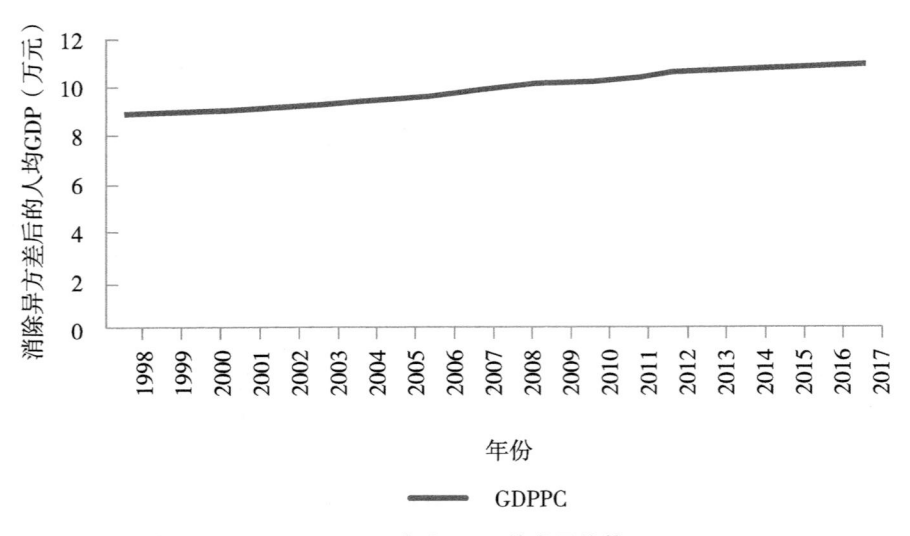

图 3-6 人均 GDP 的发展趋势

第3章 我国社会物流成本的影响因素研究

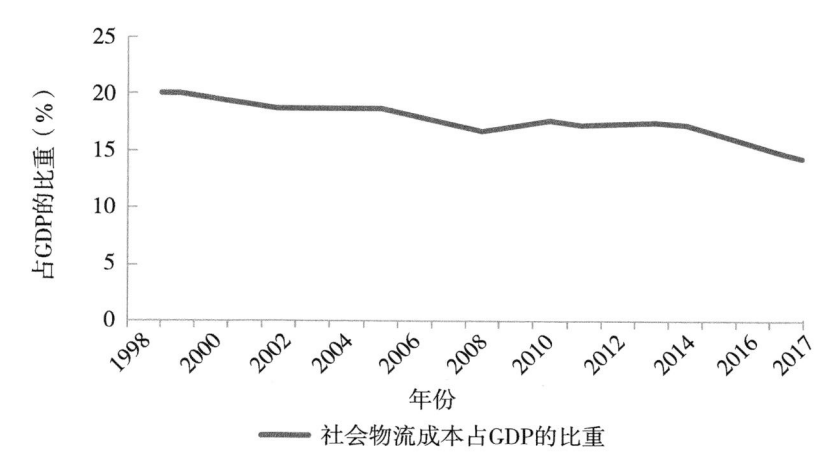

图 3-7 社会物流成本占 GDP 的比重的发展趋势

从以上六个图中可以看出，我国第一产业占 GDP 的比重 1998—2017 年持续降低，在 1998—2004 年从 17.16% 大幅下降到 12.92%，自 2004 年后下降趋势趋于平缓。第二产业占 GDP 的比重 1998—2012 年处于持续增长期，最高位时达到 47.2%，然而自 2012 年后，比重逐渐下降，短暂的四年里降低到 39.8%，数据结果积极地回应了国家提出的消费结构优化，这也是国家不断地鼓励地区产业结构调整政策的杰出成果。第三产业占 GDP 的比重在 2003 年为 42.03%，此后持续下降，2012 年开始恢复增长，2017 年达到 51.89%。运输线路总里程从 1998 年的 144.6 万公里平缓增长到 2004 年的 206.8 万公里，又在 13 年的时间里增长到 2017 年的 502.8 万公里。社会物流成本占 GDP 的比重呈现显著降低的走向，从 1998 年的 19.98% 平缓降低到 2017 年的 14.72%。从表 3-3 中可以看出，20 年里我国人均 GDP 持续且有条不紊地增长，1998 年为 0.686 万元，到 2017 年该值已经达到 5.92 万元。

其次利用 ADF 单位根检验法对数据进行进一步检验。

宏观经济变量数据通常带有异方差性，于是对其取对数就显得尤为重要，可以消灭异方差，适当减少非平稳性。把原始数据进行取对数之后，将所有序列进行单位根检验。

ADF 检验经常会出现三种情况：

① $\Delta y = \phi y_{t-1} + \mu_t$ 不含截距项和趋势项；

② $\Delta y = c + \phi y_{t-1} + \mu_t$ 包含截距项，不含趋势项；

③ $\Delta y = c + yt + \phi y_{t-1} + \mu_t$ 包含趋势项和截距项。

一般情况下，经济数据均存在截距项，且不含趋势项，因此选择②作为ADF检验情形。结果见表3-5。

表3-5 各变量的单位根检验结果

变量	检验情形	ADF检验值	检验临界值	P值	结论
AP	(c 0 0)	-2.641637	-3.029970	0.1024	非平稳
IP	(c 0 0)	-1.435658	-3.029970	0.5431	非平稳
TP	(c 0 0)	-1.658210	-3.029970	0.4352	非平稳
MT	(c 0 0)	-0.669818	-3.029970	0.8316	非平稳
GDPPC	(c 0 0)	-1.356110	-3.029970	0.5811	非平稳
SLC	(c 0 3)	-1.306868	-3.029970	0.6041	非平稳

从结果可以看出，各变量的ADF检验值均大于临界值。其中MT、GDPPC、IP、SLC的P值分别为0.8316、0.5811、0.5431、0.6041，远超过0.05界限，只有AP的P值0.1024略接近0.05的置信水平，但变量序列依旧都属于非平稳序列。

非平稳序列强行进行回归分析，会出现伪回归，得出的结果误导判断。于是为了获取一个时间序列平稳的模型，要运用Eviews软件对全部变量进行一阶差分单位根检验，查验各变量是不是在经过一阶差分之后，可以呈现一种平稳态势。差分的目标是消灭数据的波动性，使其趋于平稳，实质是取其增量。一阶差分的函数公式可以表示如下：

$$\Delta yx = y(x+1) - y(x) \quad (x = 0,1,2,\cdots,n) \quad 公式(3-3)$$

从结果可以看出，见表3-6，经过一阶差分之后，所有变量的ADF检验值均远远小于检验临界值。所有指标的P值均满足5%置信度下的要求值。所有序列结果显示均为平稳序列。因此认为，所有变量序列为一阶差分平稳序列。当遇到单个变量数据属于平稳序列，其余变量均为一阶差

第 3 章　我国社会物流成本的影响因素研究

分平稳变量,那么不符合协整检验的条件。若是序列全部呈现同阶单整的状况,就能进行下一步的协整检验。

表 3-6　各变量的一阶差分单位根检验结果

变量	检验情形	ADF 检验值	检验临界值	P 值	结论
AP	$(c\ 0\ 0)$	-6.054540	-3.040391	0.0001	平稳
IP	$(c\ 0\ 1)$	-4.521755	-3.052169	0.0029	平稳
TP	$(c\ 0\ 0)$	-4.128448	-3.040391	0.0058	平稳
MT	$(c\ 0\ 0)$	-4.465801	-3.040391	0.0029	平稳
$GDPPC$	$(c\ 0\ 0)$	-3.572326	-3.040391	0.0178	平稳
SLC	$(c\ 0\ 0)$	-4.175234	-3.040391	0.0052	平稳

观察表 3-5 与表 3-6 的结果可以看出,全部变量在一阶差分之前属于非平稳序列,然而进行一阶差分之后,全部序列趋势平稳。因此,可以认为 AP、IP、TP、MT、$GDPPC$、SLC 属于同阶单整序列,符合进行下一步协整检验的条件。

2) 协整检验与格兰杰因果检验

关于前文所假定的影响因素是否与社会物流成本占 GDP 比重有着某种关联,又或者有着怎样的影响关系,运用协整检验可以查看影响因素和社会物流成本之间是否具有持久稳定的关系。再利用格兰杰因果关系可以查看二者谁是因谁是果。变量本身均为非平稳的,所以在进行回归分析或格兰杰因果检验之前要进行协整检验,以保证结果的正确性。

(1) AP 与 SLC 之间的关系分析

检验 AP 与 SLC 之间是否协整,首先对 AP 和 SLC 进行一元线性回归,在此基础上生成二者的残差序列,对残差序列进行单位根检验。假如存在单位根,说明 AP 与 SLC 不协整,不存在长期关系;若不存在单位根,说明 AP 与 SLC 协整,存在长期稳定的关系。因此,利用 Eviews 软件对 AP 和 SLC 进行回归,见表 3-7。

表 3-7 *AP* 与 *SLC* 回归分析

Variable	Coefficient	Std. Error	t – Statistic	Prob.
C	49.45504	43.97349	1.124656	0.2755
AP	0.575880	0.423556	1.359631	0.1907
R – squared	0.093121	Mean dependent var		109.0078
Adjusted R – squared	0.044724	S. D. dependent var		1.921841
S. E. of regression	1.882215	Akaikeinfo criterion		4.194284
Sumsquared resid	63.63483	Schwarz criterion		4.285748
Log likelihood	-39.95273	Hannan – Quinn criter		4.213723
F – statistic	1.849684	Durbin – Watson stat		0.858990
Prob. (F – statistic)	0.190736	—		

得到的关系为：$SLC = 49.455 + 0.576AP + \mu t$。$R^2 = 0.093121$，$DW$ 值为 0.859。利用 Eviews 软件，对所得的回归分析结果继续生成残差序列。本书以更为直观的残差序列分布图体现，如图 3-8 所示。

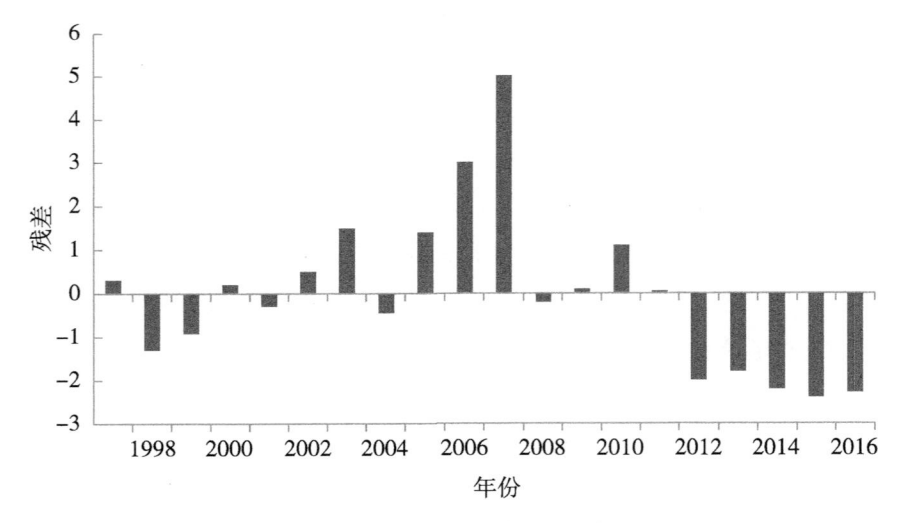

图 3-8 *AP* 与 *SLC* 的残差分布图

由图 3-8 可以看出，*AP* 与 *SLC* 的残差序列总体略均匀徘徊在 0 附近，序列上下分布大概一致，偏移量总体不大。

其次查验残差单位根，见表 3-8。

第3章 我国社会物流成本的影响因素研究

表3-8 AP与SLC单位根检验

Variable		t – Statistic	Prob.
Augmented Dickey – Fuller test statistic		– 2.107328	0.0359
Test critical values	1% level	– 2.692358	—
	5% level	– 1.960171	—
	10% level	– 1.607051	—

检验结果表明，在5%的置信水平下不存在单位根，P值为0.0359 < 0.05，说明AP与SLC生成的残差序列属于平稳序列，AP与SLC存在协整关系。因此继续进行格兰杰因果检验，见表3-9。

表3-9 AP与SLC格兰杰检验

Null Hypothesis	Obs	F – Statistic	Prob.
SLC does not Granger Cause AP	16	0.61023	0.6747
AP does not Granger Cause SLC		10.6832	0.0032

在置信度为99%的情况下，SLC不是AP的格兰杰原因的概率是0.6747，因此SLC不能影响AP。但是，AP不是SLC的格兰杰原因的概率为0.0032，小于0.05，在高达99%的置信度下，该值依旧远小于0.01，因此说明AP高度影响SLC的变化。代表的经济含义就是第一产业产值能够很强地影响社会物流成本的变化。

（2）IP与SLC之间的关系分析

对IP、SLC进行协整检验的第一步，首先对二者进行一元线性回归，见表3-10。

表3-10 IP与SLC回归分析

Variable	Coefficient	Std. Error	t – Statistic	Prob.
C	24.93596	6.062758	4.112973	0.0007
IP	0.766540	0.055114	13.90837	0.0000
R – squared	0.923271	Mean dependent var		109.2200
Adjusted R – squared	0.912151	S. D. dependent var		1.911532
S. E. of regression	0.586027	Akaike info criterion		1.819395
Sum squared resid	5.974323	Schwarz criterion		1.969038

续表

Log likelihood	-16.89435	Hannan-Quinn criter	1.878295
F-statistic	193.43297	Durbin-Watson stat	1.202652
Prob. (F-statistic)	0.000000	—	—

回归模型是：$SLC = 24.936 + 0.767TP + \mu t$，$R^2 = 0.9233$，调整后的 $R^2 = 0.9122$，DW 值 $= 1.202652$。根据 IP 与 SLC 的回归结果，生成残差序列，表现为更易观察的残差图后，如图 3-9 所示。

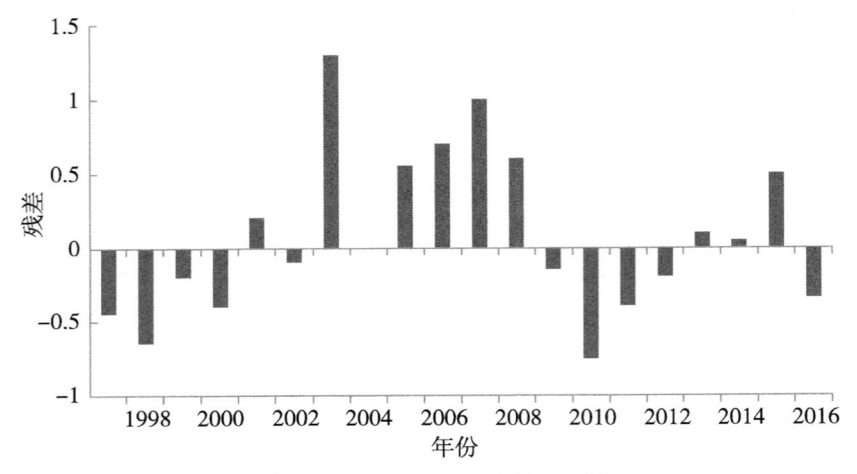

图 3-9 IP 与 SLC 的残差分布图

可以看出，残差序列较为均匀地分布在 0 基准线的上下，偏移量很小，大多在 1 左右，只有一个数据接近 -1，估计预测值和实际观察值相差不大。

其次继续进行下一步，见表 3-11。

表 3-11 IP 与 SLC 残差单位根检验

Variable		t-Statistic	Prob.
Augmented Dickey-Fuller test statistic		-2.509532	0.0167
Test critical values	1% level	-2.692337	—
	5% level	—	-1.930381
	10% level	—	-1.637041

第3章 我国社会物流成本的影响因素研究

检验结果表明，P 值为 0.0167 < 0.05，t 值小于临界值，在 5% 的置信水平下不存在单位根，说明 IP 与 SLC 存在协整关系。因此继续转入格兰杰因果检验，见表 3-12。

表 3-12 IP 与 SLC 格兰杰检验

Null Hypothesis	Obs	F-Statistic	Prob.
SLC does not Granger Cause IP	18	1.37468	0.1924
IP does not Granger Cause SLC		1.71304	0.0722

由表 3-12 可知，SLC 不是 IP 的格兰杰原因的概率是 0.1924，概率大于 10% 的置信区间。IP 不是 SLC 的格兰杰原因的概率为 0.0722，大于置信区间 0.05，但小于 0.1。因此认为社会物流成本不能成为影响第二产业变化的原因，但第二产业能够对社会物流成本造成影响，但不是很强烈。

(3) TP 与 SLC 之间的关系分析

要进行协整检验，首先对 TP 和 SLC 进行一元线性回归，见表 3-13。

表 3-13 TP 与 SLC 回归分析

Variable	Coefficient	Std. Error	t-Statistic	Prob.
C	16.01234	8.749408	1.830105	0.0838
TP	0.847447	0.079519	10.65717	0.0000
R-squared	0.365176	Mean dependent var		109.4863
Adjusted R-squared	0.853486	S.D. dependent var		1.963742
S.E. of regression	0.733278	Akaike infocriterion		2.333810
Sum squared resid	9.698245	Schwarz criterion		2.403434
Log likelihood	-21.23833	Hannan-Quinn criter		2.425278
F-statistic	113.4853	Durbin-Watson stat		0.893513
Prob. (F-statistic)	0.000000	—		

回归模型为 $SLC = 16.0123 + 0.8474TP + \mu t$，调整后的 $R^2 = 0.853486$，DW 值为 0.893513。根据回归方程生成残差序列，以更易观察的图表形式表示，如图 3-10 所示。

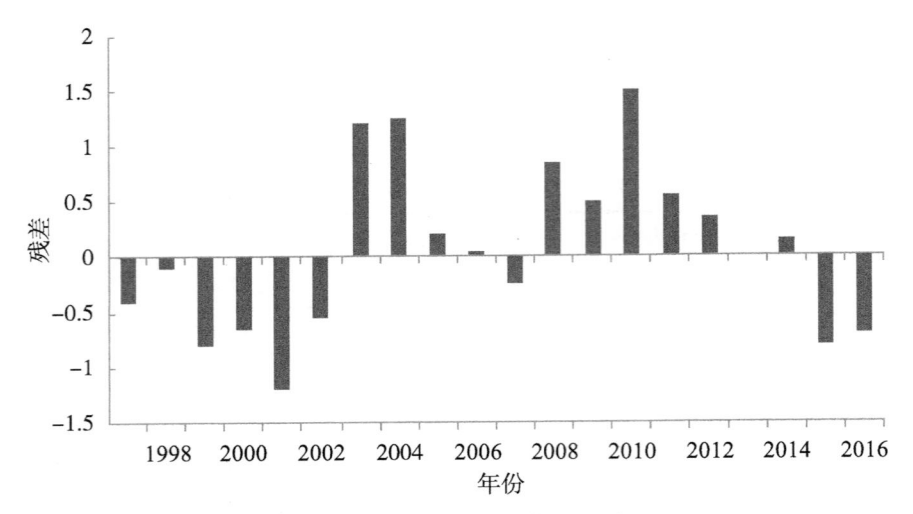

图 3-10 TP 与 SLC 的残差分布

观察图 3-10 可以看出，残差序列的数据均匀分布在 0 基准线的上下，实际检测值与预测值之间的差值总体不大。

其次对残差序列进行 ADF 单位根查验，见表 3-14。

表 3-14　TP 与 SLC 残差检验

Variable		t - Statistic	Prob.
Augmented Dickey - Fuller test statistic		-2.369675	0.0210
Test critical values	1% level	-2.699769	—
	5% level	-1.961409	—
	10% level	-1.606610	—

由表 3-14 可知，在 5% 的置信水平下不存在单位根，且 P 值小于 0.05，因此认为 TP 与 SLC 生成的残差序列平稳。因此可以继续格兰杰因果检验，见表 3-15。

表 3-15　TP 与 SLC 的格兰杰检验

Null Hypothesis	Obs	F - Statistic	Prob.
SLC does not Granger Cause TP	19	0.28867	0.5986
TP does not Granger Cause SLC	—	0.01070	0.9179

由表 3-15 可知，SLC 不是 TP 的格兰杰原因的概率是 0.5986，TP 不是 SLC 的格兰杰原因的概率为 0.9179，两个结果均大于置信度 0.05，因此

第 3 章 我国社会物流成本的影响因素研究

认为二者不存在格兰杰因果关系。经济含义解释为，第三产业占 GDP 的比重与社会物流成本占 GDP 的比重相互没有因果关系。

（4） MT 与 SLC 之间的关系分析

对 MT 与 SLC 进行协整检验，要对二者进行一元线性回归。结果见表 3-16。

表 3-16　MT 与 SLC 回归分析

Variable	Coefficient	Std. Error	t - Statistic	Prob.
C	109.3907	1.192889	91.70229	0.0000
MT	-0.046409	0.341388	-0.135941	0.8934
R - squared	0.021036	Mean dependent var		109.2432
Adjusted R - squared	-0.054462	S. D. dependent var		1.922242
S. E. of regression	1.973358	Akaike info criterion		4.282021
Sum squared resid	70.09626	Schwarz criterion		4.381685
Log likelihood	-40.92073	Hannan - Quinn criter		4.321548
F - statistic	0.019470	Durbin - Watson stat		0.521673
Prob. (F - statistic)	0.894378	—		

回归模型为 $SLC = 109.391 - 0.046MT + \mu t$，$R^2$ 为 0.021，调整后的 R^2 为 -0.054462，DW 值为 0.521673。得到回归结果，并根据回归方程生成残差序列，把序列转换成残差序列图，如图 3-11 所示。

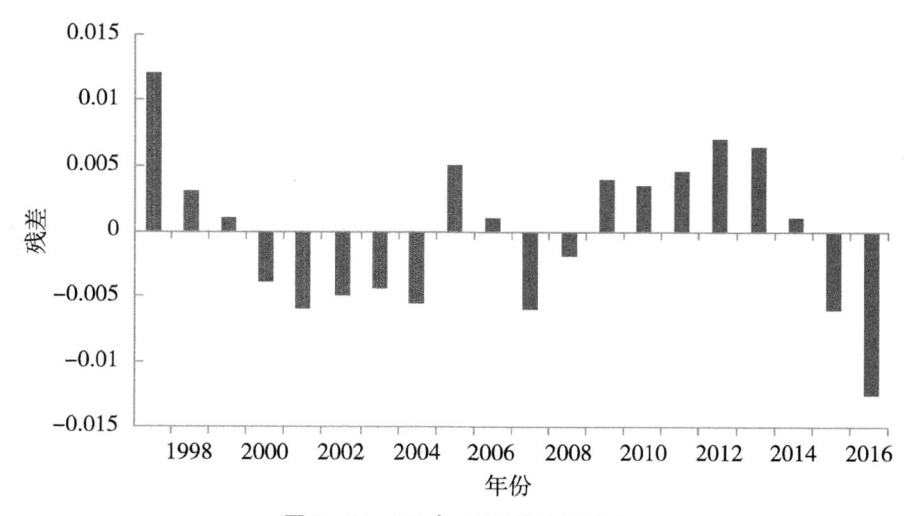

图 3-11　TR 与 SLC 的残差分布

从图 3-11 可以看出,数据能较为均匀地分布在 0 基准线上,且偏移量均不大,最大为 0.01 左右,可见实际测量值与预测估计值的误差不大。继续针对残差的单位根查验,见表 3-17。

表 3-17 MT 与 SLC 的残差检验

Variable		t - Statistic	Prob.
Augmented Dickey - Fuller test statistic		-4.159889	0.0223
Test critical values	1% level	-4.626308	—
	5% level	-3.611472	—
	10% level	-3.267898	—

根据表 3-17 的残差检验结果可以发现,P 值 0.0223 小于 0.05,因此残差序列平稳,MT 和 SLC 存在协整关系。由此可以进行下一步,转入格兰杰因果检验,见表 3-18。

表 3-18 MT 与 SLC 格兰杰检验

NullHypothesis	Obs	F - Statistic	Prob.
SLC does not Granger Cause MT	17	0.16724	0.9177
MT does not Granger Cause SLC	—	10.1553	0.0025

由表 3-18 可知,SLC 不是 MT 的格兰杰原因概率为 0.9177,大于置信度 10%,接受原假设;MT 不是 SLC 的格兰杰原因概率为 0.0025,小于 5% 的置信度,拒绝原假设。因此,MT 是 SLC 的格兰杰原因,经济含义表述为社会物流成本占 GDP 比重不能影响运输线路总里程的变化,但是运输线路总里程的变化能影响社会物流成本占 GDP 的比重。

(5) GDPPC 与 SLC 之间的关系分析

协整检验第一步,首先对 GDPPC 和 SLC 进行一元线性回归,见表 3-19。

表 3-19 GDPPC 与 SLC 回归分析

Variable	Coefficient	Std. Error	t - Statistic	Prob.
C	5.461299	7.912541	0.690208	0.4989
GDPPC	0.957191	0.072970	13.11766	0.0000

第 3 章 我国社会物流成本的影响因素研究

续表

$R-squared$	0.915401	$Mean\ dependent\ var$	109.2421
$Adjusted\ R-squared$	0.910139	$S.D.\ dependent\ var$	1.931633
$S.E.\ of\ regression$	0.617689	$Akaike\ infocriterion$	1.946102
$Sum\ squared\ resid$	6.654844	$Schwarz\ criterion$	2.045675
$Log\ likelihood$	-17.35011	$Hannan-Quinn\ criter$	1.985538
$F-statistic$	172.1739	$Durbin-Watson\ stat$	1.027547
$Prob.\ (F-statistic)$	0.000000	—	

根据回归方程生成残差序列，序列以图 3-12 表示如下。

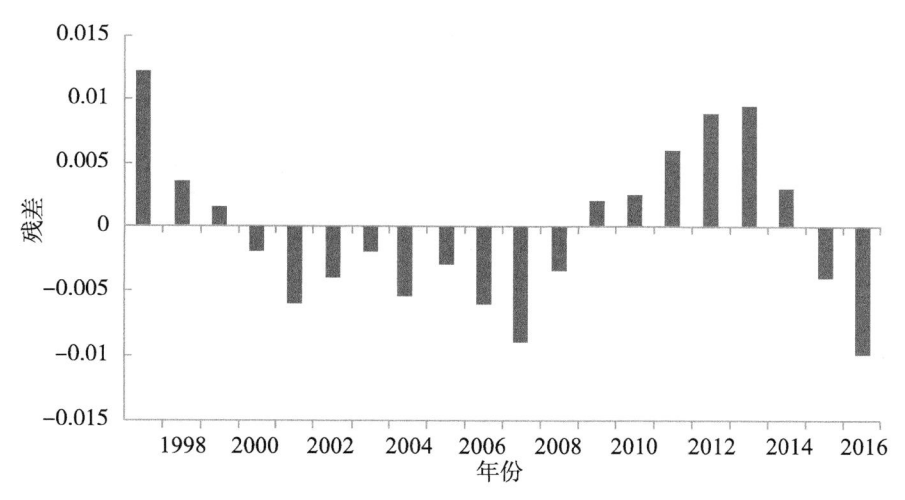

图 3-12 GDPPC 与 SLC 的残差分布

由图 3-12 可以看出，大部分的数据都能均匀分布在 0 基准线的两侧，偏移量最高在 0.12 左右，总体不大。

其次查验残差的单位根，见表 3-20。

表 3-20 GDPPC 与 SLC 残差检验

Variable		$t-Statistic$	Prob.
Augmented Dickey-Fuller test statistic		-7.413375	0.0000
Test critical values	1% level	-3.932521	—
	5% level	-3.128960	—
	10% level	-2.554184	—

由表 3-20 可知，t 值为 -7.413375，远小于 5% 置信水平下的临界值，P 值为 0，因此认为序列平稳，GDPPC 与 SLC 协整，存在长期的影响关系。

由此进入格兰杰因果检验，见表 3-21。

表 3-21　GDPPC 与 SLC 格兰杰检验

Null Hypothesis	Obs	F - Statistic	Prob.
SLC does not Granger Cause GDPPC	17	3.58172	0.0544
GDPPC does not Granger Cause SLC	—	5.38518	0.0182

由表 3-21 可知，SLC 不是 GDPPC 的格兰杰原因的概率是 0.0544，GDPPC 不是 SLC 的格兰杰原因的概率为 0.0182 < 0.05。P 值越小，自变量引起被解释变量变化的能力越强。因此认为 GDPPC 是 SLC 的格兰杰原因，SLC 不是 GDPPC 的格兰杰原因。经济含义为，人均 GDP 能够影响 SLC 的变化，SLC 不是引起 GDPPC 即人均 GDP 变化的原因。

3）多元线性回归分析

鉴于对社会物流成本的影响是由多个要素彼此关联、协同作用造成的，由多个自变量的最优结合来评估社会物流成本的改变，比只用一个自变量进行评估更加有效果，更贴近实际。因此多元线性回归实用意义很大。

（1）设置及估计多元线性回归模型

通过前文对数据的协整检验以及格兰杰因果检验，可以发现 AP、MT、GDPPC 是影响 SLC 变化的原因，而 IP、TP 分别与 SLC 具有协整关系，但是不能影响 SLC 的变化。

因此选取 AP、MT、GDPPC 作为解释变量，SLC 作为因变量，剔除其他不合格变量，构建多元线性回归方程。拟定方程为：

$$SLC = \beta_0 + \beta_1 AP + \beta_2 MT + \beta_3 GDPPC + \varepsilon \qquad 公式(3-4)$$

使用 Eviews 软件，对涉及的变量采取回归，结果见表 3-22。

第3章 我国社会物流成本的影响因素研究

表3-22 相关变量与 SLC 回归结果

Variable	Coefficient	Std. Error	t-Statistic	Prob.
C	0.984595	0.077251	14.72837	0.0000
AP	-1.255936	0.145502	-0.018880	0.1315
MT	-0.199043	0.111171	-1.790414	0.0923
GDPPC	0.972931	0.075044	12.96485	0.0000
R-squared	0.934211	Mean dependent var		109.2421
Adjusted R-squared	0.919781	S.D. dependent var		1.931633
S.E. of regression	0.586604	Akaike info criterion		1.924673
Sum squared resid	5.335178	Schwarz criterion		2.123618
Log likelihood	-15.24673	Hannan-Quinn criter		1.963547
F-statistic	64.84445	Durbin-Watson stat		1.254359
Prob.（F-statistic）	0.000000			—

回归模型为：

$$SLC = 0.985 - 1.256AP - 0.199MT + 0.973GDPPC$$

公式(3-5)

由回归结果可以得出，判决系数 R^2 为 0.934211，调整后的 R^2 为 0.919781，都接近 1，这说明社会物流成本占 GDP 比重与第一产业占比、运输线路总里程以及人均 GDP 的线性关系程度密切。F 的 P 值小于 0.05，表示该方程拟合度高，回归方程整体显著，社会物流成本占 GDP 比重可以被相关变量解释，回归方程的参考价值较高。AP，即第一产业产值占 GDP 比重的 P 值为 0.1315，大于 0.05，未通过显著性检验，系数为负值，不符合经济学意义。MT，即运输线路总里程的 P 值结果小于 0.1，通过置信度为 10% 的检验，且符合经济学意义。GDPPC，即人均 GDP 的 P 值小于 0.05，显著性检验通过在 95% 的置信区间。DW 值在 2 附近表示结果良好，越趋近于 0 说明模型自相关性越强。本模型的 DW 值远远小于 2，大于 1，表明序列可能存在相关性，需要进一步验证和修正，以保证回归结果的准确性。

(2) 诊断多重共线性

结合本书前文得到的多元回归结果的公式剖析可知，模型可能存在自相关性。自相关性解释为，当线性回归模型的解释变量彼此存在一定函数关系的时候，X_1变化一个单位时，X_2也会随之进行相应的变化。模型存在自相关性的时候，若是无法做到固定其他条件，单独考查X_1对因变量的效用时，所观测到的X_1的变化效应必定融合了X_2的效用，这就引起了对模型的分析偏差，使得对自变量自身效应的剖析难以精准，易导致模型评估失去权威性。因此鉴于本书模型可能存在的自相关性，应对该模型进行多重线性的诊断和修正。

首先使用软件 Eviews 对 AP、MT 和 $GDPPC$ 进行相关性检验，结果见表 3-23。

表 3-23 变量相关性检验

	AP	MT	$GDPPC$
AP	1.000000	0.845837	0.979787
MT	0.845837	1.000000	0.887445
$GDPPC$	0.979787	0.887445	1.000000

通过表 3-23 的结果可以看出，三个自变量具有略高的相关性，AP 与 MT 的相关系数为 0.845837；AP 与 $GDPPC$ 的相关系数高达 0.97，甚至接近 1，说明存在严重的共线性问题；MT 与 $GDPPC$ 之间的系数为 0.887，也是大于 0.8。由此可以看出，三个变量相互之间的相关系数均大于 0.8，说明解释变量间存在共线性。因此对该现象进行修正。

(3) 修正多重共线性

修正方法常用的有增大样本容量、工具变量法、变量变换法、逐步回归法。考虑使用其他方法的局限性，如扩大样本量、更换变量的难度，本书选择逐步回归法以修正模型。

首先对 AP、MT、$GDPPC$ 分别与 SLC 进行一元回归。结果见表 3-24、表 3-25 和表 3-26。

第 3 章 我国社会物流成本的影响因素研究

表 3-24 SLC 与 AP 的回归结果

Variable	Coefficient	Std. Error	t - Statistic	Prob.
C	8.642242	43.97349	1.359631	0.2755
AP	1.665481	0.093556	1.124656	0.0000
R - squared	0.938283	Mean dependent var		109.2421
Adjusted R - squared	0.835412	S. D. dependent var		1.931833
S. E. of regression	1.890202	Akaike info criterion		4.185375
Sum squared resid	3.353193	Schwarz criterion		4.284748
Log likelihood	-39.96286	Hannan - Quinn criter		4.224814
F - statistic	3.838496	Durbin - Watson stat		2.131704
Prob. (F - statistic)	0.180635	—		

表 3-25 SLC 与 MT 的回归结果

Variable	Coefficient	Std. Error	t - Statistic	Prob.
C	7.562259	1.192889	25.97278	0.0000
MT	0.735285	0.341388	25.36274	0.0000
R - squared	0.958485	Mean dependent var		109.2421
Adjusted R - squared	0.976682	S. D. dependent var		1.931633
S. E. of regression	1.983478	Akaike info criterion		4.282112
Sum squared resid	70.19503	Schwarz criterion		4.381685
Log likelihood	-40.82112	Hannan - Quinn criter		4.321548
F - statistic	324.8232	Durbin - Watson stat		0.313875
Prob. (F - statistic)	0.000000	—		

表 3-26 SLC 与 GDPPC 的回归结果

Variable	Coefficient	Std. Error	t - Statistic	Prob.
C	8.001443	7.912541	13.11766	0.4989
GDPPC	0.733281	0.072970	0.690208	0.0000
R - squared	0.960801	Mean dependent var		109.2421
Adjusted R - squared	0.959415	S. D. dependent var		1.931633

续表

S. E. of regression	0.617689	Akaike info criterion	1.946102
Sum squared resid	6.654845	Schwarz criterion	2.036584
Log likelihood	-17.46101	Hannan-Quinn criter	1.856449
F-statistic	700.5518	Durbin-Watson stat	0.421382
Prob. (F-statistic)	0.000000	—	

通过对比结果可知，GDPPC 调整后的 R^2 为 0.959415，AP 调整后的 R^2 = 0.835412，MT 调整后的 R^2 = 0.976682，GDPPC 调整后的判决系数 R^2 大于其他两个变量的调整后判决系数 R^2。因此选择 GDPPC 作为进入回归模型的第一个解释变量，顺序加入其余解释变量，见表 3-27 和表 3-28。

表 3-27　SLC 与 AP 和 GDPPC 回归结果

Variable	Coefficient	Std. Error	t-Statistic	Prob.
C	8.092777	14.60278	6.060755	0.0000
AP	0.434862	0.237526	1.830795	0.0821
GDPPC	0.551207	0.102862	5.358687	0.0000
R-squared	0.985178	Mean dependent var	109.2421	
Adjusted R-squared	0.982685	S. D. dependent var	1.911631	
S. E. of regression	0.623287	Akaike info criterion	1.987084	
Sum squared resid	6.381854	Schwarz criterion	2.136443	
Log likelihood	-16.87084	Hannan-Quinn criter	2.016240	
F-statistic	84.70820	Durbin-Watson stat	0.683735	
Prob. (F-statistic)	0.000000	—		

表 3-28　SLC 与 MT 和 GDPPC 回归结果

Variable	Coefficient	Std. Error	t-Statistic	Prob.
C	8.383142	7.304977	0.610656	0.0000
MT	-5.930841	1.899004	-3.123132	0.0054
GDPPC	6.639853	1.891377	3.510593	0.0022

第3章 我国社会物流成本的影响因素研究

续表

$R-squared$	0.970340	Mean dependent var	109.2421
Adjusted $R-squared$	0.968383	S. D. dependent var	1.911631
S. E. of regression	0.549584	Akaike info criterion	1.804494
Sumsquared resid	5.315098	Schwarz criterion	1.953853
Log likelihood	-15.04494	Hannan-Quinn criter	1.833650
$F-statistic$	103.5110	Durbin-Watson stat	0.463056
Prob. ($F-statistic$)	0.000000	—	

经过比较表3-27和表3-28可以看出，加入 MT 后 t 检验部分显著，总结得出 MT 引起了多重共线性，需要剔除。而加入 AP 后，修正后的判决系数 R^2 有所提高，且系数符合现实经济意义，参数的 t 检验显著，所以保留 AP。

综上所述，回归模型的最终结果为：

$$SLC = 8.093 + 0.435AP + 0.551GDPPC \qquad 公式(3-6)$$

根据最终的结果可知，假设 H1a 成立，假设 H1b、H1c 不成立。其经济含义是，我国社会物流成本占GDP的比重与第一产业占GDP的比重、人均GDP相关。AP 与 SLC 成正相关，表明第一产业产出越高，社会物流成本也会相应增多，并且第一产业占GDP的比重每增加1个单位，社会物流成本占GDP的比重会相应增加0.434862个单位。$GDPPC$ 与 SLC 成正相关，表示人均 $GDPPC$ 越高，社会物流成本越高，且人均 $GDPPC$ 每增加1个单位，社会物流成本占GDP的比重会相应增加 0.551207个单位。

3.2.4 社会物流成本与第一产业内部的实证分析

从上一小节结果可以看到，社会物流成本受到第一产业产值的影响最大，对物流行业有效降本是一种强烈的羁绊。为了明确第一产业内部具体哪些行业对社会物流成本造成的影响最大，本节将继续对第一产业内部行业进行深入探究。

1) 变量设计与指标选取

按照中国国家统计局对三次产业的划分原则，第一产业指农业、林业、牧业、渔业。在《中国统计年鉴》（2018）中，国民经济结构指标将第一产业划分为农、林、牧、渔。岑庆（2017）在分析第一产业动态偏离份额的时候，将其划分为农业、林业、牧业、渔业，并得出结论：农业生产总值占第一产业总产值的比重是农、林、牧、渔里最高的，但其竞争力与产业结构都不具相对优势，林业在第一产业中所占份额最少。因而可知，在剖析第一产业内在结构对社会物流成本影响时，不妨将其分为四个指标。因此，本书的变量设计见表3-29。

表3-29 变量列表

类别	变量代码	变量含义
被解释变量	SLC	社会物流成本占GDP比重
解释变量	AO	农业总产值（Agricultural output）
	FO	林业总产值（Forestry output）
	PO	牧业总产值（Pastoral output）
	FISHO	渔业总产值（Fishery output）

2) 数据来源及处理

考虑到我国产业结构演变进程和数据的可观测性，采用1998—2017年的数据进行研究。本节数据主要来源于《中国统计年鉴》（1998—2017）以及国泰安数据库。详细原始数据见表3-30。

表3-30 1998—2017年农林牧渔业生产总值

年份	农业（亿元）	林业（亿元）	牧业（亿元）	渔业（亿元）	社会物流总成本（亿元）
1998	14241.88	851.26	7025.84	2422.88	17021
1999	14106.22	886.30	6997.58	2529.04	17814
2000	13873.60	936.50	7393.10	2712.60	19230

第3章 我国社会物流成本的影响因素研究

续表

年份	农业 （亿元）	林业 （亿元）	牧业 （亿元）	渔业 （亿元）	社会物流总成本 （亿元）
2001	14462.80	938.80	7963.10	2815.00	20619
2002	14931.54	1033.50	8454.64	2971.07	22741
2003	14870.10	1239.90	9538.80	3137.60	25695
2004	18138.36	1327.12	12173.80	3605.60	30002
2005	19613.37	1425.54	13310.78	4016.12	33860
2006	21522.28	1610.81	12083.86	3970.52	38414
2007	24658.10	1861.64	16124.90	4457.52	45406
2008	28044.15	2152.90	20583.56	5203.38	54542
2009	30777.50	2193.00	19468.36	5626.44	60826
2010	36941.11	2595.47	20825.73	6422.37	70984
2011	41988.64	3120.68	25770.69	7567.95	84102
2012	46940.46	3447.08	27189.39	8706.01	93702
2013	51497.37	3902.43	28435.49	9634.58	102396
2014	54771.55	4256.00	28956.30	10334.26	105944
2015	57635.80	4436.39	29780.38	10880.62	108096
2016	59287.78	4631.55	31703.15	11602.88	110627
2017	61719.69	4991.55	30285.04	12316.87	120804

由于经济数据的复杂性以及趋势性，使得数据随机误差项存在不同的方差。在进行研究时通常对其数据取对数以便进行分析，结果见表3-31。

表3-31 1998—2017年变量处理结果

年份	农业生产 总值对数	林业生产 总值对数	牧业生产 总值对数	渔业生产 总值对数
1998	9.5639	6.7467	8.8574	7.7927
1999	9.5544	6.7871	8.8533	7.8356
2000	9.5377	6.8421	8.9083	7.9057
2001	9.5793	6.8446	8.9826	7.9427

续表

年份	农业生产总值对数	林业生产总值对数	牧业生产总值对数	渔业生产总值对数
2002	9.6112	6.9407	9.0425	7.9967
2003	9.6071	7.1228	9.1631	8.0512
2004	9.8058	7.1908	9.4070	8.1902
2005	9.8840	7.2623	9.4963	8.2981
2006	9.9768	7.3845	9.3996	8.2867
2007	10.1129	7.5292	9.6881	8.4023
2008	10.2415	7.6746	9.9322	8.5571
2009	10.3345	7.6930	9.8765	8.6352
2010	10.5171	7.8615	9.9439	8.7675
2011	10.6452	8.0458	10.1570	8.9317
2012	10.7566	8.1453	10.2106	9.0718
2013	10.8493	8.2694	10.2554	9.1731
2014	10.9109	8.3561	10.2735	9.2432
2015	10.9619	8.3976	10.3016	9.2947
2016	10.9902	8.4406	10.3642	9.3590
2017	11.0075	8.5309	10.3874	9.3861

3）社会物流成本与第一产业内部的实证检验

在针对第一产业内部的农业、林业、渔业、牧业与社会物流成本的影响进行回归分析探究前，首先对数据进行平稳检验，确保其能作为实验数据使用；其次探究变量间是否有着长期均衡关系，找寻解释变量与被解释变量间的明确因果关系；最后建立多元回归模型，进行回归分析，深入地探究变量间的变化规律。

（1）时间序列平稳性检验

利用 Eviews 软件对序列 AO、FO、PO、$FISHO$、SLC 进行单位根检验，以求序列是否平稳，见表 3-32。

第3章 我国社会物流成本的影响因素研究

表3-32 各变量单位根检验结果

变量	$t-statistics$	检验临界值	$P\ value$	结论
AO	-2.312021	-3.065585	0.1801	非平稳
FO	0.593550	-3.029970	0.9854	非平稳
PO	-0.617724	-3.052169	0.8420	非平稳
$FISHO$	1.009341	-3.029970	0.9947	非平稳
SLC	-1.306868	-3.029970	0.6041	非平稳

从表3-32的结果可以看出，解释变量与被解释变量的检验值均高于临界值，AO的P值为0.1801，大于置信度5%；FO的t检验值为0.593550大于检验临界值-3.029970；PO的P值远超过置信区间的临界值-3.052169；$FISHO$的t检验值远超检验临界值-3.029970。对不平稳序列进行一阶差分，差分后查看平稳性，见表3-33。

表3-33 一阶差分单位根检验结果

变量	$t-statistics$	检验临界值	$P\ value$	结论
AO	-5.615282	-3.029970	0.0002	平稳
FO	-3.025749	-3.029970	0.0326	平稳
PO	-4.069324	-3.673616	0.0241	平稳
$FISHO$	-4.401861	-3.029969	0.0030	平稳
SLC	-4.1752343	-3.0403907	0.0052	平稳

由表3-33可知，序列AO、FO、PO、$FISHO$、SLC在经过一阶差分之后均为平稳序列，符合协整检验对数列平稳性的要求，可以进行下一步的检验。

（2）变量间的协整检验与格兰杰因果检验

①AO与SLC的关系分析。

进行协整检验，首先对AO和SLC进行回归分析，结果见表3-34。

表3-34 SLC与AO回归结果

Variable	Coefficient	Std. Error	$t-Statistic$	Prob.
C	0.133067	0.005050	20.49837	0.0000
AO	0.113126	0.017497	6.937625	0.0000

对表 3-34 的结果生成残差序列,并检验其单位根。结果见表 3-35。

表 3-35　SLC 与 AO 单位根检验

Variable		t-Statistic	Prob.
Augmented Dickey-Fuller teststatistic		-3.525769	0.0378
Test critical values	1% level	-4.451222	—
	5% level	-3.259435	—
	10% level	-2.772147	—

从表 3-35 的结果可以看出,在 5% 的置信水平下拒绝原假设,不存在单位根。因此认为 AO 和 SLC 之间存在协整关系,由此进行格兰杰因果检验,见表 3-36。

表 3-36　AO 与 SLC 的格兰杰检验

Null Hypothesis	Obs	F-Statistic	Prob.
SLC does not granger cause AO	17	0.81080	0.48187
AO does not granger cause SLC	—	7.59394	0.02207

由表 3-36 可知,SLC 不是 AO 的格兰杰原因的概率是 0.48187,结果大于 5% 的置信度,因此不能引起 AO,即农业总产值的变化;AO 不是 SLC 的格兰杰原因概率为 0.02207,符合置信度 5% 的水平,因此说明社会物流成本占 GDP 的比重受农业总产值的影响。

②FO 与 SLC 的关系分析。

对 FO 和 SLC 进行回归后,结果见表 3-37。

表 3-37　SLC 与 FO 回归分析结果

Variable	Coefficient	Std. Error	t-Statistic	Prob.
C	0.167876	0.008765	61.97698	0.0000
FO	0.549284	0.095876	5.764938	0.0002

取残差序列,并查验其单位根,结果见表 3-38。

第3章 我国社会物流成本的影响因素研究

表3-38　SLC与FO单位根检验

Variable		t-Statistic	Prob.
Augmented Dickey-Fuller test statistic		-2.460842	0.2096
Test critical values	1% level	-4.316073	—
	5% level	-3.209437	—
	10% level	-2.745690	—

由表3-38结果可知,10%的置信区间下依旧不能拒绝原假设,因此SLC和FO之间存在单位根,不存在协整关系,即不存在长期的相关关系。那么不必再进行格兰杰因果检验。其经济含义为,社会物流成本占GDP的比值不能引起林业总产值的变化,同样的林业总产值也不能引起社会物流成本的变化。

③PO与SLC的关系分析。

协整检验第一步对PO和SLC进行一元线性回归,回归结果见表3-39。

表3-39　SLC与PO回归结果

Variable	Coefficient	Std. Error	t-Statistic	Prob.
C	0.227412	18.21301	5.132297	0.0000
PO	-0.076773	0.016277	-4.778471	0.0005

取残差序列,并查验其单位根,结果见表3-40。

表3-40　SLC与PO单位根检验

Variable		t-Statistic	Prob.
Augmented Dickey-Fuller test statistic		-2.376177	0.0280
Test critical values	1% level	-2.852183	—
	5% level	-1.969017	—
	10% level	-1.623658	—

由表3-40的结果可以看出,在5%的置信水平下拒绝原假设,残差平稳,表明SLC和PO存在协整关系,两个变量长期均衡。继续格兰杰检验,见表3-41。

表 3-41　PO 与 SLC 格兰杰检验

Null Hypothesis	Obs	F – Statistic	Prob.
SLC does not Granger Cause PO	17	0.01052	0.88378
PO does not Granger Cause SLC	—	0.73401	0.47644

由表 3-41 可以看出，在严格的 5% 置信水平下，PO 与 SLC 互相不是格兰杰因果原因，概率分别为 0.88378、0.47644，结果均大于 0.05。说明 PO 不能影响 SLC 的变化，SLC 也不能引起 PO 的变化。其经济意义就是牧业总产值与社会物流成本彼此不能够对对方造成影响。

④SLC 与 FISHO 的关系分析。

检验 SLC 与 FISHO 的协整关系，首先对二者进行回归分析，结果见表 3-42。

表 3-42　SLC 与 FISHO 回归结果

Variable	Coefficient	Std. Error	t – Statistic	Prob.
C	0.160260	0.016732	64.35628	0.0000
FISHO	0.001386	0.000363	5.188635	0.0003

使用 Eviews 软件对回归结果生成残差序列，将残差进行单位根检验，见表 3-43。

表 3-43　SLC 与 FISHO 单位根检验

Variable		t – Statistic	Prob.
Augmented Dickey – Fuller test statistic		-2.326441	0.0344
Test critical values	1% level	-2.817058	—
	5% level	-1.96544	—
	10% level	-1.622080	—

由表 3-43 结果可知，检验结果 P 值为 0.0344，在 5% 的置信水平下拒绝原假设，接受不存在单位根，序列平稳，SLC 和 FISHO 之间有着长期均衡的关系。继续格兰杰检验，见表 3-44。

第3章 我国社会物流成本的影响因素研究

表3-44 FISHO 与 SLC 格兰杰检验

Null Hypothesis	Obs	F - Statistic	Prob.
SLC does not Granger Cause FISHO	17	0.72333	0.48265
FISHO does not Granger Cause SLC	—	7.13345	0.02517

由表3-44可知，SLC 不是 FISHO 的格兰杰原因概率为0.48265，说明 SLC 不能影响 FISHO 的变化；然而 FISHO 不是 SLC 的格兰杰原因概率为0.02517，概率小于0.05，说明 FISHO 是 SLC 的格兰杰原因，能引起 SLC 的变化，即渔业总产值是社会物流成本的影响因素之一。

（3）多元线性回归分析

经过上一小节的协整检验以及格兰杰因果检验的结果可知，AO 和 FISHO 与 SLC 之间存在长期的协整关系，两个变量是 SLC 的格兰杰因果原因，能影响社会物流成本占 GDP 的变化。因此在进行多元回归分析时，剔除自变量林业总产值（FO）以及牧业总产值（PO），将农业总产值（AO）和渔业总产值（FISHO）作为自变量，社会物流成本占 GDP 的比重（SLC）作为因变量进行多元回归分析。

通过自方差和异方差的修正后，回归结果见表3-45。

表3-45 各变量与 SLC 的回归结果

Variable	Coefficient	Std. Error	t - Statistic	Prob.
C	0.003096	0.001119	2.765580	0.0199
AO	0.056220	0.018243	3.081764	0.0087
FISHO	0.017451	0.009135	1.910345	0.0784
R - squared	0.976137	Mean dependent var		824.9625
Adjusted R - squared	0.961884	S. D. dependent var		250.6714
S. E. of regression	0.001835	Akaike info criterion		9.977732
Sum squared resid	5.315631	Schwarz criterion		10.60886
Log likelihood	64.88162	Hannan - Quinn criter		10.26875
F - statistic	33.18281	Durbin - Watson stat		1.881572
Prob. (F - statistic)	0.000000	—		

回归结果是：

$$SLC = 0.003096 + 0.0562AO + 0.0174FISHO + \mu \quad 公式(3-7)$$

其中，$R^2 = 0.976137$，调整后的 $R^2 = 0.961884$，DW 值 $= 1.881572$。AO 和 $FISHO$ 均通过置信水平 10% 下的检验。接下来检验方程是否存在自相关性，见表 3-46。

表 3-46　各变量的相关性检验结果

	AO	$FISHO$
AO	1.000000	0.041936
$FISHO$	0.041936	1.000000

通过表 3-46 的结果可以看出，$FISHO$ 与 AO 之间的相关系数为 0.041936，远小于 0.5，因此认为两个变量间不存在自相关性。

针对方程进行异方差检验时，本书采用 White 检验，见表 3-47。

表 3-47　异方差检验结果

$F - statistic$	0.060110	Prob. $F(2, 17)$	0.9647
$Obs \times (R - squared)$	0.261270	Prob. $(Chi - Square(2))$	0.9555

在表 3-47 的检验结果中，$0.9647 > 0.05$，结果不存在异方差。

综上所述，回归方程成立，结果为：

$$SLC = 0.003 + 0.056AO + 0.018FISHO \quad 公式(3-8)$$

模型方程的经济学意义为，社会物流成本占 GDP 的比重与农业总产值和渔业总产值成正比关系：每增加 1 个单位的农业总产值，社会物流成本占 GDP 的比重相应增加 0.05622 个单位；每增加 1 个单位的渔业总产值，社会物流成本占 GDP 的比重相应增加 0.017451 个单位。

3.2.5　实证结果分析

通过大量样本分析，支持了本书第三章提出的部分假设，得到各类假设的验证结果，见表 3-48。

第3章 我国社会物流成本的影响因素研究

表 3-48 假设验证结果

假设编号	假设内容	检验结果
H1a	第一产业产值占 GDP 比重与社会物流成本呈正相关	成立
H1b	第二产业产值占 GDP 比重与社会物流成本呈正相关	不成立
H1c	第三产业产值占 GDP 比重与社会物流成本呈负相关	不成立
H2	基础设施水平与社会物流成本呈负相关	不成立
H3	经济发展水平与社会物流成本呈正相关	成立

社会物流成本在某种程度上会受到第一产业产值以及基础设施水平的影响，当二者发生改变时，其自身也会随之变化。

①第一产业对社会物流成本的影响关系最大。实物方式存在的物质生产原料是第一产业生产经营的主要模式。在生产环节中，大批的运输、库存和管理是实物方式的物质生产资料的常态特征；此外第一产业所涉及的实物材料与第二、第三产业相比，往往自身价值不是特别的高，相同情况下的运输环境和条件就会减少利润、增大成本，从而增加了社会物流成本。

②第二产业和第三产业与社会物流成本具有协整关系，但没有明显的因果关系，可能是因为与经济有关的数据多数时候是一个很复杂的连锁反应，不是单纯的一个影响因素就能影响和改变的，因此没有明显的因果关系。

③经济发展水平的提高能够引起社会物流成本也跟着进行变化，其与社会物流成本占 GDP 的比重具有正比例关系。经济发展水平越高，为了发展而产生的物质资料的生产与消耗会增大社会物流成本，从而影响其占 GDP 的比重。

④在第一产业内部行业里，农业、渔业能够对社会物流成本产生重大影响。农业产品的产量越高，即农业对经济的贡献率越大，然而与农业有关的运输材料具有占地面积大、重量大的特点，并且我国在物流行业以及农、林、牧、渔行业的科技水平以及信息化水平还有待提升，运输条件不是特别理想，这些因素会导致农产品物流最后呈现出运营成本高、服务效

率低、社会物流成本高的特点。当更多的机械以及高科技参与到农业生产里，社会物流成本也将会随之下降。

3.2.6 本节总结

本章以 1998—2017 年的数据为样本区间，研究了社会物流成本有哪些影响因素、这些影响因素之间的关系以及社会物流成本与主要影响因素第一产业内部行业间的关系。结果表明，社会物流成本与第一产业具有正相关关系，与经济发展水平具有正相关关系，经济发展的影响相较于第一产业对社会物流成本的影响更强；社会物流成本与农业、渔业具有正向相关关系，与牧业、林业没有协整关系，且农业相较于渔业对社会物流成本的影响更强。

第4章 陕西省物流业成本效率及其影响因素分析

4.1 陕西省物流业成本投入现状

陕西省位于我国的中心位置,起着承东启西的作用。自古以来就是重要的物资集散地。陕西省如今已形成了关中高新技术、陕南现代中药、陕北能源重工、渭北果品基地等各具特色的产业开发区,构成了陕西省主要的输出体。这种地域上聚集的区位优势,使陕西省有条件成为西部大开发的重要物流省份。

作为为国民经济服务的基础性产业,物流相关行业可以联系生产、流通和消费,无疑是国家降本增效、推进供给侧结构性改革的重要阵地。继续降低物流业成本、继续降低企业税费支出、加大多式联运组合、提高铁路货运量周转、提高经济运行效率、优化营商环境、建设现代物流业网络体系仍是重要任务。

4.1.1 物流业相关政策现状

早在2003年,西安市就已经颁布了《西安现代物流产业发展规划》,提出了政府规划、企业主体、市场运作、政策扶持的思路,提出通过市场选择、企业竞争的方式促进物流业的发展,提出建设一个物流园区、八个物流中心和十个配送中心,在西安市东西南北布局十个专业性的物流配送中心的物流方案。

2006年,陕西省决策咨询委员会召开了"加快第三方物流是发展陕西现代化物流业的重要战略任务"的座谈会。政府部门认真研究了行业代表和专家们的意见。

2007年11月,政府公布了第一批入选的重点物流项目名单,共计13大类60个,总投资约200亿元;其中包括:落户西安市灞桥区的中陕国际物流中心、落户新城区的中储物流中心、落户经开区的西北邮政物流集散中心等29个项目(商贸、医药、建材、农资等),总投资超过138.4亿元。

2008年6月,陕西省商务厅与香港豪德集团签订了投资100亿元人民币的"西部现代综合物流园区"项目协议,在陕西打造一个立足陕西、辐射西北地区乃至全国的大型综合商贸物流园区。

2010年5月,陕西省出台了《陕西省物流业调整和振兴规划》,提出物流业调整和振兴的八大重点工程和80个重点项目。实施方案提出要加大西安、宝鸡、咸阳、榆林、汉中五大物流园区的建设力度。着重建设"六个物流节点城市",其中西安为国家级物流节点城市,咸阳、宝鸡、渭南、榆林、汉中为省级节点城市。

2011年2月,陕西省出台《陕西省物流业调整和振兴规划实施方案十五条》,对2010年的规划做出实施细则,包括加快物流企业重组兼并、积极发展现代运输方式、不断提高物流信息水平、建立健全物流统计监测体系、充分发挥陕西省现代物流业发展联席会议制度及其办公室的作用。

2017—2018年陕西省与物流业有关的主要文件,见表4-1。

表4-1 陕西省与物流业有关的主要文件

时间	文件名称	相关内容
2017年6月	《关于推动交通物流融合发展的实施方案》	以轨道交通和航空运输为引领,推进多种运输方式融合发展,力争到2020年,陕西综合枢纽地位得到强化,西安"国际航空枢纽"功能明显提升,交通物流运营服务能力以及物流社会化、专业化、标准化、集装化水平等稳步提升
2018年10月	《陕西省人民政府关于积极有效利用外资推动经济高质量发展的实施意见》	加快推进国际贸易"单一窗口"建设和应用,促进"单一窗口"与金融、保险、电商、物流、邮政、民航、铁路港口等相关行业对接,全方位提升跨境贸易便利化。加快铁路口岸建设,拓展口岸能力和功能,促进中欧班列(西安)高效运行

第 4 章　陕西省物流业成本效率及其影响因素分析

但从现状来看，陕西省物流发展的园区建设、税收、土地、融资、交通管理、兼并等方面都没有具体的政策，尤其是盲目建设和重复建设导致布局不合理、资源没有合理利用，这在很大程度上影响了物流业的成本效率，造成了陕西省物流业成本效率规模报酬递减。而且陕西物流业发展的整体框架并未建立，虽然有一定的理论指导和政策支持，但是并未形成系统，发展方向并不明朗，市场秩序较为混乱。

4.1.2　物流业基础设施现状

2017 年，陕西省物流相关行业完成固定资产投资 2521.58 亿元，比 2016 年提高 31.7 个百分点。其中，交通运输业完成投资 1525.72 亿元，比 2016 年提高 51.2 个百分点；批发和零售业完成投资 652.22 亿元，比 2016 年提高 10.4 个百分点；仓储业完成投资 330.67 亿元，比 2016 年回落 29.2 个百分点；邮政业完成投资 12.96 亿元，比 2016 年提高 129.6 个百分点。随着陕西省邮政、交通运输、批零和仓储等物流产业需求和投入的快速增长，基础设施投入持续增加，为物流行业飞速发展和服务转型提供了重要的支撑。

自 2013 年以来，陕西省已经开通了 46 条国际航线、4 条到中亚和中欧的国际货运班列。随着西安咸阳国际机场新开西安至阿姆斯特丹、芝加哥、哈恩等多条国内国际货运航线，陕西省全货运航线由 8 条增至 13 条，形成国内北上南下、东进西出，国际直达欧美的全货机物流网络布局。陕西省逐步打造出沟通全球、通江达海的综合交通物流体系。在"长安号"国际货运班列、"中欧快线"货运班列基础上，未来陕西省将积极开展多式联运监管试点，大力推进整车进口口岸建设。积极助推中国"孟菲斯（物流公司自建机场）"建设，支持新增西安至阿姆斯特丹、哈恩、芝加哥等全货运航线。目前，在德国法兰克福建立了陕西省首个欧洲"海外仓"，中欧（中亚）班列实现有来有往。

公路建设突飞猛进。1979—2017 年，陕西省公路运输业累计投资 9234.42 亿元，年均增长 24.7%。1979 年陕西省第一条高等级公路——西安至三原一级公路规划建设，结束了陕西省没有高等级公路的历史，拉开了高速公路建设的序幕。1986 年开工建设的西部第一条高速公路——西安至临潼高速公路，标志着陕西省成为中国最早建设高速公路的省份之一。2017年陕西省高速公路通车里程达到5279公里。省内98个县区已连通高速公路，省内当日往返、周边中心城市当日到达的"一日交通圈"和"两环三纵六辐射七横"的高速公路网基本形成。2017年，道路运输业投资增长21.7%，总里程828公里的延黄公路全线贯通。

铁路建设成就斐然。1979—2017年，陕西省铁路运输业累计投资2831.93亿元，年均增长15.4%。2017年，铁路运输业投资增速高达34.1%，铁路营业里程达到5300公里，年货运量突破3.9亿吨，客运量达到0.89亿人次。新增高铁通车里程389公里，创历年之最，高铁通车总里程达到856公里。宝兰、西成高铁建成投运，西安北客站至咸阳机场、西安至韩城等城际铁路加快建设，西安市成为高铁通达全国省会城市最多的城市之一，"两纵五横三枢纽"骨架网基本形成，"米"字形高铁网加快构建。

航空运输建设蓬勃发展。1979—2017年，陕西省航空运输业累计投资299.28亿元，年均增长25%。1991年西安咸阳国际机场建成投运，成为我国六大区域性航空枢纽之一，以及西北地区规模最大、等级最高、保障能力最强的干线机场和国际定期航班机场。2012年机场二期扩建工程投运，2015年机场国际指廊投运，2017年旅客吞吐量达到4186万人次，机场三期扩建工程正在积极推进。同时加快省内支线机场建设，其中包括榆林机场二期、汉中机场三期、延安机场迁建等项目加快建设，逐步形成了以西安咸阳国际机场为核心、骨干机场与其他小型支线机场为支撑的"一主多辅、干支结合"的机场布局，为全省枢纽经济、门户经济、流动经济发展提供了重要支撑。

邮电通信业日新月异。1979—2017年，陕西省邮电通信业累计投资1401.98亿元，年均增长23.1%，为推动经济发展、社会进步和民生改善发挥了重要作用。特别是近年来，电信业在通信网络建设、用户规模、信息化建设等方面都得到了快速发展。移动网络实现了从3G"突破"，到4G"并跑"，再到5G的"超越"。物联网、云数据、人工智能、"互联网+"等领域技术日新月异，智慧城市网络建设、宽带乡村示范工程、中国电信智慧云服务基地、中国移动、中国联通陕西数据中心、中国邮政西北航空电商物流

第4章 陕西省物流业成本效率及其影响因素分析

中心、申通和圆通快递西北地区转运中心等一批大项目加快推动"数字陕西"建设。阿里巴巴、京东、苏宁、菜鸟物流等20多家电商龙头企业在陕西设立区域总部，带动邮政物流行业快速发展。2017年，陕西省邮政营业网点达到1802个，快递服务网点达到5752个，邮政普及服务作用尽显。

4.1.3 社会物流总费用现状

2017年，陕西省社会物流总费用3450.5亿元，同比增长11.3%，增速比2016年提高3.8个百分点。其中：物流运输环节总费用2356.6亿元，保管环节总费用809.7亿元，管理环节总费用284.2亿元，同比分别增长9.6%、15.1%、15.1%。2018年，陕西省社会物流总费用3722.4亿元，同比增长7.9%，其中：物流运输环节总费用2535.7亿元，保管环节总费用878.5亿元，管理环节总费用308.3亿元，同比分别增长7.6%、8.5%、8.5%。2018年陕西省社会物流总费用相较于2017年增长速度有大幅度的下降，从11.3%下降到7.9%，其中的物流运输环节费用下降比例最小，从9.6%下降到7.6%；保管环节和管理环节的总费用降幅较大，分别从15.1%下降到了8.5%。2018年与2017年相比，运输环节费用仍是物流行业运行的最大费用支出项，运输费用占社会物流总费用的比重为68.10%；其次是保管费用，占比为23.60%；最后是管理费用，占比8.30%，如图4-1所示。

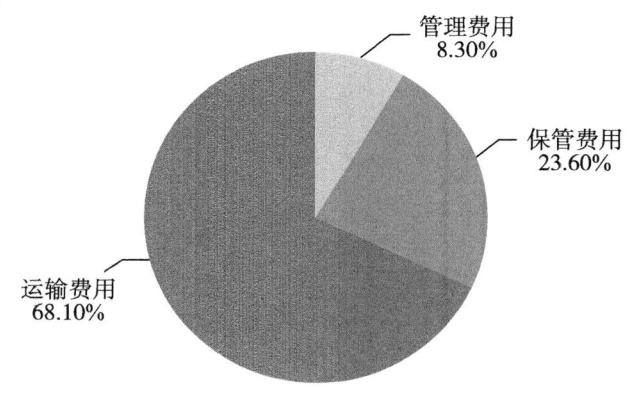

图4-1 2018年陕西省社会物流费用构成情况

4.1.4 物流业能源投入现状

陕西省是全国能源生产基地,长期以来,煤炭、石油、天然气等主要能源产量在全国均位居前列,为全国经济发展提供强有力的能源支撑。由于陕西省的自然禀赋特点,煤炭的生产和消费占比较高,生产和消费占比一直在70%~80%,煤炭资源为陕西省的经济发展做出了巨大贡献,如图4-2所示。

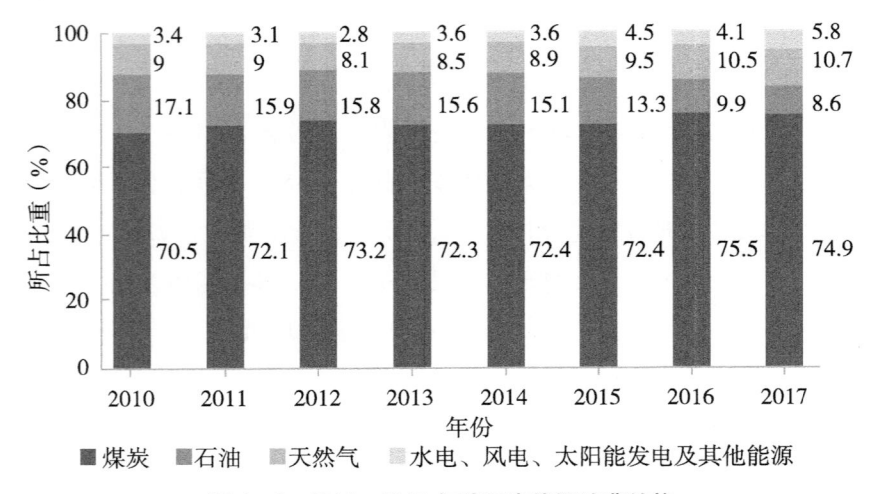

图4-2　2010—2017年陕西省能源消费结构

近几年,陕西省节能降耗成效显著,发展的可持续性进一步增强。2017年,陕西省深入贯彻落实能耗强度和能源消费总量控制制度,全年能源消费总量为12536.51万吨标准煤,同比增长3.44%,单位GDP能耗下降4.19%。可再生能源发展加速,占能源消费和生产总量的比重上升,能源结构逐渐优化,如图4-3及图4-4所示。

2010年以来,陕西省能源消费总量增幅不断收窄,能源利用效率不断提高,能源产出率创历史新高。2017年,能源消费总量同比增长3.44%,单位GDP能耗下降4.19%,水电、风电、太阳能发电等非化石能源消费占比为5.8%,能源产出率为1.69万元/吨标准煤,均创2010年以来的最好水平。

陕西省物流业处于初期发展阶段,对低碳物流的认识不够,碳减排空

第4章 陕西省物流业成本效率及其影响因素分析

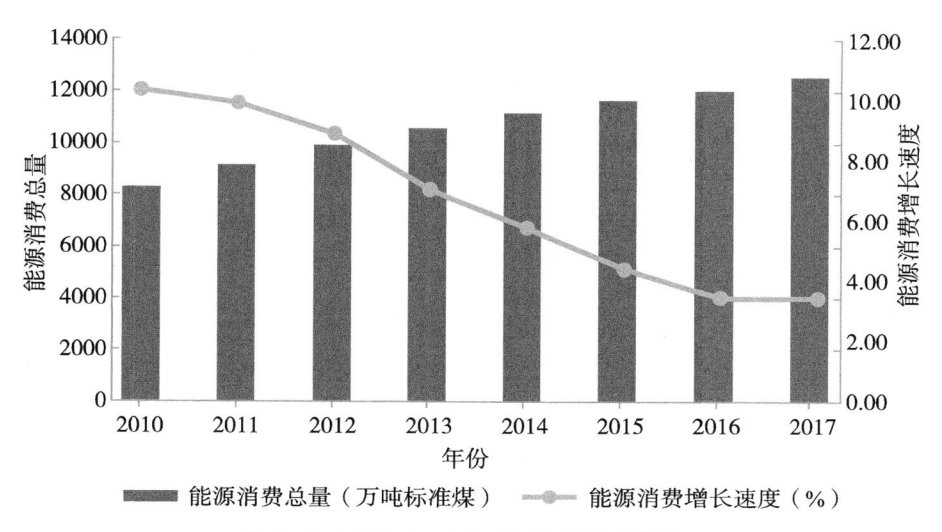

图 4-3 2010—2017 年陕西省能源消费情况

间巨大，陕西省作为中心地区与重点的物流节点，陕西省物流业亟须低碳发展。从图 4-4 可以看出，2013 年能耗总量达到最高，陕西省在 2013 年大力发展物流业，加大物流业成本投入，导致物流业能耗过高，在接下来的几年，陕西省意识到节能减排的重要性，加强了节能降耗工作，能源浪费情况逐渐好转，能源消耗降低，能源利用率提高。

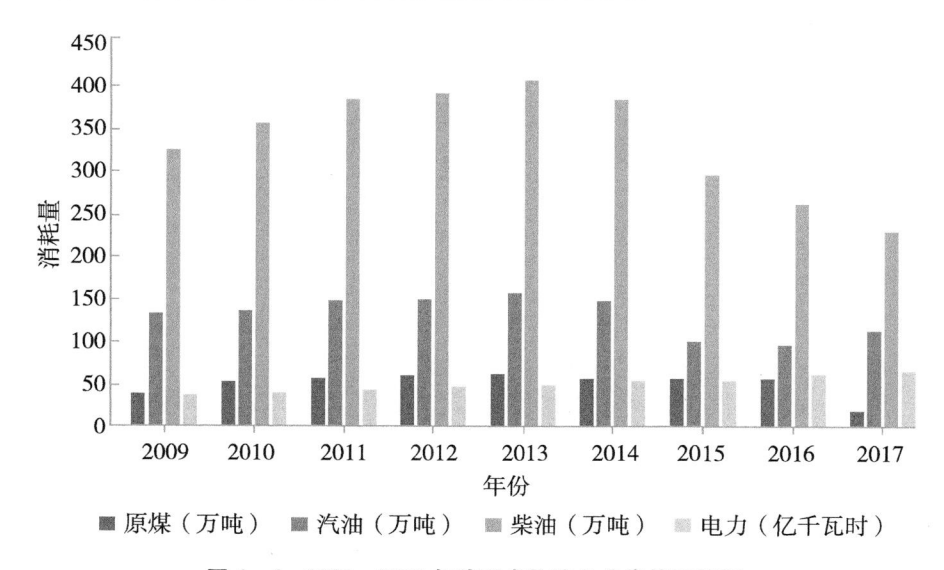

图 4-4 2009—2017 年陕西省物流业分类能源消耗

4.1.5 本节总结

本节从物流业相关政策、基础设施、总费用和能源投入四个方面分析了陕西省物流业成本投入现状。陕西省经济的快速发展，为陕西省的物流发展创造了良好的经济条件，陕西省加大了物流业各方面的投入，物流基础设施与相关政策不断完善。但是从总体来看，2017 年，陕西省物流业增加值为 832.62 亿元，仅占全国物流业增加值 37172.6 亿元的 2.24%，在全国的占比仍处于较低水平，说明陕西省物流业投入资源并没有得到有效配置、合理利用，在一定程度上制约了陕西省物流业成本效率的提高。本书接下来对 2005—2017 年陕西省物流业成本效率进行测算，并分析影响物流业成本效率的因素。

4.2 陕西省物流业成本效率分析

评价物流业成本效率时最重要的是指标的建立，即投入产出指标的选取。不同的指标体系会导致不同的分析结果，如何选取合适的指标体系就显得尤为重要，一般来说，指标建立的原则有以下五种。

①科学性原则。以科学的理论为指导进行评价，使评价体系无论在概念还是在逻辑结构上都科学严谨合理，使评价目的更加明确，更加具有针对性。

②全面性原则。每个决策单元都是一个完整的经济活动，因此所选的指标应该能够全面地代表该经济活动，因此在选取评价指标时，应对决策单元先进行系统分析，在此基础上选择与决策单元紧密相关的指标作为指标体系，使其能够全面代表物流业成本效率的评价要求。

③可得性原则。建立指标时要考虑所选的指标数据的可得性，即是否能够在后期分析时得到相关数据资料，对无法获得数据资料的指标要选择其他相近指标替代，保证研究可以进行下去。

④客观性原则。在选择指标时应坚持实事求是的态度，尽量消除个人

第4章 陕西省物流业成本效率及其影响因素分析

对指标的主观偏好，尽量排除主观因素的干扰，根据数据资料的关系选择能够真正反映出研究对象客观面貌的指标。

⑤可比性原则。所选的每一个指标，尽可能地保证其计算口径、核算内容、计算时间、计量单位等一致，便于决策单元之间进行横向及纵向比较，保证结果的可比性。

4.2.1 成本效率的投入产出指标选取

目前，有很多学者使用 DEA 模型构建了物流业投入产出指标体系，见表 4-2。

表 4-2 物流业成本投入产出指标

年份	作者	变量 投入	变量 产出	数据	研究方法
2013	张诚、张广胜、张志坚	物流业从业人员、固定资产投入、职工工资总额、物流等级公路长度	产业生产总值、地区 GDP、货运量、货运周转量	江西省 2001—2010 年数据	DEA
2013	王瑛、杜鹏程、汪凯茜	运营里程、就业人数	产业增加值、客运量、货运量、周转量	我国 1996—2010 年数据	DEA
2014	谢菲、黄新建、姜睿清	固定资产、政策因素、综合运输能力、物流业能源消耗、从业人数	物流业产值、邮电业务总量、货运周转量	2010 年我国 29 省数据	DEA
2016	郭梦雅、王江	等级公路里程、物流业固定资产投资、从业人数	货运周转量、物流业产值	广东省 2004—2013 年数据	DEA
2017	黄婷婷	物流业从业人数、公路里程数、固定资产投资额	物流增加值、客运量、货运量	我国 2010—2014 年数据	DEA
2018	崔智斌、李海艳、丁明智	物流业固定资产投资、物流业从业人数、物流业财政支出	物流业产值、商品进出口总额	淮南市 2017 年数据	DEA

续表

年份	作者	变量 投入	变量 产出	数据	研究方法
2018	刘俊华	人力资源、基础设施、主营业务成本	货运周转量、主营业务收入、价值增量	—	文献整理分析
2018	张湘江、张雅平	从业人数、固定资产投资总额、线路运输	货运周转量、货运量、物流业增加值	湖北省 2005—2013 年数据	DEA
2018	叶影霞	固定资产投资、从业人数、等级公路通车里程	GDP、货运量、货运周转量	广东省 2016 年数据	DEA

基于对成本效率的定义和 DEA 的运用，并综合现有文献的物流业投入产出指标和陕西省目前物流业发展状况，考虑到现实状况与指标数据的可获取性，本书最终选定的物流业成本投入和产出指标见表 4-3。

表 4-3 物流业成本投入和产出指标

指标类型	指标名称	变量	单位
投入指标	物流业固定资产投资额	X_1	亿元
	物流业从业人员数量	X_2	万人
	政策因素	X_3	—
	物流业能源消耗	X_4	万吨标准煤
产出指标	物流业增加值	Y_1	亿元
	进出口总额	Y_2	万美元

投入指标为固定资产投资额、从业人员数量、政策因素、能源消耗，分别代表物流业固定资产成本投入、人力成本投入、财政投入、能源成本投入；产出指标为陕西省物流业增加值和陕西省进出口总额。其中：政策因素主要用以反映政府部门对物流业发展的支持度，用交通运输财政支出占财政支出总额的比重表示；目前大多学者在研究物流产业效率时，投入指标多考虑资金、设施及人员方面的投入，而忽略相关能耗，本书中物流业能源消耗主要包括消耗原煤、汽油、柴油和电力，通过折算系数折算后，统一为以万吨标准煤为单位；考虑到政府出台的政策对陕西省物流业

第4章 陕西省物流业成本效率及其影响因素分析

的影响，选取陕西省进出口总额这一指标来衡量物流业的产出效益。

4.2.2 样本数据来源

由于物流统计体系不完善，我国没有划分物流业这一产业类型，根据国家统计部门统计，我国交通运输、仓储和邮政业的产值占到物流业总产值的85%，因此交通运输、仓储和邮政业可以用来代表物流业，本书的研究采用统计年鉴中交通运输、仓储和邮政业的数据来代替物流业进行分析。本书选择陕西省2005—2017年的投入产出数据来研究陕西省物流业成本效率，以分析政策给陕西省物流业成本效率带来何种影响。为保证获得数据的口径一致性和分析结果的可靠性，本书研究、分析物流业成本效率的数据来自于《中国统计年鉴》、《陕西统计年鉴》、陕西省统计局、陕西省统计分析报告、陕西省年度数据等。表4-4为收集并整理的陕西省物流业成本投入产出数据。

表4-4 陕西省物流业成本投入与产出指标

年份	物流业固定资产投资额（亿元）	物流业就业人员数（万人）	政策因素	物流业能源消耗（万吨标准煤）	物流业增加值（亿元）	进出口总额（万美元）
2005	241.33	19.10	0.0294	521.37	246.48	457.69
2006	355.24	18.87	0.0357	586.94	291.76	536.03
2007	389.00	18.90	0.0463	632.44	326.99	688.73
2008	448.33	19.56	0.0380	696.51	378.63	832.88
2009	599.48	19.21	0.0006	739.55	423.24	840.54
2010	739.60	19.10	0.0493	804.18	474.60	1210.17
2011	809.00	19.67	0.1069	870.27	552.54	1464.73
2012	805.41	18.34	0.0747	893.63	617.39	1479.90
2013	900.77	25.04	0.0724	925.40	611.11	2012.81
2014	987.60	28.73	0.0938	697.88	675.66	2736.45
2015	1439.53	27.99	0.0802	662.44	713.02	3049.85
2016	1584.62	28.31	0.0584	611.77	771.77	2994.72
2017	1869.35	28.88	0.0628	595.28	832.62	4014.24

4.2.3 陕西省物流业成本效率实证分析

1) DEA 结果分析

本书根据表 4-4 的数据，采用 Deap 2.1 软件分别以 DEA 模型的 CCR 和 BCC 模型对陕西省物流业的成本效率进行计算分析。计算结果见表 4-5，主要包括陕西省物流业成本投入的总体效率、纯技术效率和规模效率。纯技术效率评价的是在一定投入下所能获得最大产出的能力，规模效率反映了西安市当前物流业的发展规模。

表 4-5　陕西省 2005—2017 年物流业成本效率评价

年份	总体效率	纯技术效率	规模效率	规模报酬
2005	1	1	1	不变
2006	0.921	1	0.921	递增
2007	0.952	0.999	0.953	递增
2008	1	1	1	不变
2009	1	1	1	不变
2010	0.881	0.988	0.892	递增
2011	0.905	0.963	0.94	递增
2012	1	1	1	不变
2013	0.96	0.963	0.997	递减
2014	1	1	1	不变
2015	0.937	0.964	0.972	递增
2016	1	1	1	不变
2017	1	1	1	不变
2005—2017 年均值	0.9658	0.9905	0.975	—
2005—2012 年均值	0.9574	0.9938	0.9633	—
2013—2017 年均值	0.9794	0.9854	0.9938	—

（1）总体效率

总体效率，即总的技术效率，反映了物流业在当前技术水平下投入所能

第4章 陕西省物流业成本效率及其影响因素分析

达到的最大产出的比例。总体效率等于1,说明技术效率有效,处于生产前沿面上,已达到当前技术水平下投入的最大产出;总技术效率小于1,说明技术效率无效,还未达到当前技术水平下投入的最大产出,产出尚有提高的空间。每年的总体效率值都是反映该年物流业在当前物流技术水平下实际达到最大可能产出的比例。由表4-5可知,2005年、2008年、2009年、2012年、2014年、2016年和2017年这七年物流业成本总体效率等于1,为DEA有效,证明在这些年,陕西省物流业成本投入的使用较为合理且有效,并且在该成本投入下获得了最大的产出效益。2006年、2007年、2010年、2011年、2013年和2015年这六年DEA无效,说明这六年陕西省物流业成本效率较低,成本资源的投入没有得到合理使用,产出没有达到最优效益。这可能是因为陕西省物流业规模较小、普遍比较分散、集中度差、大型物流企业较少,而多数发达国家的物流业都是集群状态。同时由于资金、规模等方面的约束,很多小的物流企业,由于没有先进的物流设备和专业的物流人才,导致在成本投入时造成了资源的浪费,但是这些都是可以通过引入专业人才、资金、设备等得到改善的。因此,陕西省的物流业要想发展,必须做好规划,集中发展,发挥产业联动的优势,充分发挥产业集群对物流业的重要作用。从整体上来说,陕西省物流业成本效率较高,发展比较稳定。

(2) 纯技术效率与规模效率

DEA模型评价的最终结果是总体效率和纯技术效率,而规模效率则是根据总技术效率除以纯技术效率所得,所以总体效率值无效有以下两种情况:第一种情况是纯技术效率无效而规模效率有效,在这种情况下,意味着技术才是导致无效的根本原因,通过加强技术来调节,而技术的改进是一个短期的过程,不需要太长时间;第二种情况是规模效率无效而纯技术效率有效,这意味着目前该系统投入不够,例如企业需要加大固定资产(如建设厂房、购买设备等)的投入来扩大生产规模,而这个反应过程比较漫长,所以需要的时间也较长。

纯技术效率分析的是在不考虑规模因素的情况下,投入资源的利用情况对总效率的影响。纯技术效率等于1,说明在不考虑规模大小的影响下,投入资源已经得到最大限度的利用,无须再进行改进;纯技术效率小于1,

说明在不考虑规模大小的影响下，投入资源的利用程度有待改善，需要改进生产技术、引进先进人才、提高从业人员的素质等，加强资源与人员管理，从而使投入资源得到有效利用。从表4-5可知，除了2006年，物流业成本效率水平均未达到DEA有效的其他五年，纯技术效率值均小于1，说明如果不考虑规模大小对陕西省物流业成本效率的影响，则这五年的总效率无效是由物流业技术及管理水平较低、投入资源没有得到有效利用引起的，而这部分的资源浪费是可以控制和调整的，能够通过提高专业人员素质、改善物流设备、加强物流管理等方式来改善。从整体来看，陕西省物流业成本投入纯技术效率值13年里均在0.96以上，在2011年和2013年纯技术效率为最低值0.963，但13年里纯技术效率均值达到0.9905，可见陕西省物流业对于技术和管理能力掌握得较好，投入的成本利用率较高，资源分配有效，相关的物流管理制度安排较为合理，物流业转型升级过程中对物联网技术、智慧物流技术应用较好。

规模效率反映的是社会生产的规模大小与投入产出资源是否匹配。规模效率评价的是投入和产出两者之间的变化关系，如果效率值为1，则说明两者处于最优的状态，规模有效，生产成本最低，产出达到最大规模点；如果效率值不为1，则说明投入的变化不能引起相应的产出变化。陕西省物流业成本投入规模效率13年的均值达到0.975，整体上看，陕西省物流业规模控制较好，今后发展物流业仅需略有调整即可。2006年物流业成本纯技术效率为1，而规模效率小于1，表明对样本单元本身的技术效率来说，没有必要改变投入或者产出，样本单元未达到DEA有效，是因为其本身规模大小和投入产出的多少不匹配。而当时陕西省物流业正处于发展初期，物流业规模较小，导致综合效率小于1，因此需要增加物流业规模，可以通过扩大物流规模如建立物流园区、物流中心等使其得到改善。

（3）规模报酬

在生产理论中，规模报酬有三种情况：规模报酬递增、规模报酬递减和规模报酬不变。如果规模报酬递增，说明需要增加投入，以扩大规模，加强产业联动。如果规模报酬递减，说明不需要增加投入，投入增加量会小于产出增加量，需要加强投入资源管理。在物流业成本效率水平未达到

第 4 章　陕西省物流业成本效率及其影响因素分析

DEA 有效的年份中，2006 年、2007 年、2010 年、2011 年和 2015 年这五年的规模报酬为递增趋势，说明物流业的发展受到了产业规模的限制，需进一步扩大物流产业规模以促进物流业发展。从 2013 年开始，我国加大了对物流业的投入，同时陕西省政府加大了对物流业发展的支持力度，不断扩大对其投资，提供物质支撑，扩大物流产业投入规模和产出规模，导致 2013 年物流规模报酬呈现递减状态，过大的成本投入量造成物流资源浪费，出现规模不经济的情况。所以物流业在扩大规模、增加基础建设时，要注意与当前的生产技术相匹配，避免无效、过度投入。从表 4-4 中的具体数据可以看出，2013 年四个投入指标较前几年均有大幅增长，近几年陕西省在基础设施互联互通、经贸往来和文化交流等方面先行先试、重点突破，古丝路的起点正加速迈向内陆改革开放新高地。

2）趋势分析

如图 4-5 所示。

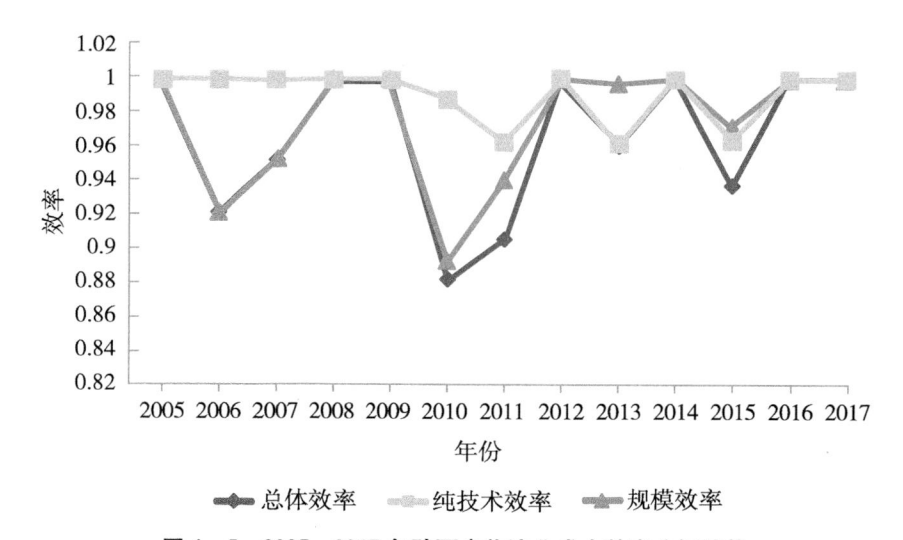

图 4-5　2005—2017 年陕西省物流业成本效率分解趋势

从图 4-5 可以看出陕西省 2005—2017 年物流业成本效率大致呈现出"W"形的变动趋势，2005—2012 年主要受规模效率的影响，2012—2017 年主要受纯技术效率的影响。前期是由于陕西省物流业处于发展初期，发展规模较小，产业规模限制了成本效率的提升，后来物流业逐渐发展，规模逐渐扩大，规模效率也逐渐提高。技术创新是物流业技术进步的重要途径，但是我国物流业起步较晚、创新起点较低、技术创新资金投入明显不足以及缺乏创新动力等原因，导致我国物流业技术方面的创新还比较滞后，因此后期技术效率对陕西省物流业成本效率的提高造成了一定的限制。目前陕西省物流业处于竞争激烈、行业整合程度不高、盈利能力较弱的发展状态，短期内企业靠自身研究和发展能力取得技术进步存在一定的难度和瓶颈，短期内在技术进步方面取得进展具有一定难度。但从长期来看，推动物流业技术进步能够带来物流业成本效率的提高。然而实现物流业的技术进步不是一朝一夕就能完成的，必将是一个不断深化的历史进程。相对于技术进步，在短期内，技术效率的改善比较容易，一方面可以通过保持投入不变的情况下，增加产出实现技术效率的提升；另一方面也可以在产出不变的情况下，通过节约投入来实现。技术效率作为成本效率的一部分，从短期来看物流业实现增长的途径还需要体现在对物流成本的有效管理和实现成本效率的提升方面，这就需要合理配置资源从而实现物流业的稳步增长，尤其对正在迅速增长的陕西省物流业而言，技术效率的提升是其短期内实现增长、降低成本的重要保证。

2005—2017年陕西省物流业的平均成本效率为0.9658，平均纯技术效率为0.9905，平均规模效率为0.975，并且物流业规模报酬总体上处于规模报酬递增或者不变阶段。这说明陕西省物流业整体成本效率较高，并且通过分析物流业需求、加强物流业资源的有效利用、合理进行资源配置、做好物流业未来发展规划，可以进一步提高物流业成本效率，从而促进整个陕西省乃至全国的经济发展。

2005—2012年陕西省物流业的平均成本效率为0.9574，平均纯技术效率为0.9938，平均规模效率为0.9633，2013—2017年平均成本效率为0.9794，平均纯技术效率为0.9854，平均规模效率为0.9938。随着经济发展，陕西省物流业迎来了前所未有的发展机遇，物流业发生了深刻变化，规模不断扩大，对经济的贡献和拉动在第三产业中跃居前列，物流业的不断发展成为新的经济增长点，物流业成本效率明显提高。

第4章 陕西省物流业成本效率及其影响因素分析

3）投影分析

通过 DEA 模型分析得知，2006 年、2007 年、2010 年、2011 年、2013 年和 2015 年这六年陕西省物流业成本效率为 DEA 无效，通过 Deap 2.1 软件可以计算出成本投入、产出的松弛变量，即如何调整投入、产出使成本效率达到 DEA 有效。投影分析能够清晰地刻画成本效率无效单元的资源利用效率与相应的投入产出能力，并以数值的形式直观地为决策者提供参考和启示。DEA 无效单元的投入、产出冗余情况分别见表 4-6、表 4-7。

表 4-6 DEA 无效单元物流业成本投入冗余情况

年份	固定资产投资额（亿元）调整前	调整后	物流业就业人员数（万人）调整前	调整后	政策因素 调整前	调整后	物流业能源消耗（万吨标准煤）调整前	调整后
2006	355.24	355.24	18.87	18.87	0.0357	0.036	586.941	586.94
2007	389	388.592	18.9	18.88	0.0463	0.04	632.4408	615.868
2010	739.6	689.919	19.1	18.866	0.0493	0.049	804.1813	794.337
2011	809	779.318	19.67	18.948	0.1069	0.07	870.274	838.34
2013	900.77	867.566	25.04	23.858	0.0724	0.07	925.4027	761.625
2015	1439.53	1387.134	27.99	26.971	0.0802	0.07	662.4438	638.33

在投入指标中存在冗余，即成本投入没有得到合理配置，在既定的产出下，投入了过多成本。

表 4-7 DEA 无效单元物流业成本产出冗余量

年份	固定资产投资额（亿元）	物流业就业人员数（万人）	政策因素	物流业能源消耗（万吨标准煤）
2006	0	0	0	0.001
2007	0.408	0.02	0.006	16.573
2010	49.681	0.233	0	9.844
2011	29.682	0.722	0.037	31.934
2013	33.204	1.182	0.002	163.778
2015	52.396	1.019	0.01	24.115

固定资产投资额的冗余现象较多，表明在物流业固定资产投资中还存在一些浪费，资源没有得到有效利用。从表4-7可以看出，只有2006年不存在固定资产投资额冗余，最大值为2015年的52.396亿元，其次是2010年的49.681亿元，这几年固定资产投资额相对于物流业发展规模过于庞大，过多的投资造成物流业成本投入的浪费，导致效率无效，应适当减少固定资产投入，避免过度浪费，提高固定资产投资额利用率。

物流业就业人员数冗余量相对较小，最大值为2013年的1.182万人，2013年我国开始加大力度推动物流业的发展，陕西省也加大了对物流业的各项成本投入，带动了越来越多的人选择从事与物流相关的工作，给陕西省物流业注入了新的生机与动力，但也同时造成了人员的冗余，降低了劳动生产效率，需提高人员工作效率。物流业的迅速发展需要大量的从业人员，尤其是物流高级人员，应注重提高物流业从业人员的专业水准，强化从业人员的物流作业水平，积极探索物流经济体中人员投入的最优比例，让人力资源发挥最大效用。

物流业财政投入仅需稍微调整，政策因素为交通运输财政支出占财政支出总额的比重，如图4-6所示。政策因素出现冗余说明当年政府财政投入稍多，但是整体来看较为合适，需进一步提高财政款项的使用效率，减少浪费。

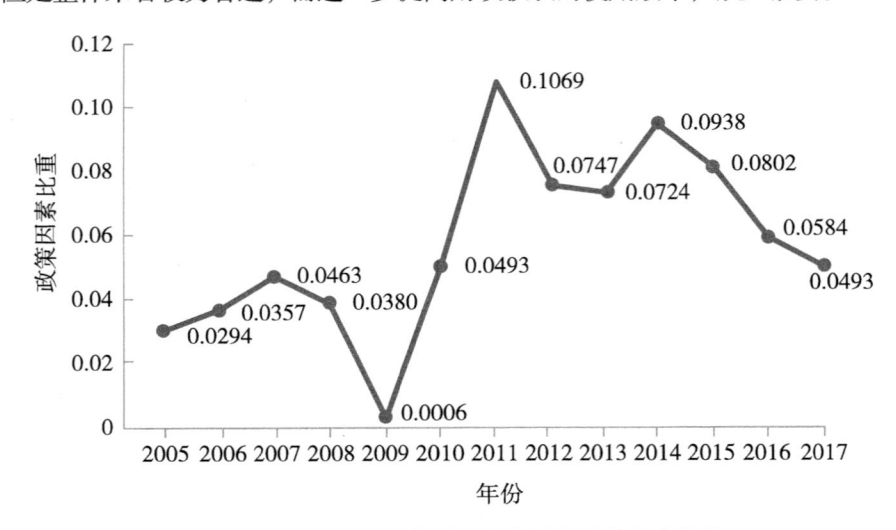

图4-6 2005—2017年陕西省物流业政策因素趋势

第4章 陕西省物流业成本效率及其影响因素分析

从图4-6可以看出，陕西省物流业在2011年前后有较大差别，且在2011年达到最高值0.1069，虽然政策因素波动较大，但是仍可以看出从2013年开始，陕西省加大了对物流业的重视程度，提高了对物流业的财政投入。但应该尽量避免过度投入，从改善和优化资源配置入手，通过对成本的有效管理提高物流业的成本效率水平。

从表4-7还可以看出，能源相对浪费较多，尤其是2013年，存在163.778万吨标准煤的冗余量，存在盲目浪费资源的现象。陕西省作为我国的能源大省，在过去的几十年里，能源为全省经济社会发展做出了重要贡献。随着经济的发展，陕西省对能源需求不断增加，能源消费总量不断上升，能源资源的制约因素也日益突出，自2013年以来陕西省大力发展物流业，导致物流业能耗过高，能源没有得到有效利用，但是，此后陕西省有意识加强节能降耗工作，能源浪费情况逐渐好转。

从产出角度看，在同等的物流成本下，实际增加值（调整前）与最优增加值（调整后）会有差额，见表4-8，只有物流业增加值这一产出指标需要调整，进出口总额这一产出指标不存在产出不足。2007年、2010年、2011年和2015年存在产出不足的情况，进一步说明投入没有得到有效的产出，需要对投入、产出进行合理安排，按比例减少投入，提高产出率，从而达到DEA有效。这充分证明物流业的成本投入没有最大限度地促进物流业生产总值的增长，资源利用率不高，物流业成本效率有待提高。

表4-8 DEA无效单元物流业成本产出不足情况

年份	物流业增加值（亿元）			进出口总额（万美元）	
	调整前	调整后	差额	调整前	调整后
2015	713.02	727.858	14.84	3049.85	3049.85
2011	552.54	584.182	31.64	1464.73	1464.73
2010	474.60	517.71	43.11	1210.17	1210.17
2007	326.99	335.027	8.04	688.73	688.73

4）超效率DEA结果分析

基于以上CCR和BCC模型的分析结果，为了进一步区分DEA有效单元的效率值高低，通过 EMS 1.3 软件，运用超效率 DEA 模型再次计算了所有决策单元超效率值且按其值的高低排序，结果见表 4-9。

表 4-9 陕西省 2005—2017 年物流业成本超效率值及排序

年份	超效率值	排名
2017	1.2775	1
2016	1.1984	2
2014	1.172	3
2009	1.056	4
2012	1.0323	5
2008	1.0062	6
2005	1.003	7
2013	0.96	8
2007	0.952	9
2015	0.937	10
2006	0.921	11
2011	0.905	12
2010	0.881	13
2005—2012 年均值	0.969563	—
2013—2017 年均值	1.10898	—

根据 2005—2017 年陕西省物流业成本的超效率模型的测算结果，DEA 有效单元的效率值并没有显著差异，且总体发展态势良好。2017 年陕西省物流业成本效率排名第一，其次是 2016 年和 2014 年，陕西省物流业成本效率值平均数大于前八年成本效率值平均数。陕西省作为古丝绸之路的起点，也是新欧亚大陆桥的重要枢纽，与中亚各国的交流源远流长。近几年，陕西省抢抓机遇、向西开放、顺势而为、先行先试，在建设丝绸之路经济带新起点上迈出了新步伐。随着陕西省经济的发展，作为"第三方"利润来源的物流业也在快速发展，物流业成本效率逐步提高，陕西省物流业在短时间内迅速适应了政策环境变化带来的影响，借此良机成功转型并稳步发展，努力打造开放型陕西，以进出口寻求全球市场机遇，以全球视

第4章 陕西省物流业成本效率及其影响因素分析

角增强陕西省物流业竞争力,紧跟世界潮流,驱动陕西省物流业实现可持续健康发展。

4.2.4 本节总结

本节通过 DEA 的三种模型,即 CCR、BCC 和超效率 DEA 模型,构建了成本效率投入产出指标体系,对陕西省物流业 2005—2017 年成本效率进行了测算。2005 年、2008 年、2009 年、2012 年、2014 年、2016 年和 2017 年这七年陕西省物流业成本效率为 DEA 有效,物流业成本投入的使用较为合理且有效,并且获得了最大的产出效益。2006 年、2007 年、2010 年、2011 年、2013 年和 2015 年这六年为 DEA 无效,说明这几年陕西省物流业成本效率较低,成本资源的投入没有得到合理使用,产出没有达到最优效益。DEA 无效年份中,物流业固定资产投资额与能源投入冗余量相对较大,就业人员数冗余量较小,财政投入仅需稍微调整,从产出角度看,只有物流业增加值这一产出指标需要调整,进出口总额这一产出指标不存在产出不足。从总体来看,陕西省物流业成本效率较高,物流业规模不断扩大,对成本效率的提高产生了积极的影响,近几年提高物流成本效率应从纯技术效率入手。

4.3 陕西省物流业成本效率影响因素分析

前文通过 DEA 的三种模型对陕西省物流业成本效率进行了研究,得到了相应的结论。对成本效率为 DEA 无效的单元来说,造成其无效的影响因素是什么,如何根据无效的结果合理地找到提升物流业成本效率的方法是接下来的主要研究内容。本节运用 SFA 模型,研究探索影响陕西省物流业成本效率高低的因素。

4.3.1 物流业成本效率影响因素

1) 经济发展水平

一个国家或地区的经济发展水平对这个国家或地区的物流业发展起着

举足轻重的作用。因为物流业作为一项新兴产业，能够发挥第三利润源的作用，必然吸引各种经济利益主体向其投资，同时政府在促进国家或地区经济发展的过程中也必然推动物流业的发展。政府除了通过对物流基础设施进行直接投资外，更多的是通过优化制度和机制设计，简化物流程序，促进物流业成本效率提高，引导民间对物流业投资，促使物流业不断进步发展。可以说，物流业的发展与国民经济的发展具有一定的相关度。

近几年，陕西省经济呈现"总体平稳、质效提升、转换加速、持续向好"的良好态势，规模以上工业总产值高速增长（如图4-7所示），农业农村经济稳中有增，流通领域社会消费品零售总额继续两位数增长，物流业务量高速增长，外贸进出口保持高位运行，为陕西省物流业发展奠定了良好基础，全省社会物流总供给继续扩大，增速逐年提升，交通、仓储、物流等基础设施建设速度加快，为物流行业的后续发展积累了有利的条件。物流相关行业运行呈现稳步增长态势，较好地满足了生产、消费等经济社会发展的需要。

图4-7 2013—2017年陕西省生产总值及增长速度

2）产业结构

产业结构主要指各个产业之间的内在联系以及产业之间的比例关系。这种比例关系既包含三次产业之间的比例关系，也包含了处于三次产业之

第4章 陕西省物流业成本效率及其影响因素分析

下的各个产业部门的比例关系。随着经济的发展与技术进步,各个产业之间的比例关系会发生较大变化,这种比例的变化会带来产业之间的格局发生改变,从而导致产业结构会向利于本地区发展的结构调整。随着产业结构深层次的调整,产业结构会得到优化。产业结构优化会促使国家或者地区的经济增长方式发生转变,从而转化成自己的经济发展模式。

随着我国改革开放的深入与市场经济体制的推进,我国三次产业结构发生了显著变化,产业结构已从"二、三、一"格局逐步优化到现在的"三、二、一"格局。产业结构的优化为我国经济发展注入了新活力,已由原先劳动密集型产业过渡到新型服务业和高新技术业。改革开放以来陕西省产业结构不断优化,特别是经历2008年世界金融危机带来的不利影响后,陕西省各级政府积极采取措施,加速了陕西省经济结构、产业结构的进一步调整优化和经济发展方式的转变,一批支柱产业、节能环保和高科技企业应运而生,产业结构也得到不断调整和优化,第二、第三产业比重明显上升。经济结构方面,第一、第二产业比重降低,第三产业比重提高。

2017年,陕西省三次产业结构为7.9、49.8、42.3,如图4-8所示。与2017年全国三次产业结构7.9、40.5、51.6相比,差距还较为明显,第一产业占比与全国一致,第二产业占比高于全国9.3个百分点,第三产业占比低于全国9.3个百分点。与1978年第一、第二和第三产业就业人员的比重71.05、17.90、11.04相比,第一产业比重降低了33个百分点,第三产业比重上升了30.3个百分点,第一、第三产业就业人员的变动率明显高于第二产业,比重增长较快的第三产业表明陕西省产业结构升级明显,就业结构逐步合理。

随着产业结构高级化的不断深入,属于第三产业的物流业也需要更多的物流专业人才掌握信息技术来提高现代物流业服务水平。综上所述,产业结构会影响一个地区物流业的发展方向及趋势,产业结构的优化升级对物流业成本效率的提升至关重要。

3) 物流专业人才

只有专业的物流人员,才能在进行物流活动中正确运用自己的知识和

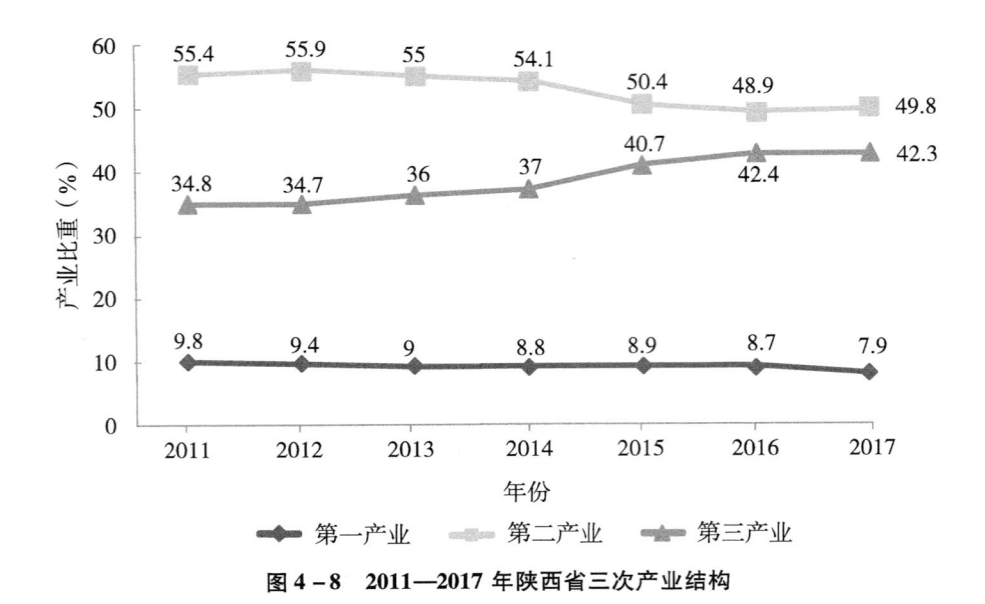

图 4-8 2011—2017 年陕西省三次产业结构

判断力，以节省劳动力成本，减少一些不必要的浪费，降低物流成本，提高物流业成本效率。目前我国物流从业人员数量上具有较大规模，但是素质普遍较低。尤其是在物流发展较快的地区，高素质物流人才的缺口更为明显。物流人才的缺乏，成为物流业进一步发展的瓶颈。

物流人才是提高物流管理的根本，而在这方面不仅是陕西省，乃至全国，都与国外差距较大。2017 年，陕西省共有普通高等学校 93 所（含 12 所独立学院），共招收普通本专科学生 30.48 万人，在校学生 106.94 万人；共招收研究生 4.08 万人，在学研究生 11.59 万人，其中博士生 20188 人；共有成人高校 15 所，民办高等教育机构 18 所，各类高等教育在学人数 161.5 万人。在国外，尤其是像美国这样的经济发达国家，物流业的发展较早，与之相配备的物流人才教育培训体系已经趋于成熟，不仅在学校（包括职业学校和全日制学校）设置了非常专业的物流课程教育，而且对从事物流方面的人才也设置了相关的从业资格考试，只有考试合格，才能进入物流企业工作。试想一下，在一个充满专业人才的企业里，工作时便能节省时间，创造更多的价值。而物流业在中国发展较晚，与发达国家相比，我国在人才培养方面还比较落后。虽然国内一些大学已经

第4章 陕西省物流业成本效率及其影响因素分析

开设了相关的物流专业课程，但是没有建立一套科学的人才培养体系，尤其是不够强大的师资力量和落后的教学设施，这些都成为培养物流专业人才的障碍。同时，除了在学校里加强物流人才的培养外，国家还应对物流专业人员设置相应的等级考试制度，不同等级的人才给予不同的薪资鼓励，以激发人们的信心。目前陕西省虽然有很多高校，但是真正设物流专业的学校不是特别多，尤其是设有物流专业研究生教育的学校更是少之又少，因此，短缺的物流人才也是阻碍陕西物流业发展的重要因素之一。

4）对外开放度

对外开放度是指一个国家或地区经济对外开放的程度，具体表现为市场的开放程度。它反映在对外交易的各个方面，通常对外开放首先是从商品市场开始，即相对稳定的外贸进出口。

近年来，陕西省充分结合省情，发挥区位优势，积极深化对外开放，坚持"引进来"与"走出去"相结合，对外贸易规模和质量实现"双提升"，利用外资实现跨越式发展。陕西省积极打造内陆开放新高地，高标准建设自贸试验区，发挥科教与人文优势，正在成为向西开放、向东集散的经济和文化门户。

2017 年，国际经济温和复苏，国内经济稳中向好，陕西省自贸试验区稳步发展。全省外贸进出口保持高速增长，对外贸易规模连上台阶，增速居全国前列。近年来，陕西进出口贸易呈现稳定快速增长态势。2012—2017 年，如图 4-9 所示，全省外贸进出口总值从 934.19 亿元起步，2013 年迈上千亿元台阶，2017 年又突破两千亿元大关，达 2714.93 亿元，比 2012 年增长 1.9 倍，年均增速 23.8%，其中出口年均增长 24.9%，进口年均增长 22.1%。2017 年，陕西进出口总值较 2016 年同期增长 37.4%，高于全国 23.2 个百分点，居全国第五位，其中出口 1659.80 亿元，同比增长 58.8%，高于全国 48 个百分点，居全国第二位。贸易顺差 604.67 亿元，比 2016 年扩大 490.84 亿元。贸易合作伙伴数量不断增多，出口高于平均水平。丝博会、杨凌农高会、首届世界西商大会等高规格活动精彩纷呈，招商引资效应不断显现。截至 2017 年年底，陕西共与 200 多个国家和地区建立贸易伙伴关系，世界 500 强企业有 100 多家在陕落户。

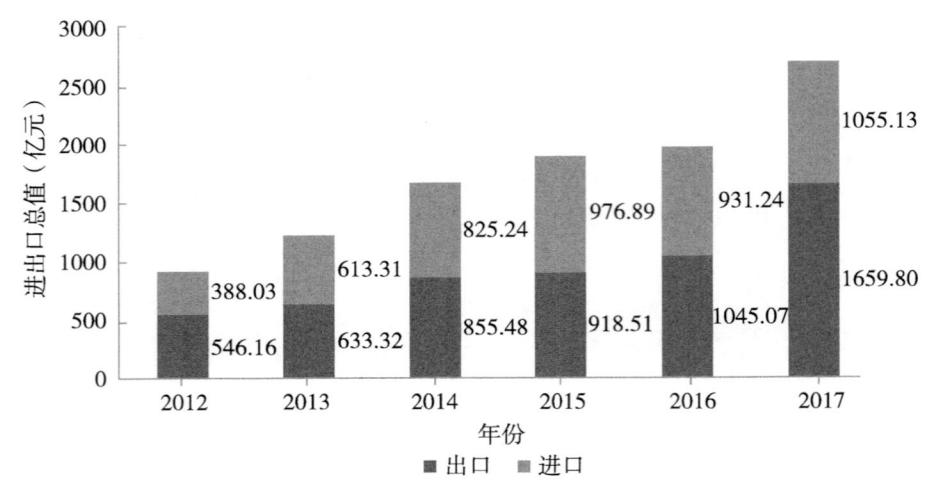

```
图表数据：2012—2017年陕西省进出口情况（亿元）
2012年：出口 546.16，进口 388.03
2013年：出口 633.32，进口 613.31
2014年：出口 855.48，进口 825.24
2015年：出口 918.51，进口 976.89
2016年：出口 1045.07，进口 931.24
2017年：出口 1659.80，进口 1055.13
```

图 4-9　2012—2017 年陕西省进出口情况

近年来，陕西省积极打造内陆开放新高地，高标准建设自贸试验区，发挥科教与人文优势，加快建设物流通道。国内首条陆空联运跨境电商货运直飞航线开通；德国法兰克福建立了陕西首个欧洲"海外仓"；开往中亚的"长安号"国际货运班列实现往返常态运行，中欧班列线路达到四条。自贸试验区动力强劲。2017 年，中国（陕西）自由贸易试验区正式挂牌运营，一年新增注册市场主体 14811 户，比揭牌前增长 58%；国际贸易"单一窗口"正式上线运行，"微信办照"经验在全国推广；全国首个多式联运海关监管中心正式运营；2017 年，自贸试验区进出口总额达 1984.9 亿元，占全省进出口总额的 73.1%，成为陕西省打造"门户经济"的新亮点和增长点。

5）城镇化水平

城镇化水平对物流业的发展至关重要。一方面，城市在地方经济中发挥着集聚、辐射、服务和带动作用，带来了产业、人口的集约效应，会吸引更多人口和产业聚集，产生更大的生产和消费能力，进而对物流业发展的需求也会进一步增加，同时城镇化水平在物流基础设施方面也具有很大的影

第4章 陕西省物流业成本效率及其影响因素分析

响力,而物流业的发展依赖于物流业基础设施的发展,因此城镇化水平的提高能够有力地促进地区物流业的发展;另一方面,物流业的进一步发展,使商品流通的成本和费用进一步降低,非城镇居民体会到城镇化的优越性,非城镇居民和资源自发地向城镇聚集,进一步促进城镇化水平的提高,并且物流业对吸纳就业贡献极大,能够极大地促进非城镇人口向城镇转移。

近年来,陕西省围绕让农村人口进入城市、安居乐业的目标,坚持以人的城镇化为核心,以关中平原城市群建设为重点,以移民(扶贫)搬迁、重点示范镇建设、旅游文化名镇建设、人才吸引政策、新型城镇化综合试点等为抓手,着力增强城镇化发展的质量和水平,全省城镇化进程明显加快,人口聚集效应逐渐增强。2017年年底,陕西省常住人口为3835.44万人,其中城镇人口为2178.15万人,城镇人口占常住人口比重为56.79%,如图4-10所示;城镇化率位居全国第17位,较2010年提高了一个位次。与全国城镇化率差距由2010年的4.25个百分点缩小到2017年的1.73个百分点。2010年以来,全省城镇化率提高了11.09个百分点,提升速度位居西部地区前列。伴随着城镇化进程的不断加快,城镇人口快速增长,人口聚集效应逐渐增强。

图4-10 2012—2017年陕西省常住人口及城镇人口比重

4.3.2 成本效率影响因素实证分析

1) 指标选取

根据前文的成本效率影响因素分析，本节选取以下五个指标来研究其对物流成本效率的影响程度，见表4-10。

表4-10 物流成本效率影响因素指标

指标	单位	变量
GDP	亿元	Z_1
产业结构	%	Z_2
在校人数	万人	Z_3
对外开放程度	万美元	Z_4
城镇化水平	%	Z_5

①GDP（Gross Domestic Product）是指一个国家或者地区在一定时期内运用生产要素所生产的全部最终产品（物品和劳务）的市场价值，不仅能够综合反映一个国家或者地区经济发展水平，而且能通过各种产业从不同领域反映经济发展情况，其高低能够体现出一个地区是否有足够的实力来发展物流业；②产业结构是对物流业成本产生影响的基本因素，本书以陕西省第三产业值占GDP的比重反映产业结构，计算公式为：产业结构 = 第三产业值/GDP；③在校人数决定着物流人才的数量与水平，在校人数是劳动力成本投入的结果，相较于传统财力、物力投入要素，劳动力成本投入对物流业成本的降低、物流业成本效率的提升所起到的作用越来越大。陕西省教育资源丰富，国内高校众多，具有培育一批物流专业人才的实力，只有高数量与高质量的物流专业人才越来越多，才能降低物流成本，提高物流成本的效率。测量物流专业人才的指标可以选取陕西省各个院校学习物流专业的学生人数，但是这个数据不易获得，没有精确的数据，所以在本书中，选取的指标是陕西省普通高等教育院校的在校学生人数；④近几年，陕西省与国外的交流越来越频繁，能够不断地扩大对外贸易和引进外国投资，这样不仅能促进物流业的发展，同时可以学习国外的优良技术与

第4章 陕西省物流业成本效率及其影响因素分析

管理方法来降低物流成本,本书用进出口总额来衡量对外开放程度这一指标;⑤城镇化水平的高低会对物流业基础设施的建设产生直接的影响,人口越集中的区域,基础设施会更加完善,虽然在一定程度上会加大物流业成本投入,但是同时也会带来效率的提高,能够有力地促进区域物流业的发展,在物流基础设施建设方面具有影响力,计算公式为:城镇化水平 = 城镇人口/常住人口。

2) 样本选取

根据前文分析,为保证对陕西省物流业成本效率分析的前后一致性,本书选择 2005—2017 年陕西省的相关数据进行 SFA 分析,数据来自于《中国统计年鉴》《陕西统计年鉴》、陕西省统计局、陕西省统计分析报告等。具体数据见表 4-11。

表 4-11 2005—2017 年陕西省物流业成本效率影响因素指标数据

年份	GDP（亿元）	产业结构（%）	在校人数（万人）	对外开放程度（万美元）	城镇化水平（%）
2005	3933.72	39.32	66.69	457.69	37.24
2006	4743.61	38.08	72.62	536.03	39.12
2007	5757.29	37.83	77.65	688.73	40.61
2008	7314.58	36.91	83.97	832.88	42.09
2009	8169.80	38.48	89.37	840.54	43.49
2010	10123.48	36.44	92.78	1210.17	45.76
2011	12512.30	34.81	96.48	1464.73	47.29
2012	14453.68	34.66	102.63	1479.90	55.02
2013	16205.45	35.99	107.76	2012.81	51.31
2014	17689.94	37.01	109.96	2736.45	52.57
2015	18021.86	40.74	109.97	3049.85	53.92
2016	19399.59	42.35	107.63	2994.72	55.34
2017	21898.81	42.30	106.94	4014.24	56.79

对表 4-11 中的数据取对数,见表 4-12。

表 4-12 2005—2017 年陕西省物流业成本效率影响因素指标数据对数值

年份	GDP	产业结构	在校人数	对外开放程度	城镇化水平
2005	8.277341	3.671637	4.200055	6.126192	3.617270
2006	8.464554	3.639686	4.285240	6.284190	3.666600
2007	8.658222	3.633202	4.352212	6.534849	3.704135
2008	8.897625	3.608456	4.430460	6.724890	3.739870
2009	9.008200	3.650139	4.492785	6.734045	3.772610
2010	9.222613	3.595649	4.530231	7.098516	3.823331
2011	9.434467	3.549969	4.569336	7.289426	3.856262
2012	9.578704	3.545587	4.631130	7.299730	4.007697
2013	9.693103	3.583207	4.679907	7.607287	3.937886
2014	9.780751	3.611297	4.700117	7.914417	3.962146
2015	9.799341	3.707210	4.700208	8.022848	3.987411
2016	9.873007	3.745882	4.678699	8.004606	4.013442
2017	9.994188	3.744872	4.672268	8.297603	4.039360

3）SFA 模型分析

根据确定的影响因素，构建的 SFA 模型函数如下：

$$\theta_t = \beta_0 + \beta_1 \ln Z_1 + \beta_2 \ln Z_2 + \beta_3 \ln Z_3 + \beta_4 \ln Z_4 + \beta_5 \ln Z_5$$

其中，θ_t 表示物流业成本效率，β_i（$i = 1, 2, 3, 4, 5$）代表相应因素对物流业成本效率的影响，$\beta_i < 0$（$i = 1, 2, 3, 4, 5$），表明该因素对物流业成本效率有反向影响，$\beta_i > 0$（$i = 1, 2, 3, 4, 5$），表明该因素对物流业成本效率有正向影响。把数据导入 Frontier 4.1 软件，得到的结果见表 4-13。

表 4-13 SFA 模型检验结果

效率影响函数	参数	Constant β_0	$\ln Z_1$ β_1	$\ln Z_2$ β_2	$\ln Z_3$ β_3	$\ln Z_4$ β_4	$\ln Z_5$ β_5
	数值	8.558	0.124	1.324	-0.367	4.519	-0.643
	t 检验值	3.137*	0.378**	1.641*	-1.743*	6.416*	3.137*

第4章 陕西省物流业成本效率及其影响因素分析

续表

	参数	δ^2	γ	Loglikedhood	截面数	年数	样本数
残差估计	数值	0.00021	0.05	22.693	1	13	13
	t检验值	0.0103	0.05	—	—	—	—

注：*、**分别表示在1%、10%水平下显著。

以上结果表明：

①陕西省 GDP 与物流业成本效率正相关，相关系数为 0.124，且在 10% 水平下显著，说明陕西省经济发展能够促进物流业成本效率的提升。物流业是一个复合型的新产业，它涵盖了很多的资源（如运输、仓储、装卸、搬运、包装等），并且这些资源分散在不同的产业中（如制造业、流通业等），它们并不是简单的叠加，而是通过优化整合，才能形成物流业。所以经济发展速度的增快能迅速促进物流业的发展，带来物流业成本效率的提高。

一方面，高度发达的经济水平、完善的基础设施建设是产生经济集聚效应的基础，有利于物流产业整体效率的提高；另一方面，近几年随着电商的兴起，促进了城市配送的繁荣，大批物流配送企业全力进军城市配送行业，挖掘各种商机，进一步细分市场与提升服务质量，在一定程度上促进了城市物流业成本效率的有效提升。

②陕西省产业结构与物流业成本效率正相关，相关系数为 1.324，且在 1% 水平下显著，说明产业结构的不断优化，物流业占比增高，使陕西省物流业发展环境变好，有利于物流业成本效率的提高。随着产业结构调整和业态优化，作为"第三利润源"的现代物流业迅速崛起，人们对其需求越来越大，促使传统物流产业功能不断整合、技术不断更新、服务领域不断延伸，物流业的成本结构优化，成本效率也进一步得以提升。

③陕西省高校学生在校人数与物流业成本效率负相关，相关系数为 -0.367，且在 1% 水平下显著。物流业是复合型产业，有大量的就业机会，但是其中大多工作岗位都是快递员、搬运工等，对学历、专业没有过多的要求，相应地工资水平也不高，高校学生进入物流行业的也很少有愿意去基层工作的，因此造成物流专业人才的缺乏，没有对物流业的成本效率带

来积极的影响。陕西省是全国高校密度和受高等教育人数最多的省份之一,教育资源非常丰富,在西部地区乃至全国具有重要的地位。目前在陕西省众多普通高校中,虽然有一些学校开设了物流专业,但各学校尚未形成比较科学的物流教育标准体系,缺少物流方面的师资和教学基本设施,导致了物流专业人的缺乏,制约了陕西省物流业的发展。

④陕西省对外开放程度与物流业成本效率正相关,相关系数为4.519,且在1%水平下显著,说明陕西省进出口总额对提高物流业成本效率有很好的促进作用,陕西省从古至今一直是中国走向世界的"桥头堡",近五年的经济发展给陕西省物流业带来了发展的良机,物流业快速发展与对外贸易的高速增长密不可分,对经济带动作用明显。

⑤陕西省城镇化水平与物流业成本效率负相关,相关系数为 -0.643,且在1%水平下显著,主要是因为陕西省城镇化水平不断提高,道路、基础设施等均处于建设过程中,道路不够畅通,这就大大影响了物流业运输效率,进而影响了成本效率。

4.3.3 提高陕西省物流业成本效率的建议

结合陕西省物流业成本效率分析和其影响因素分析结果可知,要提高陕西省物流业成本效率,需要内外结合,即不仅需要对外增强经济实力,完善相关物流制度建设,还需要对内进行物流发展调整。

1) 优化产业结构,加快供给侧结构性改革

在经济发展"新常态"下,未来供给侧结构性改革的成效将逐步显现,陕西省要坚持创新、协调、绿色、开放、共享的发展理念,搭乘全球新一轮科技革命和产业变革、新一轮国际国内产业转移的"顺风车",实施创新驱动发展战略,构建符合陕西省省情的现代化经济体系,推进产业结构升级。物流业是联系生产、流通和消费的关联纽带,联系着实体经济供应链上的运输、仓储、装卸、搬运、流通加工、配送、信息处理甚至售后服务等诸多环节,是国民经济运行的重要基础性行业。陕西省产业结构与物流业成本效率相关系数为1.324,说明陕西省第三产业产值占GDP的

第4章　陕西省物流业成本效率及其影响因素分析

比重每增加 1 个单位，陕西省物流业成本效率将提高 1.324 个单位。优化产业结构，降低物流业成本，提高物流业成本效率仍是艰巨任务。企业应加强物流有效管理，以最低成本满足客户服务标准，对物流活动环节以及随之带来的资金流、信息流、商流和物流进行计划、组织、协调与控制。升级物流活动供应链系统，产生新价值增值业务和服务，创造新的价值。

2) 加快陕西省经济发展，带动物流业发展

陕西省的经济规模相对较小，经济总量占国内生产总值比重偏小，使物流业规模效率难以提高。交通运输、仓储、物流增加值和物流业务总量相对较小，使物流业成本效率难以提高，制约了物流业的发展。当前，我国经济发展进入新常态，经济增速从高速增长转为中高速增长。陕西省作为我国的西部重点省份，是历史文化重要名城，是丝绸之路的起点，是我国经济发展不可忽视的重要力量。陕西省 GDP 与物流业成本效率正相关，相关系数为 0.124，说明陕西省 GDP 每增加 1 个单位，陕西省物流业成本效率将提高 0.124 个单位。因此，加快经济发展，构建兼顾整体和局部利益的协作发展机制，从根本上提高陕西省综合经济实力，以此为物流业发展提供保障，不仅有利于经济转型，还可以充分扩大经济发展对物流业成本效率提升的贡献程度。

3) 培养、吸引、留住物流专业人才

当前，陕西省的物流业正经历从规模性发展向技术性发展转变、物流需求由数量向质量转变的过程，因此要在物流专业人才的培养上给予关注。陕西省高校学生在校人数与物流业成本效率负相关，相关系数为 -0.367，说明陕西省高校学生在校人数每增加 1 个单位，陕西省物流业成本效率将降低 0.367 个单位。物流业虽然创造了大量的就业机会，但是占比最高的基础岗位一般来说对学历、专业没有过多的要求，很难吸引高校学生，导致物流专业人才的缺乏，没有对物流业成本降低带来积极的影响。

首先，必须重视对物流专业高端人才的培养，利用陕西高校教育资源的优势，依托高校、科研单位、物流企业的合作，培育高端物流人才，构建产学研相结合的物流体系。同时通过大量的职业培训，提高目前物流从

业人员的素质,积极探索物流经济体中人员投入的最优比例,引导物流人才合理流动,让人力资源发挥最大效用;其次,西安市是历史文化名城,陕西省要充分利用各种优势资源,采取切实可行的激励机制,吸引各地、各类物流业人才及外来人口到陕西省落地生根,培养和造就现代化物流业高素质的复合型人才,让各类人才发光发热、大显身手,为陕西省物流业发展做出更大贡献。因此,应按照建设一支高素质、拥有现代物流业专业知识队伍的标准,有计划地开展专业人才培养和引进工作,使陕西省物流业实现高起点的发展,为物流业的做大、做强做好充足的准备。

4) 加快建设物流基础设施

物流业的健康发展离不开物流基础设施的支撑,要降低物流业成本、提高成本效率,就必须加强物流基础设施的建设,这样才能紧跟城镇化水平提高的步伐。陕西省城镇化水平与物流业成本效率相关系数为-0.643,陕西省城镇化水平每增加1个单位,陕西省物流业成本效率将降低0.643个单位。虽然陕西省的铁路、公路等基础设施已取得显著的发展,但仍没有达到与目前城镇化水平相符的基础设施建设水平,导致物流运输中间环节损耗较大,成本效率低。通过本章分析可知,陕西省物流业近几年处于规模递增阶段,因此,需要进一步发展交通网络,不仅需要增加数量,更加需要注重质量,做好规划,避免盲目投资,造成资源的浪费。

一是加强陕西省的交通运输设施完善工作,使交通顺畅,减少物流运输环节成本损耗;二是建设先进园区,利用"西安港"资源、"陕西自贸试验区"优势,按照"大交通、大枢纽、大物流、大服务"的思路,迅速把陕西省建设成为全国重要的物流节点枢纽地区,促进枢纽经济、流通经济发展;三是改善城市环境,国际化大都市不仅要提供一个发展经济的环境,而且要提供一个便利的生活环境;四是结合物流业信息化发展高地建设,先行一步抢占物流业信息化发展高地,把西安建设成为全国的物流业平台信息交换中心。

4.3.4 本节总结

本节基于效率影响因素理论,分析了陕西省物流业成本效率的影响因

第4章 陕西省物流业成本效率及其影响因素分析

素,选取了陕西省 GDP、产业结构、在校人数、对外开放程度和城镇化水平五个指标,构建了 SFA 模型。研究发现陕西省 GDP、产业结构和对外开放程度与物流业成本效率正相关,对外开放程度对物流业成本效率的促进作用最为明显,在校人数和城镇化水平与物流业成本效率负相关。根据得出的各个因素对物流业成本效率不同的影响程度,从四个方面提出了提高陕西省物流业成本效率的建议:优化产业结构,加快供给侧结构性改革;加快陕西省经济发展,带动物流业发展;培养、吸引、留住物流专业人才;加快建设物流基础设施。

第 5 章　陕西省社会物流成本预测研究

5.1　陕西省社会物流成本现状分析

5.1.1　社会物流总额规模持续扩大

1) 陕西省经济发展现状

经济发展水平可以说是一个国家整体发展情况的衡量指标，一个地区经济的快速发展必然带动各行业的快速发展。物流业作为对经济发展影响较大的行业，其自身发展离不开地区经济的支撑。2017 年，陕西省委省政府全力贯彻落实党的十九大和省十三次党代会精神，以新发展理念为指引，紧扣追赶超越主题和"五个扎实"要求，聚焦"五新"战略任务，持续深化供给侧结构性改革，实施创新驱动发展战略，深入推进"放管服"改革，出台新一轮促进工业发展 21 条等政策措施，有效化解了经济运行中的各种风险，确保了全省经济持续在合理区间运行，全年经济呈现总体平稳、动力增强、质效提升的良好态势。

改革开放 40 年来，陕西省经济总量相继迈上了一个又一个新台阶，实现了突破式发展，如图 5 - 1 及图 5 - 2 所示。从图 5 - 1 可以看出，1978 年，陕西省生产总值仅有 81.07 亿元，经过 3 年，至 1981 年，迅速跃过了百亿元大关，达到 102.09 亿元。此后经过了 14 年，至 1995 年，跃过了千亿元大关，达到 1036.85 亿元。再往后，经过 6 年，至 2001 年，跃过了 2000 亿元，2004 年跃过 3000 亿元，2006 年跃过 4000 亿元，2007 年跃过了 5000 亿元，达到了 5757.29 亿元。到 2010 年，跨入"万亿俱乐部"，达

第5章 陕西省社会物流成本预测研究

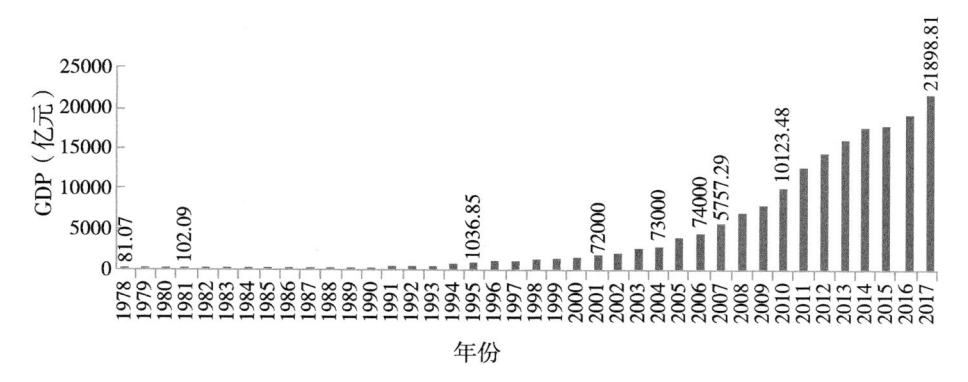

图5-1 陕西省1978—2017年GDP增长趋势示意

到了10123.48亿元，至2017年，突破20000亿元大关，达到了21898.81亿元。1978年，陕西省经济总量占全国经济总量的比重为2.2%，到2017年，占比提升至2.6%，经济总量在全国31省（市、区）中居第15位。

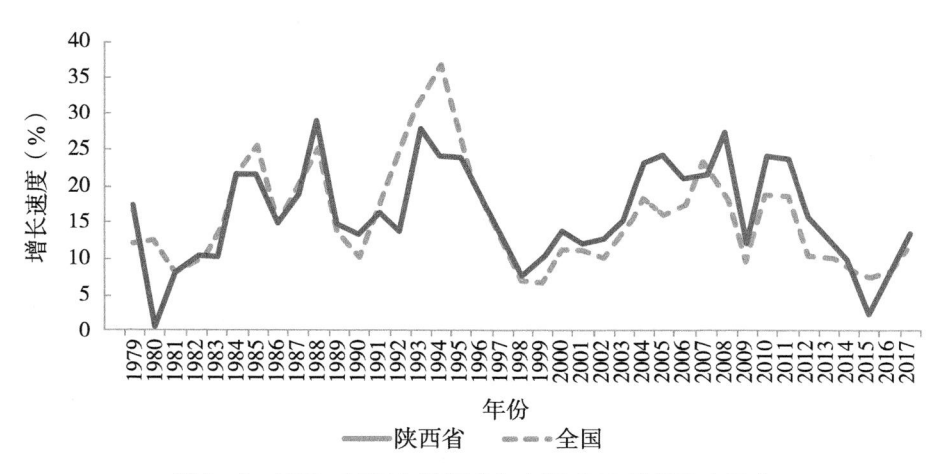

图5-2 1979—2017年陕西省与全国GDP增长速度示意

根据图5-2，1979—2017年，陕西省GDP年均增长10.7%，高出全国同期平均增速1.2个百分点，实现了跨越式增长。其中，1979—1995年，大部分年份陕西GDP增速低于全国平均水平，这一时期还处于改革开放的初期，广大的中西部地区在各方面支持了东部地区的率先发展，此阶段陕西GDP年均增长9.5%，低于全国平均增速0.5个百分点。随着改革开放的逐步深入，加之后来国家在区域协调发展方面出台的西部大开发、

社会物流成本效率及发展趋势

中部崛起等一系列政策的实施，陕西经济增长逐渐驶入了快车道，1997—2017 年，陕西 GDP 增速均高于全国平均水平，年均增长 11.7%，高于全国平均水平 2.6 个百分点。2011—2016 年，陕西省社会物流成本占 GDP 的比重逐年上升（如图 5 – 3 所示），从理论上说，经济的发展必然使物流需求增加，因此陕西社会物流成本也会随之增加。

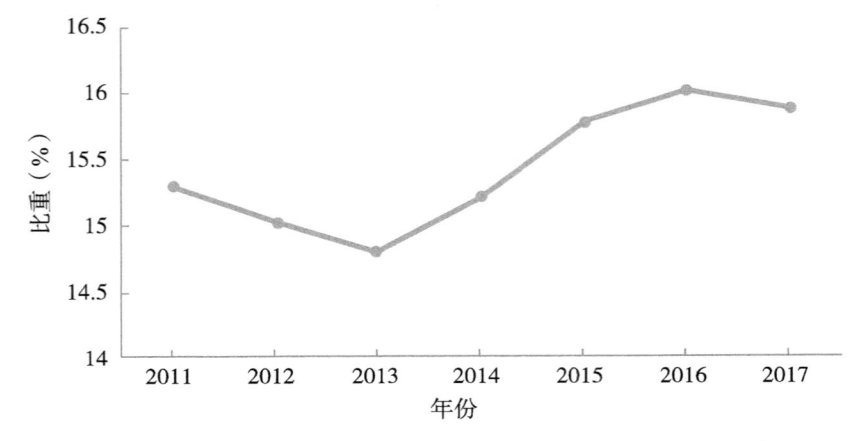

图 5 – 3　陕西省 2011—2017 年社会物流成本占 GDP 的比重示意

2）社会物流总额增速有所提高

如图 5 – 4 所示，陕西省社会物流总额逐年增高，2012—2017 年增速较快。

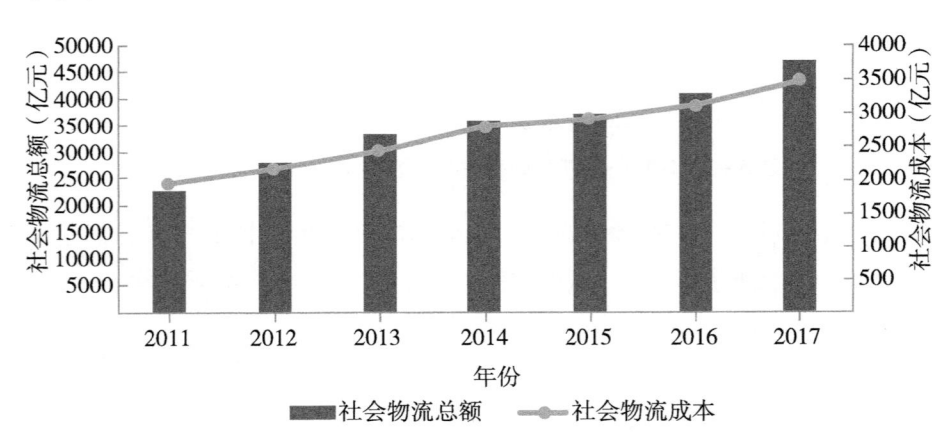

图 5 – 4　2011—2017 年陕西省社会物流总额与成本示意

第5章 陕西省社会物流成本预测研究

2017年，陕西省社会物流总额达到46749.4亿元，同比增长15.1%，增速较前三季度回落3.7个百分点，比2016年提高5.5个百分点，比全国增速快8.4个百分点，但占比仅有全国物流总额252.8万亿元的1.8%。工业品物流、外部流入（含进口）货物物流占全省物流总额的96.3%。其中：农业品物流总额为1599.2亿元，增长2.6%，增速较前三季度提高0.3个百分点，比2016年回落3.4个百分点；工业品物流总额为22941.4亿元，增长13.8%，增速较前三季度回落5.5个百分点，比2016年提高6.2个百分点；外部流入（含进口）货物物流总额22060.7亿元，增长17.5%，增速较前三季度回落1.7个百分点，比2016年提高5.5个百分点；单位与居民物品物流总额100.9亿元，增长17.0%，增速较前三季度提高3个百分点，比2016年回落14.2个百分点；再生资源物流总额47.2亿元，增长4.4%，增速较前三季度提高3.9个百分点，比2016年回落4.5个百分点。

2017年，全省社会物流成本3450.5亿元，同比增长11.3%，增速较前三季度回落2.1个百分点，比2016年提高3.8个百分点。其中，物流运输环节总成本2356.6亿元，保管环节总成本809.7亿元，管理环节总成本284.2亿元，同比分别增长9.6%、15.1%、15.1%，增速比2016年分别提高3个、5.5个、5.5个百分点。运输成本为物流行业运行的最大成本，与前三季度相比，运输环节成本增速回落1.4个百分点，保管和管理环节物流成本增速均回落4.1个百分点。2017年全省社会物流成本占比有一定变化，其中运输成本占比68.3%，相比前三季度降低0.9个百分点，保管仓储成本和管理成本占比分别为23.5%、8.2%，较前三季度分别提高0.7个、0.2个百分点。

综上所述，社会物流总额很大程度上决定了社会生产规模，规模的扩大，势必导致物流需求增长，社会物流成本随之增长。

5.1.2 物流基础设施不断完善

物流相关基础设施的建设对降低社会物流成本有积极作用，交通的发达能够降低运输成本，仓储基地等仓储业基础设施的建设能够降低库存成本，新型管理模式以及信息技术的应用能够降低管理成本，大力建设物流基础设施对物流业降本增效提供可能。陕西省是向西开放的前沿示范性省份，是"丝绸之路经济带"新起点。要大力发展陕西省区位优势，加快开发开放步伐，达到面向中亚、南亚、西亚国家的通道、商贸物流枢纽、重要产业和人文交流基地的总体要求，为陕西新一轮对外开放带来战略机遇。陕西省要努力发展枢纽经济、门户经济、流动经济，完成打造内陆改革开放新高地和"一带一路"五大中心的目标。陕西省委省政府抓住机遇，大力推进陕西省物流相关设施建设，并且已经取得了初步成效，见表5-1及表5-2。

表5-1 陕西省运输线路里程

项目＼年份	2011	2012	2013	2014	2015	2016
铁路营业里程（公里）	4449	4464	4803.39	4924.23	4675.92	4748
公路通车里程（公里）	151986	161411	165248.5	167145	170069	172470.6
内河航道里程（公里）	1066	1066	1065.66	1066	1066	1066
民航通航里程（公里）	898628	981450	70643568	78626210	93375419	92561215

资料来源：《陕西省统计年鉴》。

表5-2 陕西省货运量、货物周转量及构成

项目＼年份	2011	2012	2013	2014	2015	2016
一、货运量（万吨）	120916	136733.6	152712.5	135897	140908	149049.3
铁路	30299	31942	35804	37483	32951.49	35458.52
公路	90419	104593	116711	98221	107731	113360
水运	190	192	191	186	218	224
民航	8	6.6	6.48963	7.17353	7.555482	6.8
二、货物周转量（百万吨公里）	282583	319311.8	347292.4	326387	326464.4	344590.9
铁路	135425	144675	151469	160338	143591.4	151826.7
公路	146968	174464.5	195654.2	165880	182680.1	192582.6
水运	74	74.36	72.97	62.15	80.3	82.74
民航	116	97.9485	96.3127	106.6426	112.5633	98.873

第5章 陕西省社会物流成本预测研究

续表

年份 项目	2011	2012	2013	2014	2015	2016
三、货运量构成（%）	100	100	100	100	100	100
铁路	25.0579	23.36075	23.44536	27.58	23.3851	23.78979
公路	74.7784	76.494	76.42531	72.28	76.45482	76.05536
水运	0.15713	0.140419	0.125072	0.14	0.154711	0.150286
民航	0.00662	0.004827	0.00425	0.01	0.01	0.004562
四、货物周转量构成（%）	100	100	100	100	100	100
铁路	47.924	45.30837	43.61425	49.13	43.98379	44.05999
公路	52.0088	54.63766	56.337	50.82	55.95713	55.88731
水运	0.02619	0.023288	0.021011	0.017644	0.024597	0.024011
民航	0.04105	0.030675	0.027732	0.030275	0.03448	0.028693

资料来源：《陕西省统计年鉴》。

由表5-1和表5-2可知，陕西省基础设施网络日趋完善，除内河航道里程以外，铁路营业里程、公路通车里程、民航通航里程均逐年增加，其中，民航通航里程增幅最为明显，由2011年的898628公里增加到2016年的92561215公里，增幅高达103倍；货运量以及货物周转量呈波动式增长，2011年至2013年、2014年至2016年均呈现增长态势，其中公路货运量以及货物周转量占比最高，2016年分别达到76.05%和55.89%；全省民用运输机场五个，分别为西安咸阳国际机场、榆林西沙机场、汉中城固机场、延安二十里铺机场、安康富强机场，成为物流业发展的中坚力量；物流园区的建设是物流基础设施建设的重点，是仓储业为物流业降本增效的关键，截至2017年年末陕西省已建成（在建）西安国际港务区、西咸空港物流园区、安康综合物流园区、宝鸡陈仓物流园区、渭南潼关物流港、榆林能源化工基地物流园区、西安亚欧物流中心、汉中褒河物流园区等仓储物流中心，它们承担着陕西省经济发展的重任。交通基础设施的完善以及物流园区的建成，对社会物流成本的降低起到关键作用。

1) 综合立体交通网络降低社会物流成本

陕西省积极融入"一带一路"大格局，编制和印发《陕西省"十三五"综合交通运输发展规划》《大西安立体综合交通发展战略规划》《陕甘宁革命老区综合交通运输发展规划》等一系列综合规划，大手笔绘制陕西交通发展蓝图，打造"立体丝绸之路"，如图5-5所示。

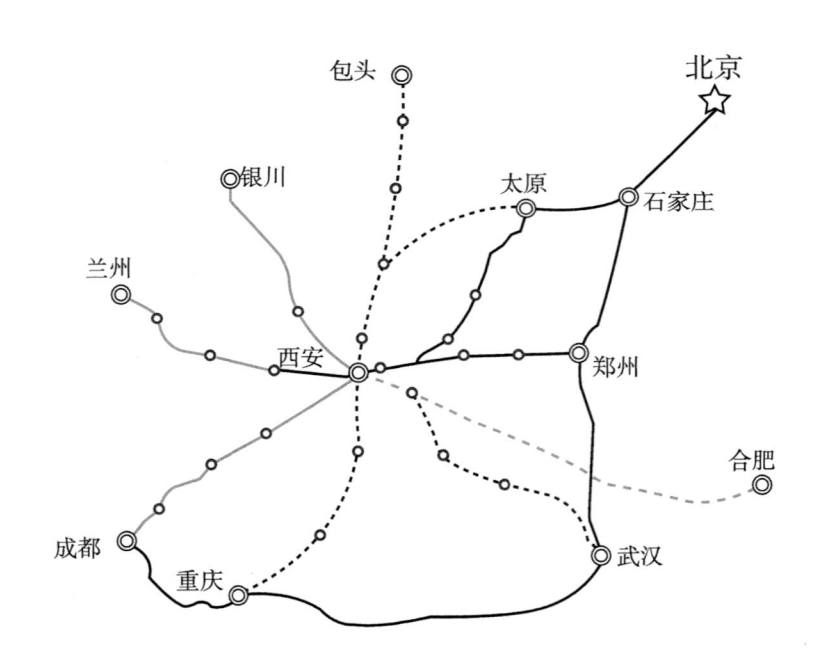

图5-5 陕西省"米"字形高铁规划示意

2011—2016年，完成交通固定资产投资2640亿元，全省公路总里程达到17.5万公里，路网密度达到85.03公里/百平方公里。建成24个高速公路项目，共1214公里，全省高速公路通车总里程达到5279公里，连通

98个县区，构筑起与周边中心城市的"一日交通圈"。累计新改建干线公路6000公里以上，实现所有县区通达二级以上公路。累计新改建农村公路7万公里，实现了100%乡镇、99%建制村通沥青（水泥）路、96%建制村通客车、100%建制村通邮。全省铁路营业里程达到5300公里，基本形成"两纵五横三枢纽"骨架网，宝鸡至兰州、西安至成都等高铁项目建成运营，充分借助"米"字形高铁网释放发展红利。空港建设不断完善，西安咸阳国际机场枢纽作用充分发挥，形成了"一主四辅"民用机场体系，机场旅客吞吐量达到4187万人次，稳居全国前八。

邮政营业网点、快递服务网点分别达到1802个、5752个，邮政普遍服务作用充分显现。完成汉江安康至白河段国家高等级航道整治，汉江黄金水道日趋成型。四通八达、内畅外联的综合交通网日趋完善，全省交通面貌发生巨大变化。拥有"亚洲第一高墩"的咸旬高速公路三水河特大桥顺利建成，打通了丝绸之路经济带建设的重要大通道；国内首个高速公路生态环保示范工程——西咸北环线高速公路建成通车，填补了我国高速公路建设领域建筑垃圾再生综合利用的空白。"长安号"国际货运班列为陕西省首趟国际货运班列，该班列总体规划为"一干两支"，其中"一干"是西安—鹿特丹，全长9850公里；"两支"是西安—莫斯科，全长7251公里，西安—哈萨克斯坦（阿拉木图，全长3866公里，运行时间6天；热姆，全长5027公里，运行时间10天）。这条班列成为丝绸之路经济带上的一条"黄金通道"。2018年5月21日，"长安号"中欧班列跨境电商物流专列停靠在西安铁路集装箱中心站，始发自德国汉堡的中欧班列"长安号"首趟跨境电商物流专列驶入西安国际港务区西安铁路集装箱中心站。综合立体交通网络的建设，使运输距离缩短，不仅降低了运输成本，也减少了中转的时间与仓储成本，有效降低了社会物流成本。

2）保税物流中心与物流基地降低社会物流成本

（1）保税物流中心

保税物流中心可以有效提高陕西省创新手段和省政府的宏观调控力

度，其基础设施和配套服务设施将极大限度地实现共享，有利于发挥陕西省的整体优势，从而实现陕西省物流服务的专业化和集中化，从而对社会物流成本产生影响。在"一带一路"倡议的驱动下，陕西省的保税物流中心建设发展迅速，给陕西省的物流需求提供了强有力的物流相关设施保障，从各个环节降低社会物流成本。

2015 年，海关总署、财政部、国家税务总局、国家外汇管理局四部委联合发文，批复设立西咸空港保税物流中心。这是继西安综合保税区、西安出口加工 A 区和 B 区、西安高新综合保税区之后，陕西省获批的第五个海关特殊监管区，也是唯一以服务国际航空物流枢纽为主的海关特殊监管区，标志着陕西省在建设丝绸之路经济带新起点方面有了质的提高。西咸空港保税物流中心位于西咸新区空港新城国际航空物流枢纽区，紧邻西安咸阳国际机场一号跑道，是西咸新区空港新城建设丝绸之路空中起点的核心功能配套项目，形成电子商务、保税物流、保税仓储、转口贸易、全球采购及国际分拨配送、流通性简单加工及增值服务等九大功能，促使陕西省丝绸之路经济带建设由"走"到"飞"。陕西西咸保税物流中心作为陕西省唯一临空型海关特殊监管场所，补齐了陕西省发展国际航空物流和国际航空贸易的功能短板，对进一步完善陕西临空经济功能、促进互联互通具有重要意义。目前，陕西省正在规划建设两座冷链仓库，总建筑面积 11100 平方米。项目以冷链仓储转运为主导，将建成集中转、仓储、加工、配送、商贸配套及信息化服务等功能为一体的综合性冷链物流场区，届时将形成整合西安、咸阳两市乃至西北地区冷链商品中转配送业务的中心，实现区域保税功能的最大化利用。

（2）物流基地

物流基地亦称"物流园区"，是各类物流设施和物流企业在空间上集中布局的场所，具有一定的规模和综合服务功能。一般位于大城市周边，靠近交通干线，是物流业发展到一定阶段产生的物流集散方式。物流基地的建设是降低物流成本的关键之处。陕西省作为"丝路经济带"的新起点，已经建成（在建）西安国际港务区、西咸空港物流园区、安康综合物流园区、宝鸡陈仓物流园区、渭南潼关物流港、榆林能源化工

第5章 陕西省社会物流成本预测研究

基地物流园区、西安亚欧物流中心、汉中褒河物流园区等物流基地，为陕西省物流业的发展助力，尤其对社会物流成本中仓储成本与管理成本的降低提供了可能。

2016年10月27日，省部共建"一带一路"重大平台项目——"西安铁路枢纽新建新筑物流基地工程"在西安国际港务区开工建设。新筑铁路综合物流基地项目是国务院2015年确定的60个铁路重点项目，是陕西省委、省政府，西安市委、市政府和中国铁路总公司推进"一带一路"建设和打造西安"丝绸之路经济带"物流集散中心的重点项目，是中国铁路总公司在西北布局的重要铁路枢纽。项目建成后，西安港将成为一个水平更高、规模更大、带动作用更强的多式联运综合交通枢纽，也必将加速临港产业聚集、带动区域经济发展迈上新台阶。这对"丝绸之路经济带"交通走廊的畅通，推动陕西省和西安市参与全球物流网络、构建国际化便利化物流交通体系、促进区域经济发展以及提高国际竞争力，都具有十分重要的意义。

2017年4月1日，宝鸡阳平铁路物流基地开工建设。项目建成后，将取代原宝鸡东站、虢镇站及阳平站的货运物流职能，服务于关中平原西部及周边陇南、天水等地的货运及物流需求，成为"丝路经济带"的重要物流集散中心。阳平铁路物流基地是国务院2015年确定的60个铁路重点项目，也是我国铁路全路性节点货场和示范性货场。项目计划建设工期两年，总投资20亿元，占地约2231亩。2017年完成投资10亿元，建设站线铺轨11.69公里，道岔23组，站台仓库面积1.6万平方米。

5.1.3 物流需求不断扩大

随着信息技术、电子商务和供应链的快速发展，物流业已经进入快速发展阶段。陕西省物流产业也保持平稳较快的增长态势，物流业增加值逐年上升，2017年增幅7.7%，达到近7年最高，反映未来物流需求程度的物流需求系数也不断上升，物流需求规模持续增加，社会物流总成本也随之增长，如图5-6所示。

图 5-6 物流业增加值与物流需求系数

1) 经贸交流

自"一带一路"倡议提出以来，陕西紧抓机遇，全面开花，越来越多的"陕西制造"和"陕西服务"品牌走出国门、走向世界。陕西省走出去投资的企业明显增多，投资规模不断扩大。经贸交流促进了物流需求的增加，从而使社会物流成本增加，但一定程度上，经贸交流的扩大，会使税负方面的负担有所降低，2017 年陕西省出口退（免）税 42.58 亿元，国外关税减免 6.42 亿元，对社会物流相关成本有一定的降低效应。

陕西省近年来对外经贸交流相关指标及数据，见表 5-3。

表 5-3 陕西省 2013—2017 年经贸交流相关指标

有关指标 \ 年份	2013	2014	2015	2016	2017
全省进出口总值（亿元）	1227.75	1683.5	1895.7	1974.8	2714.9
对周边国家和地区进出口总值（亿元）	352.00	510.10	676.76	917.74	1283.00
占比（%）	28.67	30.30	35.70	46.50	47.30
全省对外直接投资总额（亿美元）	2.9	3.5	4.6	5.8	6.6

资料来源：《陕西省统计年鉴》。

第 5 章　陕西省社会物流成本预测研究

（1）贸易往来

陕西省进出口总值从 2013 年的 1227.75 亿元增长到 2017 年的 2714.9 亿元，进出口总值从全国第 23 位提升到第 18 位。其中，2013—2017 年，对周边国家和地区进出口总值累计达 3739.6 亿元，占 5 年陕西省进出口总值的 39.4%。2018 年前 8 个月，陕西省进出口总值为 2306 亿元，比去年同期增长 35%，其中出口为 1419.9 亿元，进口为 886.1 亿元，进出口、出口、进口增速分别列全国第 3 位、第 2 位和第 6 位；对周边国家和地区进出口达 254.6 亿元，增长 38.3%；出口 218.9 亿元，增长 49.2%。

（2）投资合作

2013—2017 年，陕西省对外直接投资从 2013 年的 2.9 亿美元增长到 2017 年的 6.6 亿美元，对外承包工程营业额从 17.87 亿美元增长到 39.1 亿美元。2018 年前 8 个月，陕西省实际对外投资 4.11 亿美元，在周边国家和地区投资 0.98 亿美元。截至 2018 年 8 月底，在周边国家和地区累计投资 11.5 亿美元，占陕西省境外投资总额的 23.9%。与此同时，陕西省对外承包工程完成营业额 23.27 亿美元，新签合同额为 9.85 亿美元。其中，在周边国家和地区完成对外承包工程营业额 15.87 亿美元，新签合同额 6.88 亿美元，分别占陕西省境外投资总额的 68.2% 和 69.85%。周边国家和地区已成为陕西省对外承包工程的主要市场。

（3）经贸平台扩展

招商引资平台不断完善。陕西省着力打造丝博会、欧亚经济论坛、杨凌农高会等品牌展会，创新举办了中国（陕西）自由贸易试验区发展论坛、丝绸之路商务合作（西安）圆桌会、陕粤港澳经济合作活动周、陕西——长三角经贸合作及境外重点招商活动，建立了与沿线国家官方经贸主管机构的联络机制。

驻境外商务代表处不断增加。先后在美国、英国、哈萨克斯坦、吉尔吉斯斯坦、泰国等国设立 19 个境外商务代表处（其中在"一带一路"沿线国家设立 9 个商务代表处），加强与所在国经贸交流，扩大投资与贸易规模。积极加强与境外驻陕机构、境外在华机构的联系和沟通，通过多种形式大力宣传和推荐陕西省，从而拓展陕西省与沿线国家的经贸合作。

社会物流成本效率及发展趋势

经贸交流扩大了物流需求,尤其是在"一带一路"倡议推动下,陕西省跨境物流需求增速明显,这就使跨境运输成本、仓储成本以及管理成本增加,社会物流成本也必然增加。

2)产业结构

产业结构是影响物流需求的重要因素之一,产业结构不同,对物流的需求也不同,进而导致不同的物流成本。由于第一产业主要以农业为主,当第一产业占比最大时,表明该区域的物流需求以低附加值产品为主,这是因为农产品对物流服务质量要求低,其单位物流所产生的价值量小。工业是第二产业的主要组成部分,当第二产业为区域主导产业时,表明高附加值产品是该区域物流的主要需求。相较于农产品,高附加值产品对物流运输各个环节,如包装、运输、仓储、流通加工、配送等有很高要求。第三产业是以服务业为主,信息的收集和处理对物流发展具有重大推动作用,当第三产业居主导地位时,表明物流服务需求已达到较高层次,运输和库存的作用逐渐减弱,信息流在物流中的作用开始凸显。

受我国产业布局的影响,必然存在各种产品地区间的输送问题。当今社会第二产业(工业)、第三产业(服务业)占据主导地位,和服务业相比,工业产品具有单位利润产品体积大、附加值低的特点,所以必然形成单位利润所连带的物流成本要比服务业高,第一产业带来的物流需求也要高于服务业,但是由于其比重较小,所以影响最大的还是第二产业,如图 5-7、图 5-8、图 5-9 所示。

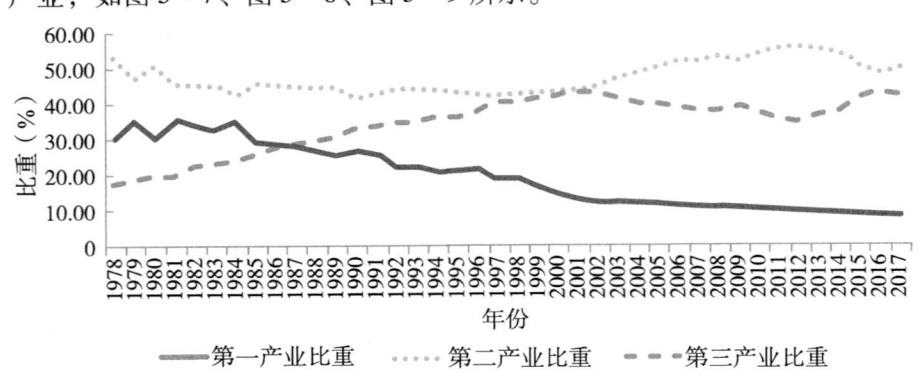

图 5-7 陕西省 1978—2017 年三次产业结构示意

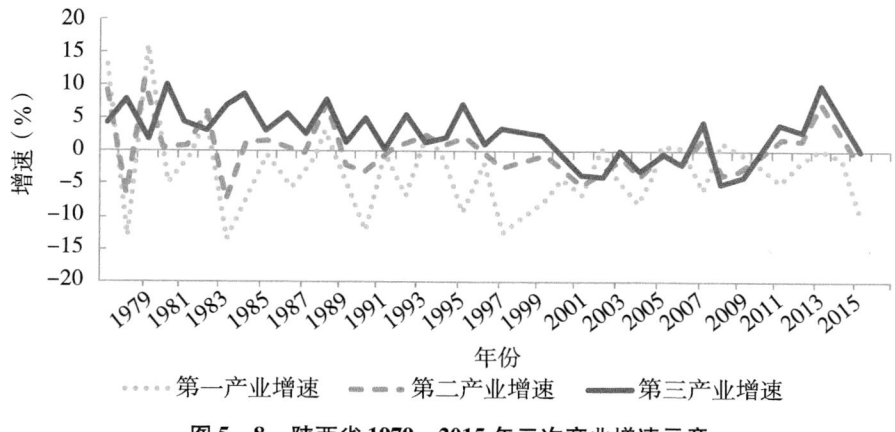

第 5 章　陕西省社会物流成本预测研究

图 5-8　陕西省 1979—2015 年三次产业增速示意

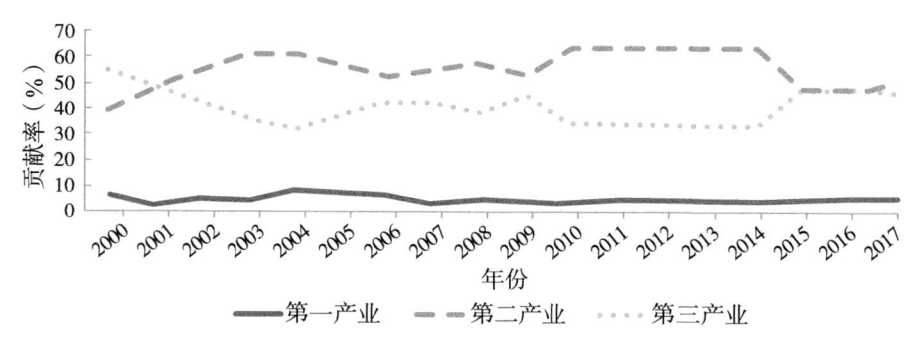

图 5-9　陕西省 2000—2017 年三次产业贡献率示意

改革开放初期，陕西省经济主要以工业和农业为主导，第三产业水平低下，发展迟缓。1978 年第一、第二、第三产业增加值占 GDP 的比重分别为 30.5%、52.0%、17.5%。随着改革开放的不断深入，全省不断加大产业调整力度，在保证农业基础地位不动摇的前提下，采取工业、服务业并重的宏观调控措施和产业政策，大力发展第二、第三产业，地区经济协调性不断增强。至 2000 年世纪之交时，第一产业比重下降至 14.3%，第二、第三产业比重分别为 43.4%、42.3%，实现了以工业和服务业为主导的地方经济结构的转变，物流需求也随之增加，第二产业成为物流成本大户。之后随着西部大开发和陕北能源化工基地建设的大规模展开，陕西工业化进程加快，工业步入了高速增长的快车道，带动陕西第二产业体量快速增长，至2013年，陕西第二产业占比达到了55.0%，第三产业占比降至36.0%。"十二五"后期，全国经济发展进入新常态，能源价格下跌，陕西经济发展逐步告别两位数高速增长态势，省委、省政府将推动经济转型升级、培育新的经济增长点作为促进地方经济发展的重要着力点和供给侧结构性改革的重要内容，工业内部结构不断优化提升。在新材料、高端装备制造工业不断发展壮大的同时，第三产业发展步伐不断加快，至2017年，三次产业占比分别为7.9%、49.8%和42.3%，第三产业占比提升明显，已经成为拉动地方经济增长的重要力量。2017年，陕西省物流相关行业实现增加值1371.6亿元，同比增长7.7%（现价），比前三季度提高2.2个百分点，增速比2016年提高1个百分点。物流相关行业增加值占全省国民生产总值的比重为6.2%，比2016年降低0.4个百分点，占第三产业增加值的比重为14.8%，比2016年降低1个百分点。社会物流成本增速随着第二产业占比的下降而放缓，但不可否认的是，第二产业带来的物流需求依然排三次产业之首，物流成本的降低仍然是经济发展的重点。

2017年，陕西省物流相关行业总收入增速较2016年回落，保管、邮政业、贸易配送类收入增长较快，省物流相关行业实现总收入2444.0亿元，净增收入634.5亿元，增长10.3%，比2016年回落4.4个百分点。其中，运输环节收入1681.7亿元，增长8.5%，较2016年提高3.2个百分点；保管环节收入299.0亿元，增长15.1%，较2016年提高5.5个百分点；邮政业实现收入99.2亿元，增长21.6%，增速较前三季度回落0.4个百分点，较2016年回落16.5个百分点；贸易配送、加工、包装业收入130.7亿元，增长15.1%，增速较前三季度回落4.1个百分点，较2016年提高5.5个百分点。物流相关行业收入增长，物流相关行业运行活力持续增强。

但社会物流成本增幅高于收入增幅。物流行业是国民经济运行情况的晴雨表，而运输环节又是物流业的核心环节，社会物流成本中，运输成本的占比最大。就运输行业来说，全省中小快递及相关企业业务迅猛发展。2017年，全省快递服务企业业务量累计完成4.58亿件，同比增长81.3%，增速比2016年增长33.4个百分点。快递服务企业业务收入累计完成45.65亿元，同比增长24.0%，增速比2016年回落43.3个百分点。2017

第 5 章　陕西省社会物流成本预测研究

年，全省集装箱吞吐量 43.2 万标准箱，同比增长 41.6%，增速比 2016 年提高 36 个百分点。值得关注的是在快递业、铁路运输初期集货需求发展较快的同时，全省货运单位数量及载货汽车数量未同步增长，物流企业经营基础薄弱、管理人才水平不高、行业运行收入不高、运力未能充分发挥的问题依旧存在。从监测的物流企业的运营情况来看，2017 年主营业务收入平均增长 5.1%，主营业务成本平均增长 7.6%，成本增长高于收入增长 2.5 个百分点；工业和批零企业物流成本平均增长 11.3%。2017 年全省道路运输业 25.8017 万户，同比减少 9.8%；营业性货运车辆 41.3 万辆，同比减少 5.5%，其中，载货汽车 39.1 万辆，同比减少 3.3%，其余 3.01 万辆为其他载货机动车（农用车）和三轮车。运输业户数的减少和退出从一个侧面反映出这个行业正在进行着一定的分化，当然，这是经济发展的宏观面和运输户数、业务量的变化、经营管理水平、行业社会有效需求等多种原因共同作用的结果，但也从一个侧面反映了这个行业的发展现状，即业务的快速增长需求和业务服务企业设备设施存量减少的矛盾依然存在。

5.1.4　本节总结

本节首先对陕西省经济发展现状进行分析，随着社会经济的发展以及社会物流总额的增加，陕西省社会物流成本也在不断增长；其次分析了陕西省物流基础设施的情况，发现目前陕西省积极响应国家号召，大力推进基础设施建设，无论是综合立体交通网络的构建还是物流保税区和物流基地的成型，都使运输距离缩短、仓储时间减少，运输成本、仓储成本以及管理成本有效降低，进而使社会物流成本降低；最后从陕西省物流需求方面进行现状分析，随着贸易经济的发展，陕西省贸易渠道不断拓宽，经贸交流升级，跨境物流形成的社会物流成本增加，加之物流业所在的第三产业以及第二产业所带来的物流需求巨大，使社会物流成本逐年增加，但也可以发现物流相关行业的收入增幅是小于社会物流成本增幅的，所以本书希望通过对陕西省社会物流成本的预测，发现影响社会物流成本增加的主要因素，并给出降低社会物流成本的对策建议，也为政府提供了社会物流成本这一反映区域经济情况的宏观指标的统计预测方法。

5.2 陕西省社会物流成本指标体系构建

5.2.1 陕西省社会物流成本影响因素分析

社会物流成本是宏观上的总量指标，是一个国家或地区在一定时期内发生的物流总成本，其影响因素复杂多样，本书在对前人丰富的研究成果进行归纳总结的基础上，结合陕西省社会物流成本的具体情况，有针对性地总结出五个影响社会物流成本主要因素：经济发展水平、产业结构、基础设施建设、物流业营运水平以及政府政策。

1）经济发展水平

社会物流成本是衡量一个国家国民经济发展水平的重要指标，是宏观上的总量指标，只要经济活动存在，社会物流成本总会随之保持适度增长。随着经济发展水平的提高，人们生活水平也迅速提高，整个社会的产品交易更为频繁，交易空间不断扩大，对产品保管、包装及运输安全性等的要求也越来越高。当前，经济全球化趋势深入发展，网络信息技术革命带动新技术、新业态不断涌现，物流业发展面临的机遇与挑战并存。伴随全面深化改革，工业化、信息化、新型城镇化和农业现代化进程持续推进，我国物流业发展空间越来越广阔，这些因素都促进了社会物流成本的提高。经济发展水平可以说是一个国家整体发展的衡量指标。经济发展水平会影响产业结构、基础设施等方面的发展水平，并且落后的经济必然也会存在相对落后的物流管理、物流信息化、第三方物流等，从而影响社会物流成本。

2）产业结构

产业结构是影响物流需求的重要因素之一，产业结构不同，对物流的需求也不同，进而导致不同的物流成本。由于第一产业主要以农业为主，当第一产业占比最大时，表明该区域的物流需求以低附加值产品为主，这是因为农产品对物流服务质量要求低，其单位物流所产生的价值量小。工

第5章 陕西省社会物流成本预测研究

业是第二产业的主要组成部分,当第二产业为区域主导产业时,表明高附加值产品是该区域物流的主要需求。相较于农产品,高附加值产品对物流运输各个环节,如包装、运输、仓储、流通加工、配送等有很高要求。第三产业是以服务业为主,信息的收集和处理对物流发展具有重大推动作用,当第三产业居主导地位时,表明物流服务需求已达到较高层次,运输和库存的作用逐渐减弱,信息流在物流中的作用开始凸显。

3) 基础设施建设

基础设施的建设是社会发展的关键,也是物流业发展的重点,其最主要的职能是降低运输成本、有效结合现有资源,为主导产业的发展创造市场环境。降低社会物流成本,一个最简单直观的常识性原则就是:全社会要尽最大可能一次性把一个物品运送到它的目的地,减少不必要的中间转运环节。中间环节过多不仅导致成本增加,还导致运输破损等一系列问题,这些都加剧了物流成本的增加。物流相关设施的建设对降低社会物流成本有积极作用,交通的发达降低运输成本,仓储基地等仓储业基础设施的建设降低库存成本,新型管理模式以及信息技术的应用降低管理成本,大力建设物流基础设施对物流业降本增效提供了可能。

交通运输业、仓储业与物流业是三个相互依存的行业,其中,交通运输又是物流过程中的重要环节和关键组成部分,尤其运输基础设施,也是物流基础设施不可或缺的一部分。交通运输业对物流业的发展会产生重要影响,铁路运输能够改变物流业发展的结构,公路运输能够提高物流效率,水路和航空运输能够加快物流集约化发展;同时由于交通运输基础设施发展规模的壮大、综合运力的提升、交通运输技术水平的提高、运输效率和服务质量的极大改善,都为现代物流业的发展带来前所未有的战略机遇。仓储业的发展会减少时间的损耗和财务成本的增加,它能够帮助加快流通,降低运输和生产成本,尤其是社会物流成本中的库存成本,从而降低总成本。

4) 物流业营运水平

物流业整体营运水平的高低也是影响社会物流成本的重要因素。在物流业不发达的地区,物流专业化、社会化程度低,生产企业受计划经济体制时期"大而全,小而全"思想影响,仍采用自营物流。第三方物流企业规模小、市场份额小、服务功能少、竞争能力弱、货源不稳定、结构单一且缺乏网络组合,以及物流业整体营运水平低,必然导致社会物流成本高。相反,当区域现代物流业发展到一定阶段,随着现代化的仓储设施和运输工具的投入使用,以及相应的物流网络的完善,可以获得可靠的运输网络、仓储网络支持及信息支持。此时,具有高度系统化、集成化的现代管理体系,拥有高素质的物流管理专门人才的现代物流企业的不断涌现和发展壮大,它们凭借其专业化的运作方式,在整合物流资源、实现物流活动规模化方面表现出强大的优势。尤其是第三方物流业的发展,为企业采用外包方式,推动物流合理化和效率化,继而从整体上为降低物流成本、提高物流服务水平提供了条件。按照国外统计资料和相关研究,物流业的发展使物流成本占GDP的比重呈逐年下降趋势。

5) 政府政策

一个国家的政策法规对物流业有重大影响,这就限定了物流的方式,也影响了物流成本,如国家规定的各项附加费用;我国的西部开发政策吸引厂商就地建厂销售,降低了物流的成本;我国的南水北调、西电东送等重大战略,使物流形态改变、共同设施改变,由水渠代替道路,由运水代替运粮,由电线代替道路,由送电代替运煤,每一个大政策对我们社会物流成本的影响都很大。2009年3月,我国十大重点振兴产业公布,物流行业也是其中之一,可见它对我们未来的社会物流成本也将产生重大影响。"一带一路"倡议提出以后,陕西省抢抓机遇,第一时间做出响应,积极制定相关政策。陕西省是第一个制定出台"一带一路"相关政策及发展规划的省份。由此可见,政策的支持是一个地区物流等相关方面发展的前提和必要条件,切实抓好政策方针并积极落实,同样也会对陕西省社会物流成本的降低产生积极影响。

5.2.2 陕西省社会物流成本预测指标体系构建

1) 指标选取原则

在遴选影响因素进行定量分析时,必须遵循以下三个方面的原则。

第 5 章　陕西省社会物流成本预测研究

（1）全面性原则

社会物流成本的变化涉及整个社会经济系统及其运作，既包含了物流产业方面的因素，也涉及了其他产业方面的因素，覆盖面很广，并且各影响因素的影响范围和对社会物流成本的变化和发展的影响程度也有所不同。因此，应尽可能全面地考虑各种因素的影响，充分把握陕西省社会物流成本发展的特征和规律。

（2）主要性原则

全盘考虑必将会造成工作量繁重，影响分析工作的完成，以及分析方法的实践应用。所以，应该在充分考虑以上影响因素的前提下，抓住主要影响因素，突出主要问题，删掉某些次要的、在其他因素中已经得到体现的影响因素。

（3）数据的可得性原则

物流产业指标不同于其他产业经济指标，在国民经济核算体系中找不到彼此对应的统计口径和对接指标。如何获得准确、科学并具有权威性的统计数据，是选取因素时考虑的重要因素。即使个别因素非常重要，但如果没有可得数据做支撑，那也无法选取为指标；如果其他数据可以从一定程度上代表该因素水平，就可以代替该因素的指标。因此，数据可得性就成为决定因素选取的重要原则。

2）指标体系构建

通过上文对陕西省社会物流成本的现状以及相关影响因素的分析，并考虑指标选取的原则，选择以下几种主要影响因素指标。

在经济发展水平因素中，选取的主要指标是"人均 GDP""人均农、林、牧、渔业总产值与人均进口总额、人均工业总产值、人均社会消费品零售总额合计""社会物流总额""周边国家和地区进出口总值"。其中第二个指标具有一定代表性，是社会物流总额的重要组成部分，与社会物流成本相关度较高，且能较好地反映一个地区经济发展水平以及物流业的发展情况；由于陕西省是我国"一带一路"倡议实施的重要省份，所以选取此倡议所带来的能反映经贸发展的特色指标，即"周边国家和地区进出口总值",这一指标从侧面反映了经济发展与物流需求的情况,进而影响社会物流成本。

产业结构因素选用陕西省三次产业分别占GDP的比重作为分析指标,这三个指标就是衡量产业结构的基础指标,三次产业对物流需求的拉动作用各不相同,对社会物流成本的影响程度也存在差异。

基础设施建设因素主要从物流相关产业基础设施投资以及相关固定资产的新增数量两个方面进行选择,指标为"交通运输、邮电通信、批发零售贸易、餐饮业基本建设投资累计数"以及"交通运输、邮电通信、批发零售贸易、餐饮业基本建设新增固定资产累计数"。由于航运量对陕西省来说,相较于公路、铁路、航空运输,在物流业的贡献值较低,与社会物流成本关联度较低,且内河航道里程近十年无显著变化,所以指标选取"公路通车里程""铁路里程""国内主要城市的航空快线",为了更好地探究陕西省社会物流成本的影响因素,本书根据陕西省的地理特点,加入交通固定资产投资以及国际航线"空中丝绸之路"这两个特色指标,由于陕西省大型物流园区及保税物流中心等基础运作支持设施于近几年才开始兴起,其数量变化没有明显趋势且数量较少,且运作没有完全成熟,所以本书均暂不考虑。

由于评价物流业营运水平的指标很少可以从政府部门的统计数据中直接得到,大多以调研数据作为补充。所以物流业营运水平因素仅考虑了物流业增加值、城市群普通载货汽车数量、交易市场成交额占社会消费品零售总额的比重三项指标,这三项指标可以一定程度反映物流业营运水平,从而影响社会物流成本。

关于政府政策因素,选取指标"每年出台物流业相关政策"的条数来进行反映,目前陕西省针对物流业的各项优惠政策相继出台,无论从税收方面还是一些招商引资的政策,都对物流业的发展提供了便利条件,对社会物流成本的降低起到关键作用。

综上所述,本书针对陕西省社会物流成本预测构建的指标体系,见表5-4。

第5章 陕西省社会物流成本预测研究

表5-4 陕西省社会物流成本预测指标

一级指标	二级指标	编号	单位
经济发展水平	人均GDP	X1	元
	人均农、林、牧、渔业总产值、人均进口总额、人均工业总产值、人均社会消费品零售总额合计	X2	万元
	社会物流总额	X3	亿元
	周边国家和地区进出口总值	X4	亿元
产业结构	第一产业占GDP比重	X5	%
	第二产业占GDP比重	X6	%
	第三产业占GDP比重	X7	%
基础设施建设	公路通车里程	X8	公里
	铁路里程	X9	公里
	国内主要城市的"航空快线"	X10	条
	各行业固定资产投资	X11	万元
	基础设施投资	X12	万元
	交通固定资产投资	X13	亿元
	国际航线"空中丝绸之路"	X14	条
物流业营运水平	物流业增加值	X15	亿元
	城市群普通载货汽车数量	X16	辆
	交易市场成交额占社会消费品零售总额比重	X17	%
政策环境	每年出台物流业相关政策	X18	条

为了使预测结果更加真实、准确，本书结合陕西省实际情况，对指标数据进行查找，时间为2009—2017年。主要数据来源为《陕西省统计年鉴》、《陕西省统计公报》、《中国统计年鉴》、《中国物流统计年鉴》、陕西省人民政府官方网站以及陕西省各年物流业发展报告。具体数据以及陕西省社会物流成本（Y）数据，见表5-5。

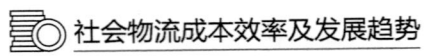

表 5－5 2009—2017 年陕西省社会物流成本指标

指标\年份	2009	2010	2011	2012	2013	2014	2015	2016	2017
Y（亿元）	1233	1559	1914	2125	2408	2747	2885	3100	3451
X1（元）	21947	27133	33464	38564	43117	46929	47626	51015	57266
X2（万元）	37345	47505	59477	68917	77686	83259	82862	88742	96403
X3（亿元）	14957	18976	22615	28001	33181	35802	37078	40616	46749
X4（亿元）	193	229	274	317	352	510	677	918	1283
X5（%）	9.67	9.76	9.76	9.48	9.02	8.85	8.86	8.73	7.95
X6（%）	51.85	53.80	55.43	55.86	55.00	54.14	50.40	48.92	49.70
X7（%）	38.48	36.44	34.81	34.66	35.99	37.01	40.74	42.35	42.35
X8（公里）	144109	147461	151986	161411	165249	167145	170069	172471	174395
X9（公里）	3770	4450	4449	4464	4803	4924	4676	4748	5108
X10（条）	105	134	163	181	208	232	276	274	295
X11（亿元）	5251	7008	8291	12501	15584	18358	19827	20475	23468
X12（亿元）	1541	2058	2058	2111	3166	4270	5338	6022	8627
X13（亿元）	102	128	149	339	528	1078	1595	2123	2640
X14（条）	7	10	13	15	20	37	40	50	59
X15（亿元）	667	735	820	940	1021	1131	1194	1274	1372
X16（辆）	204190	246937	295663	315904	284308	315572	329159	323660	303022
X17（%）	11.84	6.16	6.97	7.91	7.37	7.52	10.51	8.85	10.82
X18（条）	0	1	1	2	3	5	7	11	20

5.2.3 陕西省社会物流成本指标体系关联度分析

从表5-5中可以看出本书选取的定量指标共有19个,其中,自变量18个,分别为$X1 \sim X18$,因变量1个,用Y表示。考虑到不同影响因素对陕西省社会物流成本的影响程度不一致,可知这18个自变量和因变量的密切程度是不一样的。因此有必要对影响陕西省社会物流成本的这几个定量指标进行关联度分析,进而求得这18个自变量与因变量之间的密切程度。目前用来进行关联度分析的方法有很多,考虑到两个系统之间的关联性和时序性,以及陕西省社会物流成本与相关经济指标关系作用的复杂性与交错性,本书采用灰色关联度模型来定量分析指标体系中各因素与陕西省社会物流成本之间的关联程度。

1) 指标体系数据标准化处理

考虑到每个指标的物理意义不同,进而会导致不同指标有不同的量纲,这对不同指标之间的比较会产生影响,因此需对指标数据进行标准化处理。标准化处理的方式有多种,可以将数据变换到[-1,1]之间,也可以将数据变换到[0,1]之间,本书将采用公式(5-1)将数据变换到[0,1]之间。

$$r = \frac{x_i - x_{\min}}{x_{\max} - x_{\min}} \qquad 公式(5-1)$$

2) 灰色关联系数计算

设置一组参考数列,作为本书中"一带一路"倡议实施下的陕西省社会物流成本的参考数列,参考数列记为$X_j = \{X_j(1), X_j(2), \cdots, X_j(k), X_j(n)\}$,$j = 1, 2, \cdots, s$。

同时,还需设置一组比较数列,在本书中各影响因素指标体系为比较数列,记为$X_i = \{X_i(1), X_i(2), \cdots, X_i(k), X_i(n)\}$,$i = 1, 2, \cdots, t$。

则关联系数的计算公式如下:

$$\varepsilon_{ij} = \frac{\min\min|x_j(k) - x_i(k)| + \rho\max\max|x_j(k) - x_i(k)|}{|x_j(k) - x_i(k)| + \rho\max\max|x_j(k) - x_i(k)|} \qquad 公式(5-2)$$

$\varepsilon_{ij}(k)$ 表示的是第 i 个比较数列和第 j 个参考数列第 k 个样本之间的关联系数；ρ 为分辨率，通常取值在 $[0, 1]$ 之间，计算中常取 $\rho = 0.5$，本书亦取值 $\rho = 0.5$。

3) 关联度计算

由于 $\varepsilon_{ij}(k)$ 只能反映出点与点之间的相关性，相关性信息分散，不能刻画数列之间的相关性。因此为了揭示相关量化指标同陕西省社会物流成本之间的相互影响关系，明确影响因素指标与陕西省社会物流成本关联程度的强弱，需计算参考数列和比较数列之间的关联度：

$$\gamma_{ij} = \frac{\sum_{k=1}^{n} \varepsilon_{ij}(k)}{n} \qquad 公式(5-3)$$

γ_{ij} 表示第 i 个比较数列和第 j 个参考数列的关联度。

4) 关联度等级比较

通过 γ_{ij} 的大小，可以分析出陕西省社会物流成本与影响其各因素的相互作用的大小，其关联度等级见表5-6。

表5-6 关联度等级分析表

关联度	等级	说明
$0 \leq \gamma_{ij} < 0.35$	低关联度	两系统指标间关联关系较弱
$0.35 \leq \gamma_{ij} < 0.65$	中等关联度	两系统指标间关联关系中等
$0.65 \leq \gamma_{ij} < 0.85$	较高关联度	两系统指标间关联关系较强
$0.85 \leq \gamma_{ij} \leq 1$	高关联度	两系统指标间关联关系极强

5) 指标体系数据标准化处理

对表5-5中各因素按公式（5-1）进行标准化处理，由于陕西省社会物流成本为因变量（Y），所以以陕西省社会物流成本的数据为参考数列，记 $x_0 = \{x_0(k)\}$，$k = 1, 2, 3, \cdots, 9$；以其影响因素作为比较数

第5章 陕西省社会物流成本预测研究

列，记为 $x_i = \{x_i(k)\}$，$k = 1, 2, \cdots, 9$；$i = 1, 2, 3, \cdots, 18$，处理后的相关数据见表 5-7。

表 5-7 数据标准化

年份 指标	2009	2010	2011	2012	2013	2014	2015	2016	2017
$X1$	0.00	0.15	0.33	0.47	0.60	0.71	0.73	0.82	1.00
$X2$	0.00	0.17	0.37	0.53	0.68	0.78	0.77	0.87	1.00
$X3$	0.00	0.13	0.24	0.41	0.57	0.66	0.70	0.81	1.00
$X4$	0.00	0.03	0.07	0.11	0.15	0.29	0.44	0.67	1.00
$X5$	0.95	1.00	1.00	0.85	0.59	0.50	0.50	0.43	0.00
$X6$	0.42	0.70	0.94	1.00	0.88	0.75	0.21	0.00	0.11
$X7$	0.50	0.23	0.02	0.00	0.17	0.31	0.79	1.00	1.00
$X8$	0.00	0.11	0.26	0.57	0.70	0.76	0.86	0.94	1.00
$X9$	0.00	0.51	0.51	0.52	0.77	0.86	0.68	0.73	1.00
$X10$	0.00	0.15	0.31	0.40	0.54	0.67	0.90	0.89	1.00
$X11$	0.00	0.10	0.17	0.40	0.57	0.72	0.80	0.84	1.00
$X12$	0.00	0.07	0.07	0.08	0.23	0.39	0.54	0.63	1.00
$X13$	0.00	0.01	0.02	0.09	0.17	0.38	0.59	0.80	1.00
$X14$	0.00	0.06	0.12	0.15	0.25	0.58	0.63	0.83	1.00
$X15$	0.00	0.10	0.22	0.39	0.50	0.66	0.75	0.86	1.00
$X16$	0.00	0.34	0.73	0.89	0.64	0.89	1.00	0.96	0.79
$X17$	1.00	0.00	0.14	0.31	0.21	0.24	0.77	0.47	0.82
$X18$	0.00	0.05	0.05	0.10	0.15	0.25	0.35	0.55	1.00

6）关联系数计算

根据标准化之后的数据，按公式（5-2）计算关联系数 $\varepsilon_{ij}(k)$ 可得：

$$\varepsilon_{ij}(k) = \begin{pmatrix} 1.000 & 0.000 & 0.126 & 0.241 & 0.410 & 0.573 & 0.656 & 0.696 & 0.807 \\ 1.000 & 0.000 & 0.033 & 0.074 & 0.114 & 0.146 & 0.291 & 0.444 & 0.665 \\ 1.000 & 0.946 & 1.000 & 0.997 & 0.843 & 0.587 & 0.494 & 0.504 & 0.430 \\ 1.000 & 0.423 & 0.703 & 0.938 & 1.000 & 0.875 & 0.752 & 0.212 & 0.000 \\ 1.000 & 0.497 & 0.231 & 0.020 & 0.000 & 0.173 & 0.306 & 0.790 & 0.999 \\ 1.000 & 0.000 & 0.111 & 0.260 & 0.571 & 0.698 & 0.761 & 0.857 & 0.936 \\ 1.000 & 0.000 & 0.508 & 0.507 & 0.519 & 0.772 & 0.863 & 0.677 & 0.731 \\ 1.000 & 0.000 & 0.153 & 0.305 & 0.400 & 0.542 & 0.668 & 0.900 & 0.889 \\ 1.000 & 0.000 & 0.096 & 0.167 & 0.398 & 0.567 & 0.719 & 0.800 & 0.836 \\ 1.000 & 0.000 & 0.073 & 0.073 & 0.081 & 0.229 & 0.385 & 0.536 & 0.632 \\ 1.000 & 0.000 & 0.010 & 0.019 & 0.093 & 0.168 & 0.385 & 0.588 & 0.796 \\ 1.000 & 0.000 & 0.058 & 0.115 & 0.154 & 0.250 & 0.577 & 0.635 & 0.827 \\ 1.000 & 0.000 & 0.097 & 0.217 & 0.387 & 0.503 & 0.658 & 0.748 & 0.861 \\ 1.000 & 0.000 & 0.342 & 0.732 & 0.894 & 0.641 & 0.891 & 1.000 & 0.956 \\ 1.000 & 1.000 & 0.000 & 0.143 & 0.308 & 0.213 & 0.239 & 0.766 & 0.474 \\ 1.000 & 0.000 & 0.050 & 0.050 & 0.100 & 0.150 & 0.250 & 0.350 & 0.550 \end{pmatrix}$$

7) 关联度计算

根据求得关联系数 $\varepsilon_{ij}(k)$，按公式（5-3）求得关联度 γ_{ij}，按关联度大小排序，见表5-8。

表 5-8 关联度

序号	变量	名称	关联度
1	X13	交通固定资产投资	0.894211
2	X4	周边国家和地区进出口总值	0.680387
3	X7	第三产业占 GDP 比重	0.626618
4	X18	每年出台物流业相关政策	0.621224
5	X12	基础设施投资	0.611503
6	X14	国际航线"空中丝绸之路"	0.606434
7	X17	交易市场成交额占社会消费品零售总额比重	0.483494

第 5 章 陕西省社会物流成本预测研究

续表

序号	变量	名称	关联度
8	X11	各行业固定资产投资	0.437478
9	X15	物流业增加值	0.413413
10	X8	公路通车里程	0.388072
11	X10	国内主要城市的"航空快线"	0.36866
12	X3	社会物流总额	0.365879
13	X1	人均 GDP	0.331276
14	X2	人均农林牧渔业总产值、人均进口总额、人均工业总产值、人均社会消费品零售总额合计	0.316649
15	X6	第二产业占 GDP 比重	0.310685
16	X16	城市群普通载货汽车数量	0.251243
17	X9	铁路里程	0.220098
18	X5	第一产业占 GDP 比重	0.072676

将表 5-8 的数据与"关联度等级表"相比较可知，陕西省社会物流成本与交通固定资产投资额（X13）的关联度极强，关联度为 0.894；周边国家和地区进出口总值（X4）和陕西省社会物流成本的关联度较高，为 0.68；第三产业占 GDP 比重（X7）、每年出台物流业相关政策（X18）、基础设施投资（X12）、国际航线"空中丝绸之路"（X14）、交易市场成交额占社会消费品零售总额比重（X17）、各行业固定资产投资（X11）、物流业增加值（X15）、公路通车里程（X8）、国内主要城市的"航空快线"（X10）、社会物流总额（亿元）（X3）与陕西省社会物流成本的关联度为中等关联关系；其余六个因素与陕西省社会物流成本为低关联度关系；其中第一产业占 GDP 比重这一因素的关联度最低，这与第一产业在三次产业的比重最轻有着不可分割的联系。

5.2.4 本节总结

本节从陕西省社会物流成本影响因素出发，通过对影响社会物流成本因素的分析，构建出陕西省社会物流成本预测指标体系，进而在考虑数据的实际可得性的前提下，对构建的指标体系进行微调，最后从统计年鉴等官方渠道得到本书所需的具体数据，运用灰色关联度模型，根据收集的历史数据，计算18个自变量和1个因变量之间的关联程度，为下一步进行社会物流成本预测提供数据支持。

5.3 陕西省社会物流成本预测分析

5.3.1 主成分线性回归模型

主成分线性回归主要指通过主成分分析对自变量的个数进行缩减，进而去除自变量之间的相关性，接着利用缩减之后的新变量和因变量的数据建立多元线性回归模型。而要建立多元线性回归模型，则需要各自变量之间相互独立，因此在建模之前需要先分析自变量之间的相关性。若自变量之间存在一定的相关性，则需要去除自变量的相关性，本书选取主成分分析方法来去除自变量之间的相关性，进而根据主成分的分析结果选取新的自变量和因变量并构建基于主成分分析的多元线性回归预测模型。

1) 指标间相关性分析

多元线性回归需要先分析指标间的相关性，若指标间相关性过强会影响多元线性回归的精确度。根据上述收集的统计数据，考虑到指标间相关性对预测结果的影响，本书首先将借助 SPSS 对以上指标进行相关性分析，结果见表 5 - 9。通过表 5 - 9 的相关性分析可以看出，选取的 18 个指标的部分指标内部之间的相关性较高，如：$X2$ 与 $X1$、$X3$、$X8$ 呈现高度正相关，$X7$ 和 $X6$ 呈现高度的负相关，说明原有指标存在部分信息重叠现象，故在进行线性回归预测前应先对指标进行去相关性的处理。而主成分分析正好可以将存在一定相关性的指标通过降维处理变成几个独立不相关的新变量，因此本书采用主成分分析方法来去除自变量指标间的相关性。

第 5 章　陕西省社会物流成本预测研究

表 5-9　相关性分析

指标	X1	X2	X3	X4	X5	X6	X7	X8	X9	X10	X11	X12	X13	X14	X15	X16	X17	X18
X1	1																	
X2	0.996	1																
X3	0.996	0.988	1															
X4	0.871	0.827	0.896	1														
X5	−0.923	−0.894	−0.947	−0.934	1													
X6	−0.477	−0.418	−0.532	−0.764	0.635	1												
X7	0.594	0.537	0.646	0.844	−0.746	−0.988	1											
X8	0.986	0.989	0.983	0.820	−0.892	−0.470	0.582	1										
X9	0.899	0.909	0.885	0.706	−0.794	−0.202	0.331	0.856	1									
X10	0.979	0.969	0.980	0.885	−0.906	−0.592	0.690	0.973	0.843	1								
X11	0.986	0.979	0.992	0.877	−0.942	−0.561	0.671	0.986	0.857	0.985	1							
X12	0.898	0.859	0.923	0.988	−0.961	−0.749	0.836	0.851	0.759	0.917	0.914	1						
X13	0.893	0.855	0.918	0.985	−0.937	−0.804	0.879	0.862	0.706	0.925	0.917	0.986	1					
X14	0.931	0.902	0.947	0.963	−0.945	−0.734	0.820	0.899	0.775	0.951	0.949	0.978	0.988	1				
X15	0.990	0.978	0.995	0.910	−0.941	−0.594	0.698	0.980	0.849	0.990	0.994	0.934	0.941	0.967	1			
X16	0.813	0.842	0.767	0.530	−0.537	−0.129	0.217	0.830	0.753	0.805	0.766	0.549	0.577	0.649	0.771	1		
X17	0.157	0.098	0.207	0.431	−0.405	−0.690	0.675	0.174	−0.211	0.240	0.251	0.411	0.444	0.357	0.256	−0.169	1	
X18	0.844	0.797	0.872	0.991	−0.935	−0.723	0.809	0.782	0.707	0.842	0.844	0.978	0.958	0.932	0.877	0.465	0.424	1

2）指标间主成分分析

主成分分析可以将原有变量中的信息重叠部分提取和综合汇成因子，进而减少变量的数目，最终实现相关因子转变为不相关变量的目的。借助 SPSS 进行主成分分析，统计主成分分析的结果见表 5-10、表 5-11 及图 5-10。

表 5-10　总方差解释

Component	Initial Eigenvalues			Extraction Sums of Squared Loadings		
	Total	% of Variance	Cumulative %	Total	% of Variance	Cumulative %
1	14.473	80.408	80.408	14.473	80.408	80.408
2	2.504	13.911	94.319	2.504	13.911	94.319
3	0.473	2.629	96.948	—	—	—
4	0.343	1.907	98.855	—	—	—
5	0.144	0.797	99.652	—	—	—
6	0.037	0.204	99.856	—	—	—
7	0.020	0.113	99.970	—	—	—
8	0.005	0.030	100.000	—	—	—
9	4.446E-16	2.470E-15	100.000	—	—	—
10	4.204E-16	2.336E-15	100.000	—	—	—
11	2.431E-16	1.351E-15	100.000	—	—	—
12	6.687E-17	3.715E-16	100.000	—	—	—
13	-1.271E-17	-7.062E-17	100.000	—	—	—
14	-5.356E-17	-2.975E-16	100.000	—	—	—
15	-2.189E-16	-1.216E-15	100.000	—	—	—
16	-3.280E-16	-1.822E-15	100.000	—	—	—
17	-5.515E-16	-3.064E-15	100.000	—	—	—
18	-2.280E-15	-1.267E-14	100.000	—	—	—

第5章 陕西省社会物流成本预测研究

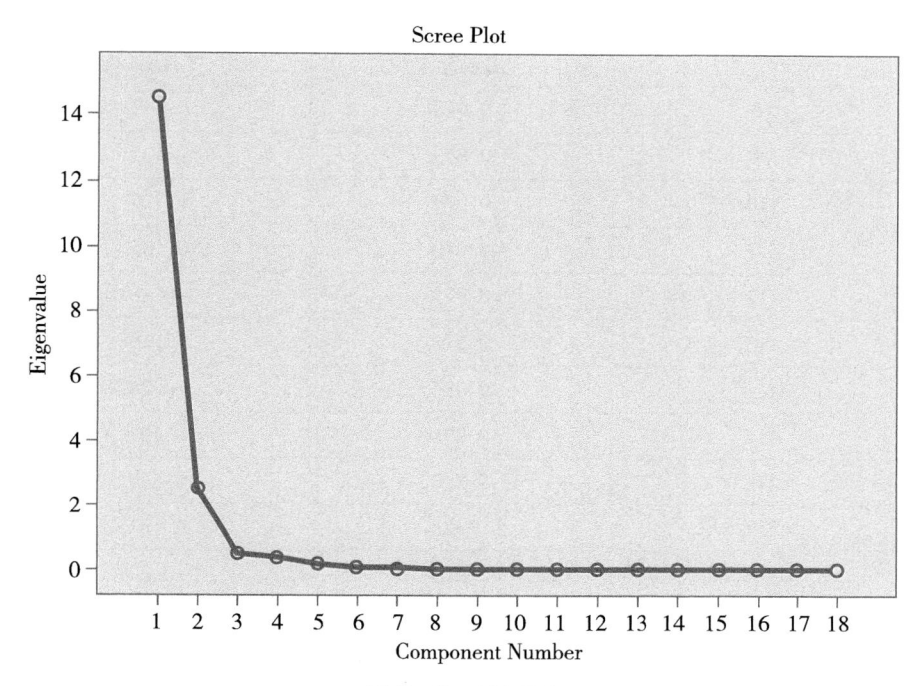

Scree Plot

图 5-10 碎石图

由表 5-10 可看出当提取 2 个主成分时，2 个主成分的累积方差贡献率达 94.319%，基本涵盖了原始数量所有的信息，符合主成分提取的要求。进一步结合碎石图可知，在经过 25 次迭代之后从第 2 个主成分开始折线基本呈一条直线，因此选取 2 个主成分较为合理。

表 5-11 主成分矩阵

	主成分 1	主成分 2
X1	0.969	0.233
X2	0.947	0.304
X3	0.982	0.166
X4	0.954	-0.203
X5	-0.962	0.074
X6	-0.670	0.680
X7	0.769	-0.601

续表

	主成分1	主成分2
X8	0.948	0.242
X9	0.820	0.495
X10	0.979	0.127
X11	0.980	0.135
X12	0.972	-0.161
X13	0.975	-0.198
X14	0.986	-0.082
X15	0.991	0.108
X16	0.700	0.569
X17	0.328	-0.818
X18	0.927	-0.209

表5-11为成分矩阵表，根据成分矩阵表和特征向量可以求出特征向量矩阵，见表5-12。

表5-12 特征向量矩阵

	特征向量1	特征向量2
X1	0.231670631	0.23049064
X2	0.197284566	0.296389036
X3	0.256484912	0.166911937
X4	0.295168984	-0.201121407
X5	-1.639433997	-0.272509829
X6	-1.460942733	0.376058493
X7	0.184607597	-0.625862717
X8	0.209396299	0.235575337
X9	0.038065587	0.461492993
X10	0.260533482	0.128006808
X11	0.260081376	0.136056379
X12	0.305338378	-0.156572744
X13	0.314930548	-0.192433451

第5章 陕西省社会物流成本预测研究

续表

	特征向量1	特征向量2
$X14$	0.304931843	-0.076342857
$X15$	0.275748799	0.11146915
$X16$	-0.093267505	0.512753298
$X17$	-0.210283103	-0.918491039
$X18$	0.269684337	-0.211870026

根据上述求得的特征向量矩阵可以得到主成分的计算公式：

$Z1 = 0.232X1 + 0.197X2 + 0.256X3 + 0.295X4 - 1.639X5 - 1.461X6 + 0.185X7 + 0.209X8 + 0.038X9 + 0.261X10 + 0.260X11 + 0.305X12 + 0.315X13 + 0.305X14 + 0.276X15 - 0.093X16 - 0.210X17 + 0.270X18$

$Z2 = 0.230X1 + 0.296X2 + 0.167X3 - 0.201X4 - 0.273X5 + 0.376X6 - 0.626X7 + 0.236X8 + 0.461X9 + 0.128X10 + 0.136X11 - 0.157X12 - 0.192X13 - 0.076X14 + 0.111X15 + 0.513X16 - 0.918X17 - 0.212X18$

其中，X 为主成分分析中的原始变量标准化后的变量，Z 为主成分。通过上述公式可以得出主成分处理之后的指标的数据，见表5-13。

表5-13 主成分分析后陕西省社会物流成本预测指标数据

年份	2009	2010	2011	2012	2013	2014	2015	2016	2017
$Z1$	-2.293	-2.355	-2.538	-2.060	-1.016	-0.203	0.877	1.810	2.993
$Z2$	-1.330	0.397	0.871	1.093	1.204	1.240	0.183	0.210	-0.004

3) 主成分线性回归模型有效性检验

在主成分分析的基础上，本书拟建立陕西省社会物流成本总额 Y 与 $Z1$、$Z2$ 的主成分多元线性回归方程。在建模前，需对主成分线性回归模型的有效性进行检验。在本实验中，输入/输出的变量情况见表5-14。

表5-14 变量已输入/已输出[a]

Model	Variables Entered	Variables Removed	Method
1	$Z2$，$Z1$[b]	—	Enter

a. 应变量：Y；b. 已输入所要求的变量。

由表 5-14 可以看出在本检验中采用"输入"方法选择变量，没有变量被剔除，输入的变量为 Z1、Z2，输出的应变量为 Y。

评价模型的检验统计量、变异系数和系数数据见表 5-15、表 5-16 和表 5-17。

表 5-15　模型摘要[b]

Model	R	R Square	Adjusted R Square	Std. Error of the Estimate	R Square Change	F Change	df1	df2	Sig. F Change	Durbin-Watson
1	0.999[a]	0.998	0.997	41.78163	0.998	1236.548	2	6	0.000	2.763

a. 预测值：（常数），Z1、Z2；b. 应变量：Y。

表 5-16　变异数分析[a]

Model	Sum of Squares	df	Mean Square	F	Sig
1　Regression	4317295.330	2	2158647.665	1236.548	0.000[b]
Residual	10474.225	6	1745.704	—	—
Total	4327769.556	8	—	—	—

a. 应变量：Y；b. 预测值：（常数），Z1、Z2。

表 5-17　系数

Model	Unstandardized Coefficients B	Std. Error	Beta	t	Sig	95.0% Confidence Interral for B Lower Bound	Upper Bound	Correlations Zero-order	Partial	Part	Collinearity Statistics Tolerance	VIF
1　(Constant)	2380.222	13.927		170.904	0.000	2346.144	2414.301					
Z1	724.730	14.772	0.985	49.061	0.000	688.584	760.876	0.985	0.999	0.985	1.000	1.000
Z2	120.118	14.772	0.163	8.1310	0.000	83.972	156.264	0.163	0.957	0.163	1.000	1.000

表 5-17 给出了评价模型的检验统计量。从表 5-15 和表 5-16 可以得到：$R=0.999$，$R^2=0.998$，调整之后的 $R^2=0.997>0.95$，根据以上两个数据可知主成分线性回归模型拟合度较好，根据模型总体显著性检验的标准可知，若 F 检验的精确 P 值小于 0.05，即在 95% 的置信水平上可拒绝假设，则说明模型整体显著；自变量 Z1、Z2 的 t 检验的精确 P 值都小于 0.05，即在 95% 的置信水平可拒绝相应系数为 0 的原假设，故变量 Z1、Z2 为显著的。因此，可以说主成分线性回归精确度在合理的范围内，故可以根据表 5-17 建立主成分线性回归模型：

$$Y = 724.730Z1 + 120.118Z2 + 2380.222$$

第 5 章　陕西省社会物流成本预测研究

根据建立的模型可以得到陕西省社会物流成本具体预测值，见表 5 – 18。

表 5 – 18　陕西省社会物流成本预测与实际值误差分析表

年份	社会物流成本（亿元）	实际值（亿元）	相对误差
2015	3037.466095	2885	0.052847866
2016	3717.087418	3100	0.199060457
2017	4549.232642	3451	0.31823606

5.3.2　灰色神经网络预测模型

灰色神经网络预测模型是指首先利用自变量的历史数据建立灰色预测模型，从而预测出自变量未来几年的变化情况，同时再利用已有的历史数据和自变量的预测数据构建 BP 神经网络预测模型预测出因变量在未来几年的发展趋势，得到预测结果。为使预测结果更加准确，在预测前需对模型的有效性进行检验，若预测数据与实际数据的误差在可接受的范围内，则称该模型有效，同时也表明该模型适用于本书实例；反之，则称该模型无效，即表明该模型不适用于本书实例，可考虑选择其他模型进行预测。

1）灰色预测模型有效性检验

灰色预测模型主要用来对自变量进行预测。考虑到自变量的个数有 18 个，故本书以陕西省人均 GDP 为例来验证灰色预测模型的有效性。预测输入的训练样本为 2009—2014 年陕西省人均 GDP，由于数据仅有九年，样本量较少，所以预测输出的检验样本选择三年，即 2015—2017 年陕西省人均 GDP，利用 MATLAB 软件进行编程并计算。利用 MTALAB 灰色模型所预测的 2015—2017 年结果见表 5 – 19。

表 5 – 19　灰色预测模型结果

年份	预测值陕西省人均 GDP（元）
2015	48328.05
2016	52810.18
2017	57708.01

此预测结果与实际的陕西省 2015—2017 年人均 GDP 的值对比见表 5-20。

表 5-20　灰色预测模型误差检验

年份	预测值陕西省人均 GDP（元）	实际值	相对误差
2015	48328.05	47626	0.0147408767675876
2016	52810.18	51015	0.0351893170058131
2017	57708.01	57266	0.00771850340199205

由表 5-20 可知，经过灰色预测模型建模得到的陕西省人均 GDP 预测值与陕西省人均 GDP 实际值基本接近，进一步对比，2015—2017 年陕西省人均 GDP 的预测值和实际值，可得预测值和实际值相对误差均在 5% 以内，误差在可接受的范围内，满足需要的预测精度，利用灰色预测模型对自变量进行预测是有效的。因此，可以采用此模型对陕西省社会物流成本的各个影响因素指标进行 2018—2022 年的发展预测，预测结果见表 5-21。

表 5-21　自变量灰色预测结果

年份 指标	2018	2019	2020	2021	2022
$X1$（元）	63060.08	68908.52	75299.36	82282.92	89914.17
$X2$（万元）	107250.7	116322.3	126161.1	136832.2	148405.9
$X3$（亿元）	52609.08	58792.89	65703.56	73426.52	82057.27
$X4$（亿元）	1500.365	1986.786	2630.907	3483.853	4613.326
$X5$（%）	0.0804	0.078341	0.076336	0.074381	0.072477
$X6$（%）	0.488873	0.480453	0.472178	0.464045	0.456053
$X7$（%）	0.437054	0.451019	0.465431	0.480303	0.49565
$X8$（公里）	181299.2	185498.9	189795.9	194192.5	198690.9
$X9$（公里）	5080.743	5169.706	5260.227	5352.334	5446.053
$X10$（条）	343.8136	381.781	423.9411	470.757	522.7428
$X11$（亿元）	28800	33200	38300	44200	51100
$X12$（亿元）	10200	12900	16300	20600	26100
$X13$（亿元）	5196.042	7466.345	10728.61	15416.26	22152.07

第 5 章　陕西省社会物流成本预测研究

续表

年份 指标	2018	2019	2020	2021	2022
$X14$（条）	81.25053	103.6877	132.3208	168.8608	215.4913
$X15$（亿元）	1520.451	1653.764	1798.766	1956.482	2128.026
$X16$（辆）	334167.5	341924.5	349861.6	357983	366292.8
$X17$（%）	11.29464	12.14597	13.06146	14.04596	15.10466
$X18$（条）	19.20539	30.80819	49.42075	79.27795	127.1732

2）灰色神经网络模型有效性检验

选取 2009—2017 年的陕西省社会物流成本预测值及其影响因素指标的原始数据作为训练样本，根据数据样本情况，选择 2016 年的陕西省社会物流成本预测值作为检验样本，选取 2017 年陕西省社会物流成本预测值作为测试样本，根据训练样本、检验样本和测试样本，取 2009—2017 年的相关数据，运用统计量 MSE 对训练误差进行衡量，MSE 是均方误差。训练结果如图 5-11 所示。

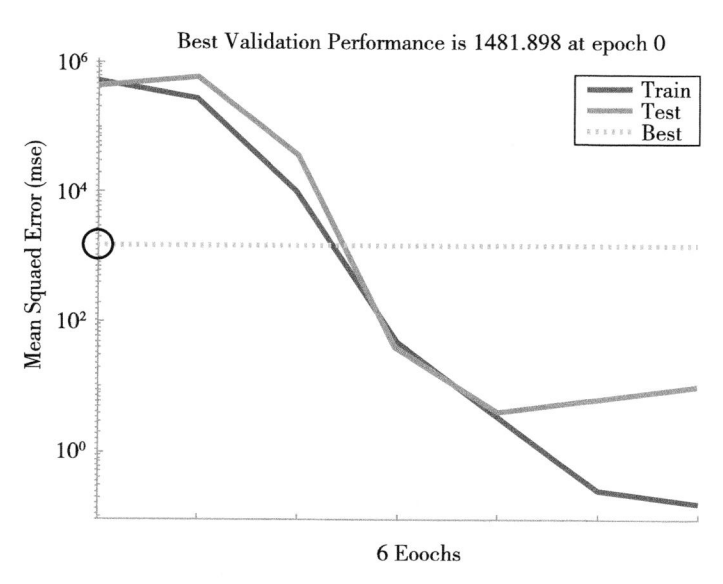

图 5-11　灰色神经网络训练

当隐层神经元的个数设置为 8 个时,迭代的次数和运算的精确程度降到最低,通过 6 次迭代,拟合的误差已经缩小到 0.1,因此可以看作灰色神经网络已基本拟合,其训练、检验和测试的样本个数和误差统计量分别见表 5-22。

表 5-22 神经网络预测模型误差检验

	样本个数	MSE
训练	9	10
检验	1	0.2
测试	1	5.4

在此基础上,将 2016 年的检验结果、2017 年的测试结果和实际数值进行对比,对比结果见表 5-23。

表 5-23 神经网络预测模型训练结果与实际数值对比

年份	预测值(亿元)	实际值(亿元)	相对误差
2015	2872.351789	2885	0.00285409667347500
2016	3166.847603	3100	0.021563743
2017	3393.735558	3451	-0.0313950634082225

由表 5-23 可见,训练和测试的误差都在可接受范围之内,且随着预测周期的增长,误差也越大。

5.3.3 两种预测模型结果对比

通过上文对两种预测模型有效性检验的分析,可知以上两种预测模型都可以用于本书的预测。根据上文构建的模型,可以得到 2015—2017 年预测的结果,比较两种模型的预测结果可以得到两种预测模型的预测精度见表 5-24。

表 5-24 两种预测模型预测精度

年份	实际值(亿元)	灰色神经网络预测误差	主成分线性回归预测误差
2015	2885	0.00285409667347500	0.052847866
2016	3100	0.021563743	0.199060457
2017	3451	-0.0313950634082225	0.31823606

第5章 陕西省社会物流成本预测研究

通过实例的对比不难看出：2015—2017年灰色神经网络预测误差均小于主成分线性回归预测误差，由此可知，灰色神经网络得到的预测结果比主成分线性回归的准确度要略高。因此本书采用灰色神经网络对陕西省社会物流成本进行最终预测。

5.3.4 灰色神经网络模型预测

通过前文的分析，已经验证了灰色神经网络预测模型更加有效，因此可以通过灰色神经网络预测模型对2018—2023年的陕西省社会物流成本进行预测，预测结果见表5-25、图5-12。

表5-25 陕西省社会物流成本预测值 Y

年份	陕西省社会物流成本（亿元）
2018	3876
2019	4289
2020	4745
2021	5250
2022	5808
2023	6426

社会物流成本系统是一个相当复杂的系统，在认识不够清楚、相关统计数据不够完整的情况下，灰色神经网络预测模型为我们提供了一个比较精确的预测方法。从图5-12可以看出，2018—2023年，陕西省的社会物流成本增长速度将会保持在10.63%左右，根据历年陕西省的社会物流成本数据来看也基本保持着13%左右的增长速度，说明陕西省物流业在目前基本保持在一个稳定的发展状态，社会物流成本也随之保持在一个稳定的增长状态，且与物流业的发展速度相比社会物流成本的增速更低，表明陕西省社会物流成本得到了一定的控制。虽然如此，在陕西省物流业目前良好的发展趋势下，还应优化配置物流资源，增强现代物流产业结构的调整，引进其他地区和国外先进的物流技术和管理模式，提高陕西省物流产业的整体水平，从而进一步有效控制社会物流成本。

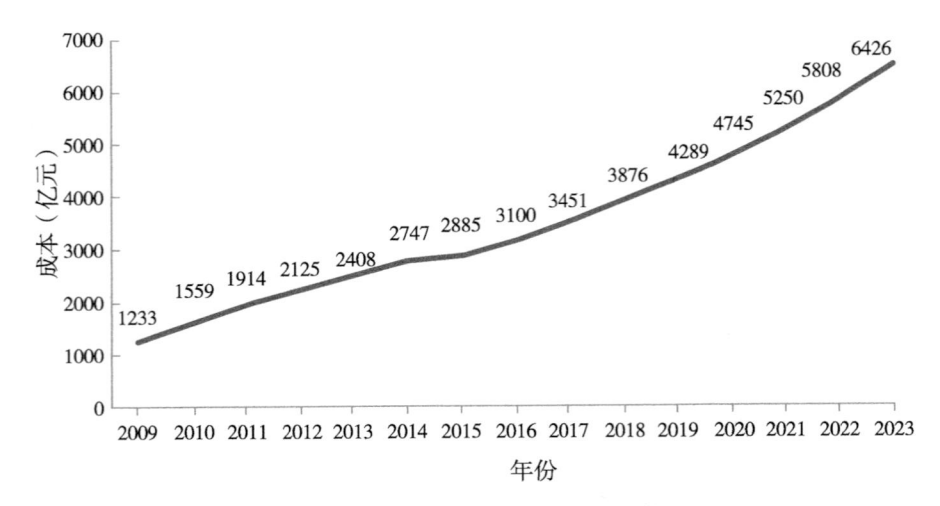

图 5-12 陕西省社会物流成本趋势

从表 5-25 对陕西省社会物流成本进行预测的结果来看，灰色神经网络预测模型只需要少量的数据即可以进行建模。但在实际工作实践中，如果涉及问题的原始序列信息丰富、样本空间也较大时，我们也可以从中选择一部分数据对其进行建模，对于社会物流成本的灰色预测模型并不仅限于书中所用的，也可以尝试其他类型的灰色模型做预测。在实际工作中，选择哪种模型进行预测需要根据具体实际情况加以充分的定性分析而定，一个模型能否用来预测，需要对其进行检验以判断其是否符合实际情况。

陕西省社会物流成本的灰色神经网络预测以及前文中的灰色关联度的计算，均通过 MATLAB 软件的语言编程实现，MATLAB 的编程语言不仅具备大量的各种函数资源而且具有良好的软件运行环境，相比较其他的高级语言 MATLAB 的编程效率明显更高，且就算是初学者使用起来也很方便，可以通过简单的操作实现复杂计算，通过实际应用，证明在具体实践操作中可以用该软件进行相关计算。

5.3.5 陕西省社会物流成本有效控制的对策建议

从前文的预测结果可知，2019—2023 年陕西省社会物流成本将呈现上升的趋势，这就对陕西省物流业的发展提出了更高的要求，本书基于前文

第 5 章　陕西省社会物流成本预测研究

陕西省社会物流成本影响因素的分析提出以下三点发展建议。

1) 优化产业结构，促进产业集群

根据前文的分析，产业结构是影响陕西省社会物流成本的关键因素，不同的产业对物流成本的影响是不一样的，因此需进一步优化产业布局。目前，陕西省处于工业化阶段，这与我国国情是一致的，且第二产业占据三大产业的主导地位。虽然发展第三产业可降低社会物流成本，但仍不可忽略对陕西省经济发展起主要作用的第二产业。除此之外，陕西省是农业大省，而农产品的周转次数及流通环节较多，对物流活动的依赖也较大，因此陕西省社会物流成本的降低除了继续发展第三产业，提高第三产业所占比重，还应继续保持农业和工业的发展，优化各大产业的空间布局。同时，引进其他地区或国际先进的第三方物流服务业，建立现代化的物流园区，促进物流产业集群，还需加强物流业与陕西省机械制造业、食品加工业、药品生产加工业等其他重点产业的协同发展，有效整合各种社会资源，提高综合物流效率，进而降低陕西省社会物流成本。

2) 提高综合运输能力，建设物流信息平台

通过前文的分析可知，交通固定资产投资与陕西省社会物流成本的关联度最高，这也反映出想要有效控制社会物流成本，必须从物流基础设施建设着手。陕西省的运输方式主要是公路运输，但公路运输的成本高、单次运量少，因此陕西省应注重整合运输结构，优化各种运输方式所占的比例，增加成本低、运量大的铁路运输方式，强化各种运输方式之间的分工衔接，从而完善陕西省的综合运输体系。其中，铁路运输还需提高货运效率，尽量减少不合理运输带来的物流成本，且需要优化所承担货物的运输结构，积极发展铁路运输，协调公路运输的衔接作用，结合铁路与航空联运等综合运输方式，大力采用和推广多式联运，实现各种运输方式之间的紧密配合，还可建立铁路、公路、航空联运的国内和国际货运枢纽型的物流基地。区域物流成本需要对各类型各角度的信息进行收集。对每个信息进行有目的的分类和分析。建立物流信息化平台可以实现物流市场信息的对接和信息交换与共享，结合计算机网络技术，对相应的有价值的物流运输等信息进行筛

选。信息使用者可以通过对物流市场信息的有效判定得出物流中如何合理配置、调整运量与运输时间。物流信息平台的建立具有重要的沟通和指导交易的作用,对物流过程中最大化地运用运输和储运空间、有效保障时效性都具有实用价值,并且对陕西省社会物流成本的有效控制具有指导意义。

3) 营造政策环境,保证物流业的健康可持续发展

从陕西省物流业的发展来看,税费负担、物流用地、交通基础设施的建设、物流企业融资和开设网点等问题都制约着陕西省物流业的进一步发展,这些问题的解决都离不开政府及相关部门的政策支持。目前,相关政策的支持是陕西省物流业发展的重要机遇,政府及相关部门要继续增加优惠政策,用足用好政策,并努力促进政策落地。因此,陕西省政府应贯彻落实物流业发展规划,专门协调落实陕西省的各项物流政策、制定相关制度法规以及资金的使用、管理、跟踪和考察等工作。对于物流业的发展和物流设施的建设,政府应当统筹全局、合理引导,在充分利用现有的场站、枢纽和仓储设施等资源的基础上,尽量减少资源的占用和耗费,避免由于不适当的鼓励政策造成重复建设,特别要加强对中心城市、交通枢纽和口岸地区大型物流设施的统筹规划,要充分考虑各种运输方式的衔接和物流功能设施的综合配套。加快相关公共基础设施的建设,整合铁路、公路、民航等综合交通运输和仓储、农工商产品流通等众多环节和领域资源,制定行业规章制度,理顺长期困扰物流产业的管理体制、机制,增强物流市场活力,有效降低物流成本,促进物流业的进一步发展。

5.3.6 本节总结

本节主要构建了陕西省社会物流成本预测的主成分线性回归模型和灰色神经网络预测模型,通过以上两个模型进行计算并求解,得出预测结果,同时将两种预测模型的结果进行对比,发现后者的精确度要优于前者,而且陕西省社会物流成本在未来的一段时间内将会呈现上升的趋势。

第6章 我国社会物流业成本效率及预测研究

6.1 我国物流业成本投入现状

物流业属于生产性服务业,是国家鼓励发展的重点行业。物流业作为国民经济基础产业,融合了道路运输业、仓储业和信息业等多个产业,涉及领域广,吸纳就业人数多,物流业的发展可以推动产业结构调整升级,其发展程度成为衡量综合国力的重要标志之一。物流行业规模与经济增长速度具有直接关系,近十几年物流行业的快速发展主要得益于国内经济的增长,但是与发达国家物流发展水平相比,我国物流业尚处于发展期向成熟期过渡的阶段。一方面,物流企业资产重组和资源整合步伐进一步加快,形成了一批所有制多元化、服务网络化和管理现代化的物流企业;另一方面,物流市场结构不断优化,以"互联网+"带动的物流新业态增长较快;再有,社会物流总费用占GDP的比重逐渐下降,物流产业转型升级态势明显,物流运行质量和效率有所提升。但是,我国社会物流总费用占GDP比重一直远高于发达国家,2016年我国的该值为14.9%,美国、日本、德国均不到10%,因此我国物流产业发展还有较大空间。2010—2017年,全国社会物流总额从125.4万亿元攀升至252.8万亿元,实现10.53%的年均复合增长率,社会物流需求总体上呈增长态势。

6.1.1 物流业相关政策现状

2004年8月5日,国家发改委、商务部等九部委联合发布了《关于促进我国现代物流业发展的意见》，取消了针对物流行业的行政性审批，建立了由国家发改委牵头，商务部等有关部门和协会参加的全国现代物流工作协调机制，成员由国家发改委、商务部、铁道部、交通部、工业和信息化部、中国民用航空总局、公安部、财政部、工商总局、税务总局、海关总署、国家质检总局、国家标准委等部门及有关协会组成，主要职能是提出现代物流发展政策、协调全国现代物流发展规划、研究解决发展中的重大问题、组织推动现代物流业发展等。

2005年，国家质量监督检验检疫总局和国家标准化管理委员会联合发布了《物流企业分类与评估指标中华人民共和国国家标准》，将物流企业分为三类：运输型、仓储型和综合物流型。前两者业务功能主要涉及运输、仓储等单个物流环节服务集成；综合服务型物流企业可以为客户制定整合物流资源的运作方案，并提供运输、货运代理、仓储、配送等多种物流服务。

2009年3月，国务院出台了《物流业调整和振兴规划》，对物流业的发展起到了极大的推动作用：在国民经济中的地位得到了大幅提升；网络化、规模化的趋势进一步强化，信息化和供应链技术得到广泛应用，这是物流业发展向好的一面。

近年来，随着物流对国民经济的重要性日益凸显，物流行业得到政府相关部门的重视，国务院及各部委和地方政府等陆续出台物流业政策，支持物流行业发展。支持物流业的主要政策，见表6-1。

表6-1 政策统计

年份	文件名称	相关内容
2013	《工业和信息化部关于推进物流信息化工作的指导意见》	全面推进物流信息采集的标准化、电子化、自动化和智能化，确保信息及时、准确、完整。全面推进各主体加强物流信息资源的集成应用。鼓励采取多种方式实现物流信息的互通交换，贯通信息链条，提高物流的效率、效益和服务水平
2014	《物流业发展中长期规划（2014—2020）》	物流业是融合运输、仓储、货代、信息等产业的复合型服务业，是支撑国民经济发展的基础性、战略性产业。加快发展现代物流业，对促进产业结构调整、转变发展方式、提高国民经济竞争力和建设生态文明具有重要意义

第6章 我国社会物流业成本效率及预测研究

续表

年份	文件名称	相关内容
2015	《国务院办公厅关于推进线上线下互动加快商贸流通创新发展转型升级的意见》	转变物流业发展方式,运用互联网技术大力推进物流标准化,重点推进快递包裹、托盘、技术接口、运输车辆标准化,推进信息共享和互联互通,促进多式联运发展。大力发展智能物流,运用北斗导航、大数据、物联网等技术,构建智能化物流通道网络,建设智能化仓储体系、配送系统。发挥互联网平台实时、高效、精准的优势,对线下运输车辆、仓储等资源进行合理调配、整合利用,提高物流资源使用效率,实现运输工具和货物的实时跟踪和在线化、可视化管理,鼓励依托互联网平台的"无车承运人"发展。推广城市共同配送模式,支持物流综合信息服务平台建设。鼓励企业在出口重点国家建设海外仓,推进跨境电子商务发展
2015	《国务院办公厅关于促进跨境电子商务健康快速发展的指导意见》	支持各地创新发展跨境电子商务,引导本地跨境电子商务产业向规模化、标准化、集群化、规范化方向发展。鼓励外贸综合服务企业为跨境电子商务企业提供通关、物流、仓储、融资等全方位服务。支持企业建立全球物流供应链和境外物流服务体系。充分发挥各驻外经商机构作用,为企业开展跨境电子商务提供信息服务和必要的协助
2016	《综合运输服务"十三五"发展规划》	"十三五"期间,交通运输部将重点围绕建设统一开放的综合运输市场体系、提升综合运输通道服务效能、提高综合运输枢纽服务品质、构建便捷舒适的旅客运输系统、建设集约高效的货运物流体系、发展先进适用的运输装备技术、促进开放共赢的国际运输发展、加强运输从业人员职业化建设、深化运输安全保障能力建设、推动"互联网+"与运输服务融合发展、促进运输服务与相关产业联动发展11个方面,全力打造综合运输服务升级版
2016	《营造良好市场环境推动交通物流融合发展实施方案》	推动交通物流融合发展,提升交通物流综合效率效益,有效降低社会物流总体成本

续表

年份	文件名称	相关内容
2017	《商贸物流发展"十三五"规划》	到 2020 年商贸物流成本明显下降，批发零售企业物流费用率降低到 7% 左右，服务质量和效率明显提升
2017	《国务院办公厅关于进一步推进物流降本增效促进实体经济发展的意见》	年内实现全国通关一体化，将货物通关时间压缩三分之一；加快制定和推广国际贸易"单一窗口"标准版，实现一点接入、共享共用、免费申报；统筹研究统一物流各环节增值税税率；开展物流领域收费专项检查，着力解决"乱收费、乱罚款"等问题；加快推进物流仓储信息化、标准化、智能化，提高运行效率；着力推进铁路货运市场化改革；推进公路、铁路、航空、水运、邮政及公安、工商、海关、质检等领域相关物流数据开放共享，向社会公开相关数据资源
2017	《关于推动物流服务质量提升工作的指导意见》	通过强化物流企业服务质量意识、建立物流服务质量指标体系、健全物流服务质量标准体系等九项重点任务，树立并强化"中国物流"优质服务形象
2018	《关于积极推进供应链创新与应用的指导意见》	到 2020 年，物流标准化水平明显提升。标准托盘占全国托盘保有量比例由目前的 27% 提高到 32% 以上，使用领域占比由目前的 65% 提高到 70% 以上等
2018	《关于推进电子商务与快递物流协同发展的意见》	深入实施"互联网+流通"行动计划，提高电子商务与快递物流协同发展水平，完善电子商务与快递物流协同发展政策法规体系，协调发展，使衔接更加顺畅

6.1.2 社会物流总费用现状

行业内普遍以全社会物流总费用占 GDP 的比重来评价整个经济体的物流效率，社会物流总费用占 GDP 的比重越低，代表该经济体物流效率越高，物流产业越发达。从图 6-1 中可以看到 2010—2017 年，全国社会物流总费用从 7.1 万亿元上升到 12.1 万亿元，年复合增长率为 7.91%，体现出我国物流行业在需求旺盛的情况下，物流总费用规模也不断扩大。在此期间，全国物流总费用与 GDP 的比重从 17.8% 下降至 14.6%，物流效率总体有所提升，但是与较发达国家的物流效率水平相比，还存在较大改进空间。

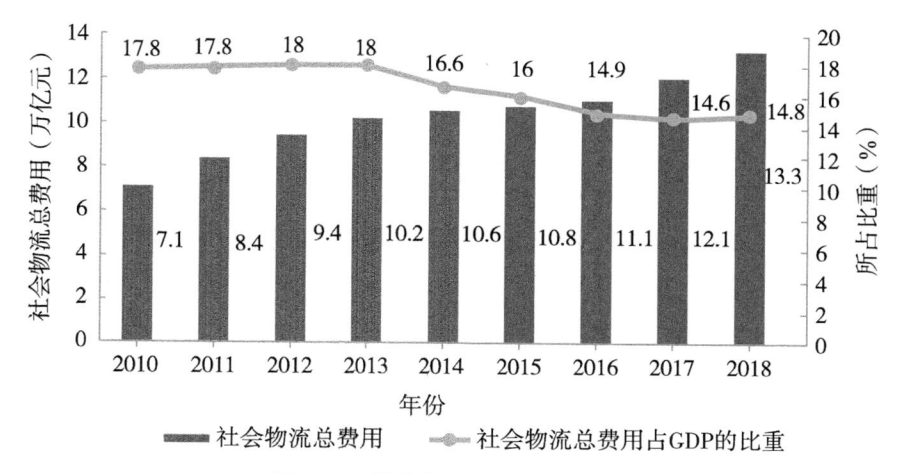

第 6 章 我国社会物流业成本效率及预测研究

图 6-1 社会物流总费用变化趋势

从图 6-1 中还可以看到，2018 年我国社会物流总费用为 13.3 万亿元，同比增长 9.9%，增速比 2017 年同期提高 0.9 个百分点，占 GDP 比重为 14.8%，比 2017 年同期上升 0.2 个百分点，是美国的近 2 倍，物流成本明显偏高。其中运输费用 6.9 万亿元，同比增长 6.5%，增速比 2017 年同期下降 4.3 个百分点，运输费用占 GDP 的比重为 7.7%，比 2017 年同期下降 0.3 个百分点，说明运输方面的降本增效成果显著；保管费用 4.6 万亿元，同比增长 13.8%，增速比 2017 年同期提高 7.1 个百分点，保管费用占 GDP 的比重为 5.1%，比 2017 年同期提高 0.4 个百分点，费用增长的主要原因有以下三点：一是资金成本有所上升；二是部分地方物流用地紧张，造成仓库紧张，仓储费用上升的幅度比较大；三是在管理成本这方面，诸如劳动力等要素成本都是刚性的，故有所上升。管理费用 1.8 万亿元，同比增长 13.5%，增速比 2017 年同期提高 5.1 个百分点，管理费用占 GDP 的比重为 2%，比 2017 年同期提高 0.1 个百分点。我国社会物流总费用占 GDP 的比重不仅高于美国、日本、德国等经济发达国家，而且跟经济发展水平基本相当的金砖国家相比也偏高，例如印度为 13.0%，巴西为 11.6%。

从发达国家走过的历程来看，社会物流总费用占 GDP 的比重一般要经过升、降、平三个阶段，并且在下降阶段也常常伴随阶段性反弹。当前我国经济已经从高速增长向高质量阶段转变，社会物流总费用与 GDP 比重总体稳中下行，但在下行过程中出现波动，甚至出现阶段性反弹，也是正常走势变化，不影响物流运行效率提高、社会物流费用水平整体下降的基本判断。

6.1.3 物流业能源投入现状

2018年，我国能源消费增速延续反弹态势、能源消费结构显著优化。全年能源消费总量46.4亿吨标准煤，同比增长3.3%，增速创五年以来新高，其中电力消费增速创七年最快。天然气、水电、核电、风电等清洁能源消费量占能源消费总量的22.1%，同比提高了1.3个百分点。作为调结构的主力，非化石能源消费占比达到14.3%，同比上升0.5个百分点。我国以较低的能源消费增速支撑了经济的中高速增长，能源消费弹性系数为0.5。

从各能源占比来看，清洁能源产量占比不断提高，我国能源消费结构不断优化。2013—2017年这五年天然气产量占能源总产量比重在不断上升，从2013年的4.4%上升到2017年的5.4%，一次电力及其他能源占比从2013年的11.8%提升至2017年的17.4%。我国清洁能源发展越来越受到重视，产量占比不断提高。相比传统能源而言，原油也有所下降。煤炭占比更是从2013年的75.4%下降到2017年的69.6%。2018年非化石能源和天然气的消费比重分别达到14.3%和7.8%；煤炭消费比重下降到59.0%。天然气、水电、核电、风电等清洁能源消费占能源消费总量的比重同比提高约1.3个百分点，煤炭消费所占比重下降1.4个百分点。

现代物流业作为被国家"十二五"发展规划明确为经济十大支柱产业之一，面临着发展与振兴的良好机遇，然而近年来的碳排放数据显示，物流业的碳排放比例呈持续上升趋势。随着国内外碳排放政策的陆续出台，作为能耗、碳排放和污染大户的物流行业面临着十分严峻的节能减排挑战。随着经济发展、工业化和人口增长，物流货运量持续攀升，物流业的能源消耗和碳排放也不可避免地随之增加。

由中国能源碳排放数据统计可知：①我国物流业能源消耗量处于持续快速增长阶段，符合物流需求正处于增长的态势，物流业在国民经济中的地位日益受到重视；②我国物流业能源消耗结构正逐步降低煤炭等固体燃料的比例，当前以油类燃料为主体消费结构，且清洁能源使用占比正在提

第6章 我国社会物流业成本效率及预测研究

高,能源消费结构正处于优化升级的关键时期;③清洁可再生能源在运输业利用依旧偏少,应加强推广清洁能源的利用,积极应对环境压力。因此,随着物流业在国民经济中的支柱地位越来越突出,该行业的能源消耗量处于快速上涨趋势,如何优化物流业能源消耗结构,提高能源利用效率,降低能源消耗强度,是目前面临的一个非常急迫的任务。我国应该对物流业增质提效、转型升级,采取有效节能减排措施,平衡经济效益与环境效益,实施低碳可持续发展战略。

6.1.4 物流业基础设施现状

随着物流业固定资产投资的持续较快增长,物流基础设施条件明显改善。截至 2016 年年底,全国铁路营业里程达到 12.4 万公里,其中高速铁路里程达到 2.2 万公里且在逐渐上升;全国公路里程达到 469.63 万公里,比 2015 年年末增加 11.9 万公里。全国内河通航里程达到 12.71 万公里,港口万吨级及以上泊位 2317 个,港口拥有生产用码头泊位 30388 个,颁证民用航空机场达 218 个,比 2015 年增加 8 个,其中定期航班通航机场 216 个,定期航班通航城市 214 个,全国铁路机车拥有量 2.1 万台,公路营运汽车 1435.77 万辆。全国铁路及公路里程变化情况,如图 6-2 所示。

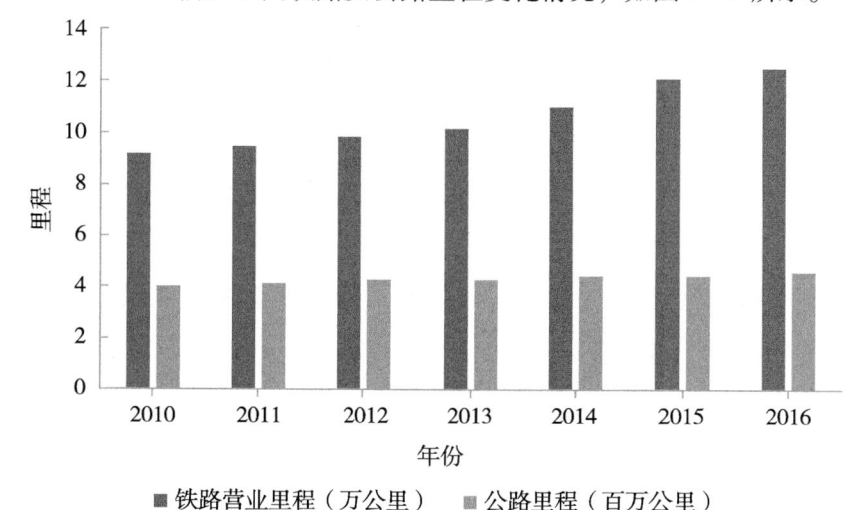

图 6-2 铁路及公路里程变化情况

近年来，我国物流行业增长迅速，在国民经济中起着举足轻重的作用，从某种意义上讲，物流业的发展已成为衡量一个国家综合国力的重要标志。物流园区是物流业集聚发展的重要载体，经过十几年发展，我国物流园区得到快速发展，产业地位日益突出，对于转变物流发展方式，加快行业转型升级具有重要作用。

中国物流与采购联合会、中国物流学会先后于 2006 年、2008 年、2012 年、2015 年和 2018 年组织了五次全国物流园区（基地）调查。最新调查数据显示，近年来，我国物流园区数量稳步增长。2018 年全国包括运营、在建和规划的各类物流园区共计 1638 家，比 2015 年的 1210 家增长 428 家。2015—2018 年，我国物流园区个数年均增长约 11%，如图 6 – 3 所示。

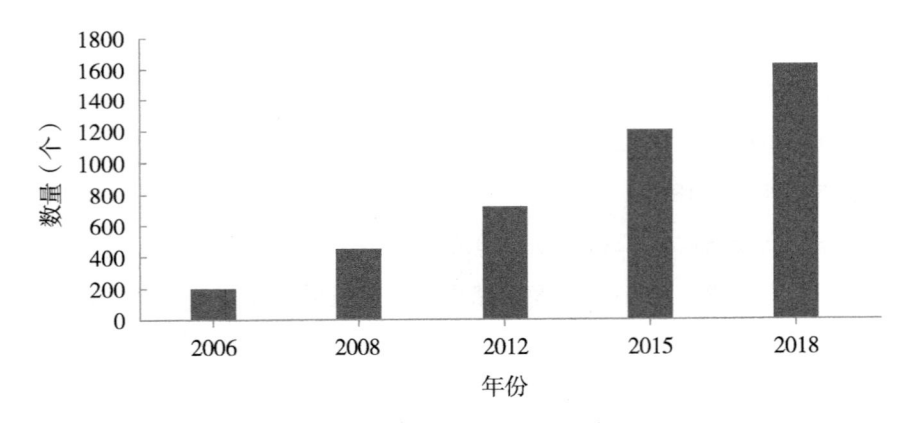

图 6 – 3　全国物流园区数量统计

此外，如图 6 – 4 所示，2018 年全国物流园区在营状态数量、在建状态数量、规划状态数量均有较大增长。数据显示，在 2018 年全国 1638 家物流园区中，在营的有 1113 家，占 68%；在建的有 325 家，占 20%；规划的有 200 家，占 12%。

物流园区作为产业集群空间集聚的外在表现，其规划布局与经济发展程度密切相关。东部地区率先改革开放，推动经济持续快速增长，物流园区规划建设起步早，目前 75.7% 的园区已进入运营状态。西部地区随着近年来经济增速加快，物流园区进入规划建设快速发展期，在营园

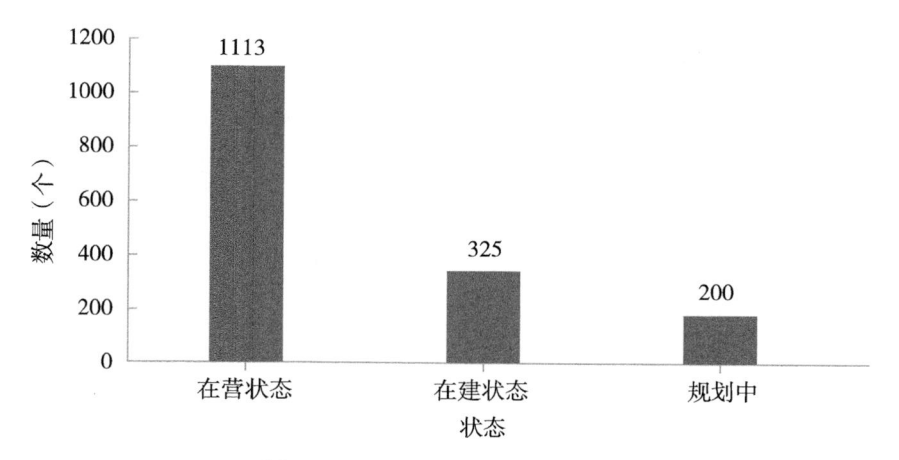

第6章 我国社会物流业成本效率及预测研究

图 6－4　2018 年物流园区状态统计

区占比为 61.3%，规划和在建园区占比分别为 15.9% 和 22.8%，高于其他地区。分省区来看，物流园区总数最多的前三名分别为山东（117 个）、江苏（102 个）和河南（97 个）；运营园区数量最多的前三名分别为江苏（91 个）、山东（86 个）和浙江（70 个）。而海南、西藏、青海等省区的物流园区总数还在 10 家以内。近年来，随着国内众多集货运服务、生产服务、商贸服务和综合服务为一体的综合物流园区相继建立，以及功能集聚、资源整合、供需对接、集约化运作的物流平台不断涌现，我国仓储、配送设施现代化水平不断提高。上述物流网络建设的不断完善，为物流行业今后的发展扫除了障碍，有利于今后物流企业平稳、快速增长。

虽然中国物流业相对于美国、日本等物流发达国家起步较晚，但是随着国民经济和国内电子商务的快速发展，物流业市场需求不断扩大，在国家持续、积极的宏观政策影响下，中国物流业将持续快速、稳定地增长。国家发展改革委在《物流业降本增效专项行动方案（2016—2018 年）》中指出按照党中央、国务院关于推进供给侧结构性改革和降低实体经济成本的决策部署，为解决物流领域长期存在的成本高、效率低等突出问题，应大力推动物流业降本增效，推进物流业转型升级，提升行业整体发展水平，更好地服务于经济社会发展。但是，我国各行政区域经济发展水平有所差异，导致区域之间的物流业发展水平和物流成本也各不相同。物流成本作为物流业发展水平的影响指标之一，对其进行深入研究具有一定的现实意义。通过建立我国社会物流成本预测模型，对社会物流成本进行定量预测分析研究，可监测我国社会物流成本的变动情况，为各级政府及相关部门政策的制定、物流运行情况的跟踪和控制以及相关企业进行决策和投资提供可靠、科学的依据，进而提升区域物流行业的监管水平。

6.1.5 物流相关行业发展现状

1）仓储业发展现状

物流的基本任务是完成物资的存储和运输，工业物流的概念形成于20世纪50年代的美国，1963年引入日本及其他工业发达国家，1980年引入中国。工业物流通过将企业订单管理、库存、运输、仓储管理、物料处理以及包装管理优化成有机整体，使得物流过程能与供应链整体保持同步，有利于降低物流成本、缩短订单处理时间、减少整体库存水平。对现代企业来说，当市场空间和份额增速放缓、设备更新及人力资源利用等对制造成本降低空间有限时，物流成本的下降将为工业企业带来"第三利润源"。

仓储是商品流通的重要环节之一，也是物流活动的重要支柱。一般来说，仓储流程如图6-5所示。在社会分工和专业化生产的条件下，为保证社会再生产过程的顺利进行，必须储存一定量的物资，以满足一定时间内社会生产和消费的需要。随着我国工业和经济的发展，仓储业的现代化要求也在不断提升。从世界范围来看，物流仓储主要分为人工仓储、机械化仓储、自动化仓储、集成自动化仓储、智能自动化仓储五个阶段。现阶段我国仓储发展正处在自动化和集成自动化阶段，随着信息技术的发展，未来将结合工业互联网的技术向智能化升级。仓储成本的控制是社会物流成本降低的重中之重。

第 6 章 我国社会物流业成本效率及预测研究

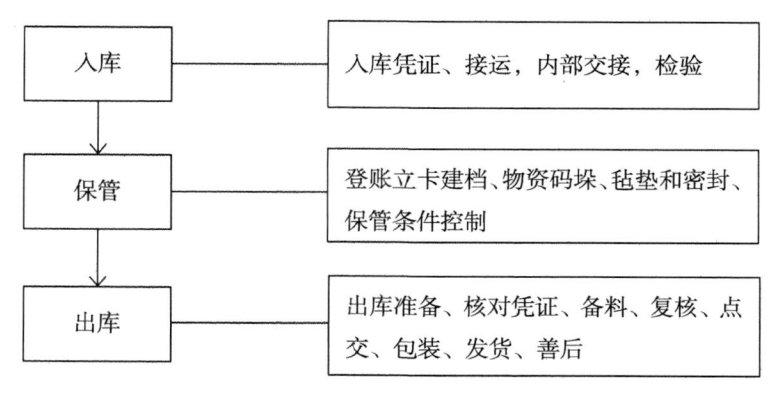

图 6-5 仓储流程

从产业链来看，智能仓储与普通仓储的下游相同，包括烟草、医药、汽车、零售、电商等诸多行业，但对上游的设备及软件和中游的系统集成提出新的要求。上游包括叉车、输送机、分拣机、AGV、堆垛机、穿梭车等硬件设备和 WMS、WCS 系统等软件系统；中游根据行业的应用特点使用多种设备和软件，设计建造智能仓储物流系统，如图 6-6 所示。随着工业经济的发展，仓储物流的升级将带动上游和中游的跨越发展。随着仓储技术的转型与升级，我国社会物流成本也会得到有效降低，物流效率大大提升。

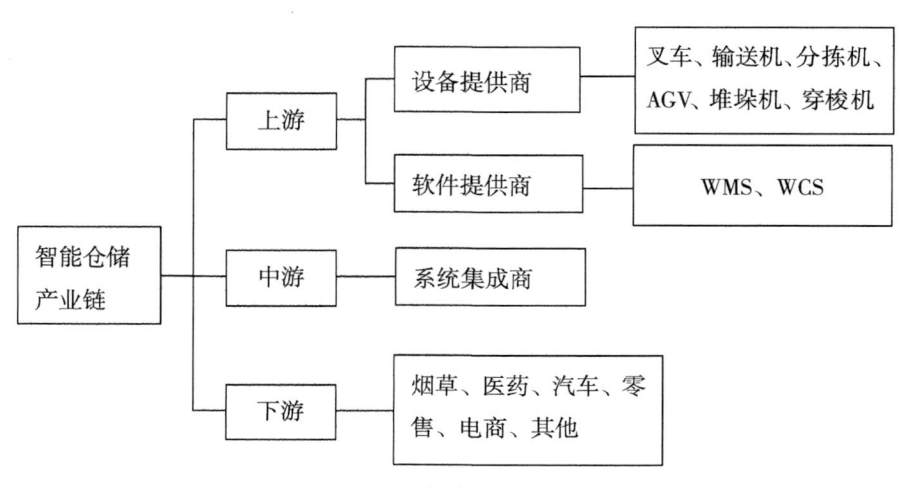

图 6-6 智能仓储产业链

仓储在国民经济中占有重要的地位和作用。近年来，仓储业占社会物流总费用的比重和仓储业占 GDP 的比重都随着仓储业的发展而不断上升，仓储业在整个经济运行中的地位逐年提高。数据显示，2016 年我国仓储行业企业数量达 5.2 万家，从 2010 年的 1.7 万家增长至 2016 年的 5.2 万家，年复合增长率为 20.4%。截至 2016 年年底，全国累计建成的自动化立体库已经超过 3000 座。从行业供应方面来看，2016 年仓储行业新增固定资产规模达 5885.1 亿元，同比增长 22.5%，由 2010 年的 992.2 亿元增长至 2016 年的 5885.1 亿元，年复合增长率达 34.5%。2016 年我国物流自动化系统市场规模达 758 亿元，过去 16 年国内自动化物流仓储系统市场以年均 23% 的速度快速成长。2017 年全国社会物流总费用 12.1 万亿元，其中保管费用 3.9 万亿元，管理费用 1.6 万亿元，仓储费用是为储存保管一定数量的商品物资所支出的仓储保管费用和应负担的企业管理费用的总和，因此 2017 年仓储费用占社会物流总费用的 45.5%，占 GDP 的 6.65%。2018 年上半年社会物流总费用 6.1 万亿元，仓储费用为 3 万亿元，仓储费用占社会物流总费用的 49.2%，占 GDP 的 7.16%。

并且近六年受益于消费升级和智能制造发展的推动，增速呈现逐渐加速的趋势，预计未来将保持 20% 的增速，2022 年自动化物流装备市场规模将突破 2600 亿元。而自动化立体仓库也将受益于行业整体发展的趋势保持快速增长，据统计，2016 年我国自动化立体库市场规模约为 149 亿元，同比增长 23%，近十年来自动化物流仓储系统市场规模保持了平均 20% 左右的增长速度，预计未来将维持 20% 增速，到 2020 年有望达到 325 亿元。

数据显示，2017 年，仓储业固定投资额为 6855.78 亿元，同比下降 1.83%，首次出现负增长，同年物流业（含交通运输、仓储和邮政业）固定资产投资总额增幅为 14.8%，全社会固定资产投资额增幅为 7.2%。究其原因是由于仓储业投资连续十年大幅增长，仓储设施日趋饱和，业内投资转向库内功能完善、末端节点建设、信息化、智慧化（云仓储、大数据、物联网）等方面，导致固定投资增幅趋缓。仓储行业是流通行业的重要子行业之一，储藏和保管商品就是主要业务形态。中国物流与采购联合会发布的 2018 年 11 月中国物流业景气指数为 55.9%，较 2018 年 10 月回

第6章 我国社会物流业成本效率及预测研究

升 1.4 个百分点；中国仓储指数为 54.6%，较 2018 年 10 月回升 2.9 个百分点。12 月，物流仓储业景气指数再次攀升高位，显示出供应链上下游采购销售活动更加活跃，市场需求回升态势进一步巩固。从 2018 年中国仓储指数和物流景气指数走势来看，前瞻预测 2019 年国内宏观经济发展质量有望继续提升，"互联网+"高效物流快速发展，在此背景下，我国仓储行业的运行环境将会继续优化，行业稳中向好的格局将会延续。

2）交通运输业发展现状

运输成本是社会物流成本的最重要的组成部分，而交通物流业的发展是有效提高物流运营效率、降低社会物流成本的重要"捷径"。2018 年上半年，我国交通运输业完成货运量 232.1 亿吨，同比增长 6.9%，增速较 2018 年一季度上升 0.6 个百分点。从运输方式看，铁路货运保持较快增长，2018 年上半年完成货运量 19.6 亿吨，同比增长 7.7%，占全社会比重达 8.4%，占比较 2017 年有所提高，铁路大宗物资运输优势进一步发挥，煤炭增量占总增量的 80% 左右；公路货运保持增长，完成货运量 179.8 亿吨，同比增长 7.7%，高速公路货车流量同比增长 9.7%；水路货运增速回升，完成货运量 32.7 亿吨，同比增长 2.5%，增速较 2018 年一季度回升 2.0 个百分点；民航货运稳步增长，完成货运量 356 万吨，同比增长 6.4%。快递业务量持续高速增长，完成业务量 220.8 亿件，同比增长 27.5%。

港口运输业的发展是物流需求增长的重要因素，也间接对社会物流成本有一定影响。我国港口货物运输 2018 年完成货运量 66.78 亿吨，同比增长 4.6%，货物周转量 98611.25 亿吨公里，同比增长 1.3%。其中，内河运输完成货运量 37.05 亿吨、货物周转量 14948.68 亿吨公里；沿海运输完成货运量 22.13 亿吨、货物周转量 28578.71 亿吨公里；远洋运输完成货运量 7.60 亿吨、货物周转量 55083.86 亿吨公里。全国港口完成货物吞吐量 140.07 亿吨，同比增长 6.1%。其中，沿海港口完成 90.57 亿吨，增长 7.1%；内河港口完成 49.50 亿吨，同比增长 4.3%。全国港口完成外贸货物吞吐量 40.93 亿吨，同比增长 6.3%。其中，沿海港口完成36.55亿吨，同比增长5.8%；内河港口完成4.38亿吨，同比增长10.0%。全国港口完成集装箱吞吐量2.38亿TEU，同比增长8.3%。其中，沿海港口完成2.11亿TEU，同比增长7.7%；内河港口完成2739万TEU，同比增长13.4%。全国规模以上港口完成集装箱铁水联运量348万TEU，占规模以上港口集装箱吞吐量的比重为1.47%。2018年上半年，规模以上港口货物吞吐量完成65.4亿吨，同比增长2.4%，增速较2018年一季度回升0.9个百分点，其中内、外贸吞吐量分别增长2.1%和2.9%。从重点货类看，能源和集装箱较快增长，北方港口煤炭下水量同比增长6.4%，原油、液化气外贸进港量分别增长6.0%和36.7%，集装箱吞吐量增长5.4%。铁矿石和矿建材料出现下降，其中铁矿石外贸进港量下降1.1%、砂石等矿建材料吞吐量下降5%。

交通固定资产投资规模高位运行，固定资产的投入是社会物流成本的重要影响因素。2018年上半年，交通固定资产投资完成1.33万亿元，同比保持稳定。公路水路完成投资9806亿元，同比增长1.4%，完成全年1.8万亿元任务目标的54.5%，进度较2017年同期加快0.7个百分点。其中，高速公路、农村公路分别完成投资4311亿元和1909亿元，同比分别增长12.8%和1.8%，普通国道、省道完成投资2846亿元，同比下降13.2%，水运建设完成投资511亿元，同比下降9.0%。

我国从计划经济向市场经济转变后对交通运输的要求越来越高，为适应国民经济社会发展的需求，应优先发展交通运输业，加快交通现代化步伐，从被动适应逐步转向对国民经济的先导促进作用。发展综合交通运输系统是当代运输业发展的新趋势、新方向，它是增强有效运输生产力、缓解交通运输紧张状况的途径之一，也是各地发展运输业、提高经济效益的重要方法。根据经济发展的需求修订和完善适应运输生产力发展要求的运输行业准入标准，并严格进行经营资质条件的审查，把好市场准入关，确保经营者的素质和条件；要通过培训和教育，增强经营者的守法经营意识；要采取明查与暗访相结合、执法人员稽查与群众举报相结合、流动检查与站点管理相结合、处罚与教育相结合的方法，加大执法力度，规范经营行为，保障运输市场朝着统一、开放、竞争、有序的方向发展。

第6章 我国社会物流业成本效率及预测研究

交通运输业是国民经济在生产过程中连接各部门的链条和纽带，是一个感应度和带动度很高的基础产业，被喻为国民经济"大动脉"和"先行官"，更是物流业大力发展的重要基础条件。近年来，交通运输建设紧紧抓住扩大内需的历史性机遇，建网提质，内外畅通，努力构建大交通发展格局，交通运输事业呈现快速、健康发展势头，这对我国社会物流成本的有效降低提供了可能。

6.1.6 物流业需求现状

1）经贸交流增加物流需求

2017年，世界经济温和复苏，国内经济稳中向好，推动我国外贸进出口持续增长。据海关统计，2017年，我国月度进出口保持稳定增长态势，各月进出口均实现两位数增长。2017年全年货物贸易进出口总值41044.7亿美元，较2016年增长11.37%，扭转了此前连续两年下降的局面。

进出口持续回稳向好主要得益于以下因素：一是外部需求回暖。2017年以来，全球经济回暖，国际市场需求持续回升，为中国外贸增长提供了有利的外部条件。二是国内需求平稳增长。中国经济保持了稳中向好、稳中有进的发展态势，带动了大宗商品进口需求。三是政策效应持续显现。2013年以来，中国政府出台了一系列促进外贸稳增长、调结构的政策文件。商务部会同各地区、各有关部门狠抓政策落实，切实为企业减负助力，营造良好的发展环境，增强了企业进出口信心。四是企业转动力、调结构步伐加快。随着外贸领域供给侧结构性改革不断深入，外贸企业积极培育以技术、品牌、质量、服务、标准为核心的竞争新优势，创新能力和国际竞争力持续增强，产品附加值和品牌影响力进一步提高。一大批外贸企业主动适应市场多元化需求，探索外贸新业态新模式，国家积极完善相关管理制度和支持政策，跨境电商、市场采购贸易、外贸综合服务企业等新业态新模式快速发展，外贸新动力培育初显成效。在中国经济发展进入新常态的背景下，服务外包领域新技术、新业态、新商业模式不断涌现，服务智能化、专业化成为产业组织新特征。目前，中国已成为世界第二大服务外包接包国。

2010—2017年，我国服务进出口总额整体呈增长态势，2016年中国服务进出口总额增速为负值，其余年份皆为正值。据统计，2017年，我国全年服务进出口总额为6939.87亿美元，同比增长5.55%；其中进口4664.52亿美元，出口2275.35亿美元；贸易逆差2389.17亿美元，与2016年基本持平。服务进出口发展平稳，贸易结构持续优化，高质量发展特征逐步显现。我国服务进出口规模有望连续四年保持全球第二位。服务进出口平稳发展的同时，其在对外贸易（货物和服务进出口额之和）中的比重持续攀升。2011—2016年，我国服务贸易在对外贸易中的占比由11.51%增长至17.84%。2017年小幅下降，但仍然保持16.91%的占比。从国际看，现代信息技术的飞速发展将带动知识密集型和技术密集型服务业迅速扩张，全球价值链日益向服务环节拓展的趋势仍将延续，服务业将朝着高附加值方向发展，服务贸易也向高增值型服务转移。从国内看，随着新一轮对外开放的不断推进及产业结构不断调整优化，中国服务业和服务贸易都将日益发展壮大，成为带动中国经济和对外贸易持续健康发展的新动能。"十三五"期间，中国政府将继续探索服务贸易创新发展模式，推动新技术、新模式、新业态、新产业与服务贸易融合发展，建设更多服务贸易功能聚集区，强化服务贸易平台载体建设，探索扩大服务贸易双向开放政策和便利化措施。预计到2023年，中国服务进出口额将达到12300亿美元以上。物流业作为服务业中的重点产业，我国对外经贸的发展必然会增加物流需求，从而对社会物流成本有一定的影响，导致其有所增加。

2）产业结构影响物流需求

产业结构优化对现代物流业发展水平的影响主要体现在物流供给、物流需求、物流成效三个方面。对物流供给而言，产业结构优化可以带来第三方物流业的快速发展以及完善物流基础和运输设施的建设，从而促进物流运输里程的增加；对物流需求而言，可以通过农业物流体系的完善、工业与制造业外包的增加、居民网购消费水平的提高三个方面来促进货物周转量的增加。在产业结构优化中，信息化水平促进了进出口货物周转速

第6章 我国社会物流业成本效率及预测研究

度，提高了物流跨国发展速度。同时，居民消费水平提高，人们也愿意在电子商务网站（淘宝、京东等）上购买进口和外地产品，从而促进物流业的发展。产业结构优化对物流业发展水平的影响主要是通过运输里程、货物周转量、物流产值来间接产生，从而影响社会物流成本的增加与降低。

图6-7直观地显示了我国第一、第二、第三产业2003—2017年的增加值。

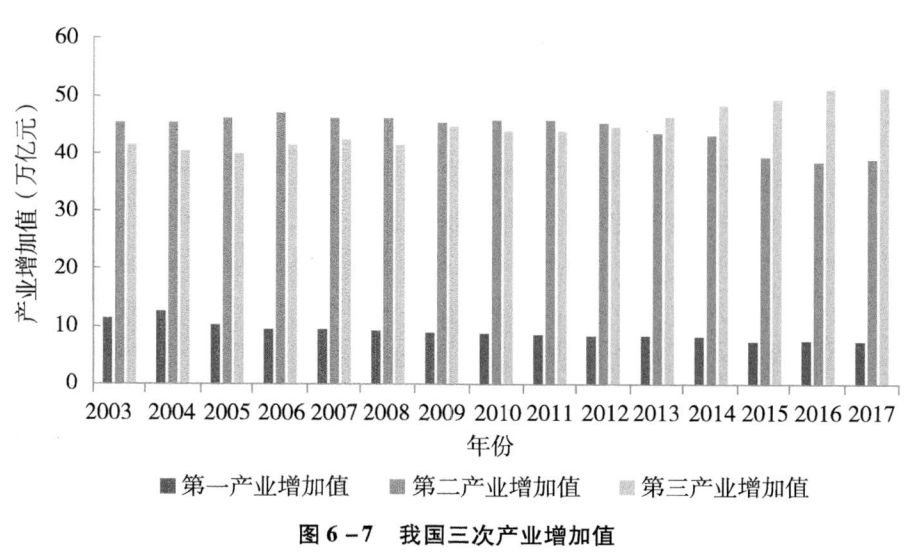

图6-7 我国三次产业增加值

我国是世界上人口最多的国家，农业是我国不可缺少的基础性产业。农业产业发展对我国经济增长的影响巨大，换句话说，农业发展的落后会制约其他产业的发展，同时农业的快速发展也可以促进我国经济的快速腾飞。我国有近半数的农村人口，目前农村经济增长主要依靠农作物的产量和新兴企业提供的就业收入，而农业生产过程中的机械化水平不高，农民普遍受教育程度低已经逐渐成为制约农业发展的一个关键因素，很多农民还是停留在靠天吃饭的观念上，对高附加值的经济作物不认可、不接受，更加无法形成种植规模，农业产业发展缓慢。我国最早实行的改革是从家庭联产承包责任制开始的，农业是产业结构调整的根本，只有把农业产业的基础打好，才能健康地实行全面产业结构调整。

第二产业指的是电力、能源、工业、化工等产业，这部分产业在整个经济中的比重始终是最大的。第二产业关系到一个国家的命脉，同时高度发达的第二产业是一个国家发展的必要因素。自2008年经济危机以来，我国凭借长远的眼光和丰富的经验，在全球经济普遍不景气，增长速度普遍放缓的大背景下，依然保持经济快速良好增长的趋势。在这个战略关键期，我国政府提出了"去库存、去杠杆、调结构"的指导方针，从而使我国第二产业中产能过剩产业的比例大大下降，产业结构更加合理。

第三产业是在第一、第二产业相对完善的基础上发展起来的，一般起步较晚。餐饮业、仓储业、金融保险业在第三产业中占的比重最大，从目前的情况来看，传统的第三产业还会有一个相对平稳的发展时期；同时在全面建设小康社会的大背景下，各种新兴的服务模式的出现，可能会加速第三产业的发展。现阶段第三产业对经济的拉动作用还比较小，但是可以预见在未来的产业结构中，第三产业所占的比例会逐渐加大。由于第一、第二、第三产业在我国的产业结构中占比不同，所以对物流需求也不尽相同，最终造成社会物流成本的不同。

6.2 我国社会物流业成本效率分析

6.2.1 样本数据来源

根据前文构建的物流业成本效率评价指标体系，收集并整理的我国物流业成本投入产出数据见表6-2，以下数据来自国家统计局。

表6-2 全国物流业成本投入产出表

年份	投入				产出	
	物流业固定资产投资额（亿元）	物流业就业人员数（万人）	政策因素	物流业能源消耗（万吨标准煤）	物流业增加值（亿元）	进出口总额（亿元）
2005	9614.03	643.97	0.0347	18391.01	10668.80	116921.77
2006	12138.12	650.89	0.0364	20284.23	12186.30	140974.74

第 6 章 我国社会物流业成本效率及预测研究

续表

年份	投入				产出	
	物流业固定资产投资额（亿元）	物流业就业人员数（万人）	政策因素	物流业能源消耗（万吨标准煤）	物流业增加值（亿元）	进出口总额（亿元）
2007	14154.01	658.68	0.0385	21959.18	14605.10	166924.07
2008	17024.36	658.78	0.0376	22917.25	16367.60	179921.47
2009	24974.67	728.41	0.0609	23691.84	16522.40	150648.06
2010	30074.48	726.77	0.0611	26068.47	18783.60	201722.34
2011	28291.66	779.52	0.0686	28535.50	21842.00	236401.95
2012	31444.90	640.13	0.0651	31524.71	23763.20	244160.21
2013	36790.12	813.71	0.0667	34819.02	26042.70	258168.89
2014	43215.67	828.59	0.0685	36336.43	28500.90	264241.77
2015	49200.04	821.82	0.0703	38317.66	30487.80	245502.93
2016	53890.37	818.52	0.0559	39651.21	33058.80	243386.46
2017	61449.85	813.57	0.0526	41031.17	37172.60	278101.00

6.2.2 我国物流业成本效率实证分析

1) DEA 结果分析

根据表 6-2 的数据，采用 Deap 2.1 软件分别以 DEA 模型的 CCR 和 BCC 模型对我国物流业的成本效率进行计算分析。计算结果主要包括我国物流业成本投入的总体效率、纯技术效率和规模效率，见表 6-3。

表 6-3 我国 2005—2017 年物流业成本效率评价

年份	总体效率	纯技术效率	规模效率	规模报酬
2005	1.000	1.000	1.000	不变
2006	0.975	0.999	0.976	递增
2007	1.000	1.000	1.000	不变
2008	1.000	1.000	1.000	不变
2009	0.879	0.973	0.904	递增
2010	0.940	0.971	0.968	递增

续表

年份	总体效率	纯技术效率	规模效率	规模报酬
2011	1.000	1.000	1.000	不变
2012	1.000	1.000	1.000	不变
2013	0.962	1.000	0.962	递减
2014	0.960	1.000	0.960	递减
2015	0.939	0.946	0.993	递减
2016	0.963	0.972	0.991	递减
2017	1.000	1.000	1.000	不变
平均值	0.971	0.989	0.981	

(1) 总体效率

总体效率反映该年物流业在当前物流技术水平下实际达到最大可能产出的比例。由表6-3可知，2005年、2007年、2008年、2011年、2012年和2017年这六年物流业成本总体效率等于1，为DEA有效，证明在这些年，我国物流业成本投入的使用较为合理且有效，并且在该成本投入下获得了最大的产出效益。2006年、2009年、2010年、2013年、2014年、2015年和2016年这七年为DEA无效，说明我国物流业成本资源的投入没有得到合理使用，产出没有达到最优效益。前期可能是因为我国物流业处于发展的初期阶段，规模普遍较小且大型物流企业较少，而多数发达国家的物流业都是集群状态，由于资金、规模等多方面的约束，导致了成本的浪费。后来物流业在我国的优势地位凸显，国家大力促进物流业的发展，加大投入，使物流业投入成本没有被最大限度地利用，出现成本冗余。总体来说，我国物流业成本效率正在逐步改善，物流业发展态势良好。

(2) 纯技术效率与规模效率

纯技术效率是指在投入一定的资源之后，由于管理和使用新技术，从而使产出大于预期产出的额外增长的部分。除了2013年和2014年，我国物流业成本效率水平达到DEA有效值1外，2006年、2009年、2010年、2015年、2016年我国物流业成本效率水平均未达到DEA有效值1，说明如果不考虑规模大小对我国物流业成本效率的影响，则这五年的总效率无

第6章 我国社会物流业成本效率及预测研究

效的原因是物流业技术水平较低，导致资源没有得到有效利用，这一类型的资源浪费能够通过提高技术与管理水平、改善物流设备等方式来改善。从整体来看，2005—2017 年我国物流业成本投入纯技术效率值均在 0.9 以上，均值达到 0.989，最低值为 0.946，可见我国物流业技术和管理水平整体较高，投入的成本利用率较高。

规模效率是指生产要素等比例增长时，产出大于投入的情况。我国 2005—2017 年物流业成本投入规模效率均值达到 0.981，物流业规模控制较好。2006 年、2009 年和 2010 年规模效率低于这几年的平均值，说明当时没有充分整合和利用已有的物流资源，存在资源浪费，不应盲目扩大物流产业投资，应着眼于物流运作效率和效益的提高，提高物流业管理水平和技术水平。2013 年和 2014 年物流业成本纯技术效率为 1，而规模效率小于 1，说明当时我国物流业规模大小和成本投入的多少不匹配。而当时国家正大力发展物流业，成本投入较多，但是由于规模的扩大需要一定的反应时间，无法迅速随着成本的投入而增加，导致规模效率小于 1。接下来几年，我国物流业规模效率有了明显的提高，规模效率已经不是制约我国物流业发展的主要因素。

（3）规模报酬

在我国物流业成本效率水平未达到 DEA 有效的年份中，2006 年、2009 年和 2010 年这三年的规模报酬为递增趋势，说明我国物流业前期的发展主要受规模的限制，需要加大投入，扩大生产规模。2013 年、2014 年、2015 年和 2016 年规模报酬呈递减趋势，说明这几年我国物流业投入过多，导致物流设施资源包括仓储、配送、分拣等设备冗余度过高，超出了规模效率最佳点，无须再加大投入，而是要加强对投入资源的管理，注意与发展规模的匹配度。

2）投影分析

通过 DEA 模型分析得知，2006 年、2009 年、2010 年、2013 年、2014 年、2015 年和 2016 年我国物流业成本效率为 DEA 无效，通过 Deap 2.1 软件可以计算出成本投入、产出的松弛变量，即如何调整投入产出使成本效率达到 DEA 有效。DEA 无效单元的投入、产出冗余情况分别见表 6-4、表 6-5。

表 6-4 DEA 无效年份物流业成本投入冗余情况

年份	固定资产投资额（亿元） 调整前	调整后	物流业就业人员数（万人） 调整前	调整后	政策因素 调整前	调整后	物流业能源消耗（万吨标准煤） 调整前	调整后
2006	12138.12	12125.452	650.89	650.21	0.0364	0.036	20284.23	20137.36
2009	24974.67	17354.909	728.41	659.94	0.0609	0.038	23691.84	23052.03
2010	30074.48	22039.995	726.77	703.91	0.0611	0.049	26068.47	25309.85
2013	36790.12	36790.12	813.71	813.71	0.0667	0.067	34819.02	34819.02
2014	43215.67	43215.67	828.59	828.59	0.0685	0.068	36336.43	36336.43
2015	49200.04	46527.295	821.82	729.01	0.0703	0.058	38317.66	36236.09
2016	53890.37	52375.117	818.52	767.36	0.0559	0.054	39651.21	37908.67

DEA 无效单元的投入、产出冗余量如表 6-5 所示。

表 6-5 DEA 无效年份物流业成本投入冗余量

年份	物流业固定资产投资额（亿元）	物流业就业人员数（万人）	政策因素	物流业能源消耗（万吨标准煤）
2006	12.67	0.68	0.0004	146.87
2009	7619.76	68.47	0.0229	639.81
2010	8034.49	22.86	0.0121	758.62
2013	0	0	-0.0003	0
2014	0	0	0.0005	0
2015	2672.75	92.81	0.0123	2081.57
2016	1515.25	51.16	0.0019	1742.54

固定资产投资额的冗余量较大，说明我国物流业在固定资产的投资上存在很大的资源浪费现象，资源利用率低。从表 6-5 可以看出，只有 2013 年和 2014 年不存在固定资产投资额冗余，最大值为 2010 年的 8034.49 亿元，其次是 2009 年的 7619.76 亿元。我国物流业在这几年中

第6章 我国社会物流业成本效率及预测研究

固定资产投资额过多,浪费现象严重,大量固定资产投入没有得到合理利用,导致成本效率无效,应注意适量投入,减少浪费,提高资源使用率。

物流业就业人员数冗余量也较大,最大值为2015年的92.81万人,其次为2009年的68.47万人。近年来,物流业在我国快速发展,成为我国经济发展的新增长点,很大程度上改善了我国的就业率。但是,这也在一定程度上造成了人力资源的浪费,忽略了人员工作效率的提高,而且,物流业的发展不仅需要物流从业人员数量的提高,也需要质量上的提升,因此,我国在推动物流业发展的同时,更要重视物流业人才素质的提高。

我国物流业财政投入冗余量相对较小,说明我国财政支出中交通运输所占比例较为合适,国家大力推动物流业发展的同时也要注意避免盲目的投入,要有的放矢,注重资源利用效率的提高。

能源相对浪费较多,并且2015年和2016年能源浪费是2010年之前的2倍之多,除了物流业迅速发展的原因之外,也说明了能源浪费现象日趋严重。近年来,我国环保意识加强,强调可持续发展,绿色物流的概念也越来越受欢迎,我国物流业的发展不能以环境为代价,应从各方面提高能源的利用效率,减少浪费。

从表6-6不难发现,2006年、2009年、2015年和2016年的成本投入通过提高资源利用效率,可以以更小的成本投入得到现有的甚至更大的产出效益,进一步说明物流业投入的成本资源没有得到最大限度的利用,需要合理利用资源,提高资源利用率。

表6-6 DEA无效年份物流业成本产出不足情况

年份	物流业增加值(亿元) 调整前	物流业增加值(亿元) 调整后	进出口总额(万美元) 调整前	进出口总额(万美元) 调整后
2006	12186.30	12696.768	140974.74	140974.74
2009	16522.40	16522.4	150648.06	180651.977
2015	30487.80	30487.8	245502.93	260423.88
2016	33058.80	33058.8	243386.46	264900.495

3) 超效率 DEA 结果分析

基于以上 CCR 和 BCC 模型的分析结果,为了进一步区分 2005—2017 年我国物流业成本效率值的高低,通过 EMS 1.3 软件,运用超效率 DEA 模型再次区分了所有决策单元。所有决策单元效率值及其高低排序见表 6-7。

表 6-7 2005—2017 年我国物流业成本超效率评价

年份	超效率值	排名
2017	1.366	1
2012	1.297	2
2011	1.2081	3
2007	1.1449	4
2008	1.073	5
2005	1.058	6
2006	0.975	7
2016	0.963	8
2013	0.962	9
2014	0.960	10
2010	0.940	11
2015	0.939	12
2009	0.879	13
平均值	1.0588	—

我国物流业效率值波动较大,但是整体发展情况较好,呈现波动上升的趋势。成本效率值最高的为 2017 年,其次是 2012 年,前几年受我国经济下行影响,物流业成本效率也存在一定的下行压力,但是随着我国经济结构调整的加速和物流产业布局的优化,我国物流业成本效率将稳步提升。因此,我国应紧密结合物流业发展的实际,出台相关政策措施,鼓励地方政府加大对物流业发展的资本投入力度,同时要优化物流资源配置,更好地发挥资本在物流业健康发展中的作用。

6.2.3 我国与陕西省物流业成本效率比较

结合前文测算出的 2005—2017 年我国和陕西省物流业成本效率值，整理出表 6-8 及图 6-8，将我国的物流业成本效率与陕西省的物流业成本效率进行对比。

表 6-8 2005—2017 年我国与陕西省物流业成本效率比较

年份	我国	陕西省
2005	1.058	1.003
2006	0.975	0.921
2007	1.1449	0.952
2008	1.073	1.0062
2009	0.879	1.056
2010	0.94	0.881
2011	1.2081	0.905
2012	1.297	1.0323
2013	0.962	0.96
2014	0.96	1.172
2015	0.939	0.937
2016	0.963	1.1984
2017	1.366	1.2775
平均值	1.0588	1.0232

2005—2017 年我国物流业成本效率平均值为 1.0588，陕西省物流业成本效率平均值为 1.0232。从整体来看，陕西省物流业成本效率低于全国平均水平，主要是由于陕西省地处我国西北地区，物流业起步较晚，早期发展投入不够，发展规模限制了物流业成本效率的提高。随着经济的发展，国家越来越关注西部地区的发展，陕西省逐渐成为我国重要的交通枢纽，物流业成本投入大量提高，规模迅速扩大，成本效率也得到改善。

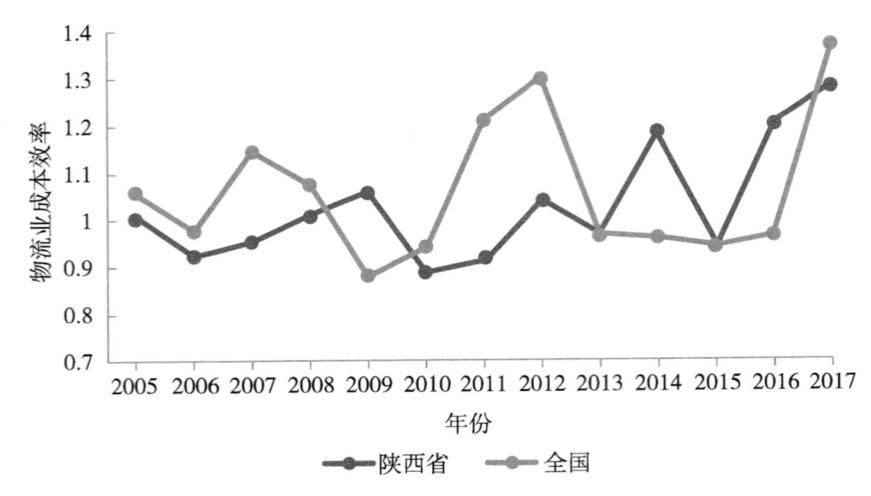

图 6-8　2005—2017 年我国与陕西省物流业成本效率趋势比较

从图 6-8 可以看出，我国物流业成本效率波动较大，波动幅度大于陕西省物流业成本效率波动，但是从整体来看，二者的成本效率上升、下降的变动趋势基本保持一致。但是由于陕西省地处我国西北部，发展较我国沿海地区、中东部地区来说，稍有落后，因此物流业成本效率水平与全国物流业成本效率水平还存在一定差距。在 2013—2016 年，我国物流业受经济环境的影响，成本效率处于较低水平，而陕西省由于西部大开发的持续推进和优越的地理位置，物流业成本效率受到影响较小，甚至在 2014 年达到了较高的效率值。

6.2.4　我国社会物流成本预测

1）灰色系统预测方法

从一个系统的有关信息是否已知的角度来看，所有的系统不外乎是白色系统、黑色系统或者灰色系统。其中，白色系统是指该系统的有关信息是清晰明了的，黑色系统则是完全相反的，有关信息是未知的，而灰色系统是介于白色和黑色系统之间的一种系统，该系统的有些信息是已知的，另外一些信息是未知的。在现实生活中，人们所面对的大部分系统都属于灰色系统，基于灰色系统理论的预测模型称之为灰色预测模型。

第6章 我国社会物流业成本效率及预测研究

我国于 2006 年才在全国范围内组织实施《社会物流统计核算与报表制度》，大部分省市从 2007 年或 2008 年才先后开始正式统计核算工作，预测所需要相关历史数据资料的数量和准确性都难以达到要求，建立预测模型具有一定难度。因此，针对上述问题，基于时间序列的灰色预测模型所具有的序列性、时间传递性、少数据性等特点可适用于我国社会物流成本的预测，本节研究所采用的灰色预测模型为基于时间序列的 GM（1，1）模型。由于模型概况以及预测所需公式已在第 2 章进行了详细描述，所以在此处直接对预测结果进行阐述。

2）我国社会物流成本预测研究

根据本节所提出的社会物流成本预测方法，通过建立基于时间序列的灰色 GM（1，1）预测模型对我国社会物流成本进行预测研究分析，并运用 MATLAB 软件进行预测的实现。

（1）指标选取、数据收集

物流成本可以分为宏观物流成本和微观物流成本。其中，宏观物流成本也可称为社会物流成本，是核算一个国家或地区在一定时期内发生的物流总成本，是各种不同性质的企业微观物流成本的总和。目前，国内外普遍认同的社会物流成本计算公式为：社会物流总成本 = 运输成本 + 存货持有成本 + 物流行政管理成本。美国的社会物流成本统计公式为：物流总成本 = 存货持有成本 + 运输成本 + 物流管理成本；日本的社会物流成本统计公式为：物流总成本 = 运输成本 + 仓储成本 + 管理成本。由国家发展和改革委员会及中国物流与采购联合会制定并组织实施的《社会物流统计核算与报表制度》中，将物流总费用划分为运输费用、保管费用、管理费用三大部分进行统计核算。根据该基本计算公式，分别用模型对我国社会物流成本总额以及其组成部分即运输成本、库存成本、管理成本进行预测分析，最后得出未来几年我国社会物流成本的发展趋势。

通过整理分析我国国家统计年鉴以及一些网络新闻的统计数据，可以得到本节研究所需要的九年历史数据资料，并按照时间先后进行排序得到原始时间数列，见表 6-9。

表 6-9　我国物流成本相关数据　　　　　　（单位：亿元）

序列	年份	社会物流成本	运输成本	库存成本	管理成本
1	2009	60826	41364.54	18171.99	6661.900
2	2010	70984	48272.46	21206.73	7774.444
3	2011	84102	57193.32	25125.78	9211.178
4	2012	93702	63721.77	27993.81	10262.610
5	2013	102396	69634.10	30591.17	11214.810
6	2014	105944	72046.91	31651.15	11603.40
7	2015	108096	73510.37	32294.07	11839.09
8	2016	110627	75231.57	33050.22	12116.300
9	2017	119830	81490.11	35799.67	13124.260

资料来源：中国统计年鉴。

（2）模型检验

模型检验是建模后必不可少的步骤，通过检验计算结果来确认模型的精度，假如精度合格，则确认该模型可以用于预测。本节采用后验差检验来进行模型检验，通过计算小误差概率和方差比来进行模型精度检验，计算结果见表 6-10 及表 6-11。

将表 6-10 和表 6-11 进行对比的话，可知该模型精度较好，可以进行进一步预测。

表 6-10　模型检验计算结果

模型检验项目	社会物流成本	运输成本	库存成本	管理成本
P（小误差概率）	1	1	1	1
C（方差比）	0.3067	0.2353	0.3213	0.3635

表 6-11　预测精度等级划分

小误差概率 P 值	方差比 C 值	预测精度等级
>0.95	<0.35	好
>0.80	<0.50	合格
>0.70	<0.65	勉强合格
≤0.70	≥0.65	不合格

第6章 我国社会物流业成本效率及预测研究

（3）预测结果及分析

灰色 GM（1,1）预测模型在中短期的预测中效果较好，假如预测时间延长过多，预测结果误差将极大增加。因此，本节按照已建立的模型对我国 2018—2023 年的运输成本、库存成本、管理成本和社会物流成本进行预测，具体预测结果见表 6-12。

表 6-12　2018—2023 年我国社会物流成本预测结果　　（单位：亿元）

年份	社会物流成本	运输成本	库存成本	管理成本
2018	124202.3094	84463.42	37105.89	13603.12
2019	128987.8025	87717.78	38535.57	14127.25
2020	134971.1233	91786.72	40323.11	14782.56
2021	141657.2323	96333.59	42320.61	15514.85
2022	148951.1475	101293.80	44499.69	16313.71
2023	157308.8380	106977.40	46996.58	17229.08

从历史数据来看，我国 2016 年社会物流成本占 GDP 的比重为 15.0%，比往年的 17% 有所下降，说明我国对社会物流成本的控制有一定的成效。单从该指标来看我国物流成本较高。许多学者认为通过社会物流成本/GDP 这单一指标来判断社会物流成本的高低是不合理的，还有其他学者提出了以社会物流成本占社会物流总额比重测算物流成本可以更加准确、全面地衡量社会物流成本。结合历史数据和本节预测数据，并根据前人的研究进行分析可知，我国社会物流成本的增长率将下降至 9% 左右，低于社会物流总额的增长速度。其中库存成本所占比重逐年降低，但运输成本的比重增加，表明我国的物流业发展水平较好，社会物流成本已得到了一定的控制，供给侧结构性改革中的"去库存"和"降成本"初现成效。近年来，我国物流业在电商物流、物流标准化建设、企业规模、智慧物流配送等方面都实现了跨越式的发展，物流产业集群数量也大大增加，从而推动我国物流降本增效，为我国社会物流成本的降低继续做出贡献。

6.2.5 提高我国物流成本效率的建议

提高物流业成本效率，不仅要注重提升技术水平，同时也要注意新技术在实际应用过程中的管理效率，不能只顾一方面的发展而忽略了另一方面的进步。当今社会，人们更加倾向于网络购物，电子商务经济蒸蒸日上，物流业也是迅猛发展，国家物流业投资比重逐渐增大，物流业已从传统的低端服务业转为支撑电商、区域经济、国家经济的重要行业，发展前景乐观。应国家建设环保、可持续发展社会要求，摒弃消耗资源、粗放型发展的经济发展模式，把目光聚焦至科技、高效的发展中来。目前，粗放型发展仍是我国物流业的主要发展方式，因此提升物流业成本效率是现阶段提升我国物流业整体水平的重要手段，且已迫在眉睫。

1) 促进技术进步

我国应对物流业投入丰厚财力支持或改善物流运输系统，加强物流技术创新，提高物流信息技术水平，运用先进物流技术，加强高校科研能力和公司技术资金协作，政府规范物流企业经营，改善物流业环境，加强区域之间行业的合作。物流研究机构和高校要与物流企业积极合作，要加快提高物流业技术进步水平，鼓励物流公司加大运用运输、仓储、分拣、配送等自动智能物流设备，打造一流品牌的物流园区，积极引进吸纳高级物流专业技术人才，对物流业从业人员进行业务和道德素质培训，增强物流从业人员的职业能力和素质，提高我国物流业生产率。另外，各级政府也要鼓励全社会的物流创新，促进物流业整体的技术进步。要建立并完善相关物流业的标准，规范并完善物流作业。政府要加快相关港口码头、公路铁路、仓储配送、信息平台等基础设施建设，搞好物流园区规划，打造高效率高效益物流业。

要持续推进物流技术创新，支持现代物流业的新技术开发。物流企业要综合提升成本效率，必须做到技术开发与企业管理共同进步，缺一不可。现阶段，射频识别、云计算、5G、物联网、自动化等光、电、机和信息技术的日趋进步为物流业提供了有力的技术支撑。加大投入，加快核心

第6章 我国社会物流业成本效率及预测研究

技术研发，企业应积极用好用足政策，促进研发，加强合作，加快核心技术攻关，突破关键技术障碍和对国外核心器件的依赖，摆脱高成本使用新技术的制约。另外，应重点加大使用物联网传感器、大数据挖掘及处理、资源化与安全技术等先进科技成果，从技术方面为未来物流产业的发展铺平道路，提高物流业成本效率。

2）提高纯技术效率

从前文研究分析来看，我国物流业成本投入纯技术效率整体发展较为乐观，2005—2017年纯技术效率平均值达到0.989。纯技术效率的改善关键在于技术和管理水平的提高，因此我国首先必须重视对物流相关素质人才的培育，但并不是盲目地增加从业人员数量。作为政府机构，应加大对物流人才的支持，以"产学研"模式为基础，积极促进相关合作，培育物流人才。同时也要加大社会物流行业职业培训，为现阶段已加入物流行业的人群提供便利的学习机会，提高从业者的综合素质。

首先对物流企业来说，一是要加大培训力度。做到岗前和定期对员工进行相关能力培训，同时也要积极响应国家政策，积极与高校合作，向员工灌输最新的物流理念及物流运作新模式。二是要注重引进人才。企业要不断引进新的人才，新鲜血液是推进改革的重要力量，发现并提出问题是新员工的优势，解决问题、改革创新是提升物流企业管理和技术水平的重要手段。

其次要注重创新。物流业的未来发展应该不断创新物流服务模式。现阶段物流业的发展已经跳出将物件送达客户手中为目的的低层服务阶段，随着客户对时间、成本、个性化等要求的不断提升，企业所提供的服务也要随之做出改变。比如现在不断推行的城市共同配送服务模式，从客户的需求出发，并不断地挖掘客户的潜在需求，在不同的时期提供不同的服务（例如时间、安全性、可靠性、体验性、环保可持续等），通过多家物流企业组成联盟，共享信息及物流资源，组建配送联盟，共同运作提升资源利用效率，节省成本。实施类似于共同配送的新兴服务模式，可以使多家物流企业的配送任务由一家配送资源丰富的企业承担，同时由信息资源管理较为先进的企业承担信息传输任务,以提高专业化程度。

最后要制定合理高效的战略物流规划。注重管理的科学性,企业发展战略先行。促进物流业的高效发展,应结合当前社会发展环境,制定合理的发展战略。目前,我国物流企业绝大多数属于民营企业,各企业各行其是、互不沟通,导致在一些特殊时间节点(如"双十一"、春节期间)一些物流企业无法集中处理大量数据,因此可以选择从战略层面逐步与其他企业合作,从共享资源开始,逐步寻找发展机遇;作为政府,应当不断出台相关政策,鼓励物流企业由东部发展较快城市向西部发展较慢城市转移,从而推动企业战略转移,政策跟随时代的发展,最终引导企业向共享经济时代发展。

3)提高规模效率

通过前文分析结果来看,我国整体物流业规模效率发展状态较为平稳,2005—2017年我国物流业成本投入规模效率平均值达到0.981。为了提高我国物流业成本投入规模效率,可以针对每个省份所处的不同地理位置,因地制宜,适度增加物流不同环节所需的设施设备,如陕西省处于我国铁路、公路及航空枢纽,则可以适当增加物流仓储设备、分拣设备等。同时,可以通过合理规划运输线路的分布,合理布置相关物流节点,如仓储和配送点,平衡各类运输方式的发展,提高运输和周转效率;可以适当增加陆空多式联运等设备,加强货运管理,减少运输与管理成本,提高货物通行效率。对政府而言,可以出台相关政策文件,鼓励东部和中部经济区发达省份与西部地区加强合作,增加西部地区物流投资。一方面可以缓解东部地区过度投资导致的资源冗余;另一方面可以实现先富带动后富,帮助西部和东北经济区建设相关物流设施设备,提高规模效率,实现东西部效率双赢。

以构造安全绿色和高效便捷的现代综合交通运输体系为目标,建设铁路、公路、航空和水路等多种运输方式联运的现代运输网络。拓展基础服务网,以普通省道、农村公路、支线铁路、支线航道等为主,通用航空为补充,构建覆盖空间大、通达程度深、惠及面广的综合交通基础服务网

第6章 我国社会物流业成本效率及预测研究

络。完善基础设施网络化布局，畅通城乡配送，重点推进城市绿色货运配送和农村物流示范工程建设，完善分级网络，构建高品质的快速交通网，强化高效率的普通干线网，拓展广覆盖的基础服务网。打造"一带一路"联通开放通道，构建区域协调发展交通新格局，发展引领新型城镇化的城际城市交通。优化调整大型物流园区，建设功能健全、定位准确的名牌物流园区，实现不同运输方式之间、不同地区物流系统之间"无缝链接"，促进物流基础设施的系统性、兼容性、配套性，改善物流运行效率。

培养物流龙头企业是我国政府发展区域物流业的重要策略，各地要贯彻国家和地方发布的物流业发展规划和行动计划，培养物流龙头企业，推进物流业集聚，实现物流业持续发展。将物流企业做优做强，创造良好的物流市场公平竞争环境，为已经是龙头企业和有潜质成为龙头企业的公司在土地出让、行政费用和税费方面提供一定减免优惠，利用财政资金采取贴息、担保等方式为其提供金融支持。鼓励物流龙头企业实现以优带劣，以强带弱，进一步加大市场开放的速度，促进物流服务升级。

4) 发展建议

物流业是一个多产业交叉复合的新型产业，涉及相关技术研发、管理创新、人才培养、设施设备建设等方方面面，政府部门、物流企业和科研机构等社会主体应当联合起来，顺应现代物流产业发展，明确发展目标，不断突破物流行业的共性关键技术领域。以物流平台为支撑，以高效、集约智能化方向为导向，不断提升物流成本效率。

(1) 因地制宜，选择和探索适合我国国情的物流发展模式

我国土地广阔，不同的省份有着不同的物流发展优势，在未来物流产业发展过程中要注重因地制宜，在物流运作过程中每个省份都有本省的独特情况，绝不可一味地跟随发达国家的脚步。比如从现阶段我国国情来看，进一步发展农村物流是关键；而如果从发展动力上讲，在资本和人力选择上，我们要更加注重借助人力的优势。在物流新技术应用过程中，要注意配套管理的跟进。当前中国物流业发展仍处于各自为政，各行其是的状态，在未来发展过程中共同配送在成本、效率、速度和客户体验方面都

显示出了良好的前景，我国应紧紧跟随物流产业的发展趋势及物流产业客户的需求，制定符合我国物流产业发展阶段的物流产业发展方针及政策。

（2）优化基础设施建设

物流业的基础设施主要包含各类运输方式的设施、物流园区和信息平台等，完备的设施不仅可以为物流提供便利的环境，还可以形成集聚效应大量吸引国内乃至国际知名物流企业投资，提升规模效率。

从前文分析来看，不论是我国还是陕西省的物流业成本效率，近年来的规模效益均处于递减状态，因此未来我国物流业不应该盲目继续大规模地进行道路资源的投入，而是应当倾向于整合线路资源。比如陕西省，物流网络里程数较多，但是货运周转量却并不凸显，说明在物流运作过程中调度及管理工作欠缺，中间环节耗损量过大，物流网络多而不精，有时运送一批货物由于配送点选取不合理或者没有直达通道，转运至其他配送网点或周转至其他道路运送又会造成过多的成本浪费。所以现阶段我国物流运输不能仅注重修建新的物流网络，更应该注重优化现有网络，提高道路利用效率。

解决物流园区和物流信息平台问题，可以通过开展示范工程，以点带面拉动现代物流健康发展。以我国科技重大和重点工程、专项资金的支持为引导，以现代物流领域的龙头企业作为园区或区域实施主体，积极开展现代物流领域重大技术问题的示范工程。针对龙头企业所存在的共性关键技术问题，通过科技攻关和示范工程，强化典型，加大应用示范工程的开展和推广力度；以一批先进的物流园区示范工程，带动现代物流产业链上下游配套的中小企业快速增长，以点带线、以线代面实现现代物流产业的不断进步，逐步形成充满活力、各具特色的现代化物流产业。

（3）完善政策法规

由于物流业是涉及多个产业相交叉的复合型产业，物流政策相比之下也比较繁多，在物流业迅猛发展的背景下，我国相继出台了很多政策，以支持物流产业的发展。因此要在严格贯彻落实现有物流产业政策法规基础上，注意与时俱进，推进新的服务模式出现，完善我国的物流政策，逐渐形成国家层面和各级地方政府层面的现代物流发展综合政策体系。鉴于人才是影响物流产业最为关键的因素之一，政府可以出台相关政策文件，一

第6章 我国社会物流业成本效率及预测研究

方面加大对现有物流专业人才的持续培育力度，加大物流相关专业的资格认证体系，提高社会对物流从业人员的重视程度；另一方面可以引导物流专业人才向中西部经济发展比较薄弱的区域流动，推进物流业的发展，实现区域物流均衡发展。合理的市场竞争可以促进资源的整合，政府应着重于净化不良的竞争方式，避免由于垄断而造成成本效率低下的事件发生。现阶段物流园区等高端物流区域性节点是未来发展高效物流的必经之路，未来发展可以更加倾向于整合物流资源，形成规模化，提高物流资源利用率。总之，物流业的发展要靠政府、企业、社会联手行动，共同打造高效的现代物流。

6.2.6 加强我国社会物流成本控制的建议

从我国社会物流成本的预测结果分析来看，我国社会物流成本随着物流业的不断发展也在增加，增长速度逐渐下降，物流成本得到一定的控制，但是物流业的发展水平相对来说还有较大的发展空间，还需继续"降本增效"。鉴于本节的预测和分析结果，为物流业的"降本增效"提出如下相关建议：

第一，选取可量化的指标建立物流业专门的"降本增效"评价指标体系。通过建立科学完善的指标体系，对物流业的发展、运营成本和运行效率进行动态监测和分析，密切跟踪其变化以便及时处理新问题，加强对物流成本的决策支撑。

第二，充分发挥"互联网+"在物流业中应用的积极作用。将物联网、云计算和大数据等先进的信息技术用于建构物流公共信息平台，实现运力资源和跨区域、跨部门、跨运输方式等物流数据信息的互联共享，提高信息交流效率，降低由于信息不对称产生的各种潜在费用，做到真正的"互联互通"。

第三，改善物流业发展环境。完善我国物流标准体系，并积极实施，采用标准化托盘，实施带托运输，发展单元化物流，推广多式联运，推动物流业与其他相关产业的联动发展，优化区域物流资源配置，完善城市和农村的物流配送网络，做到"降本增效"。

第7章 物流成本核算与控制的案例分析

7.1 物流成本核算程序

首先,根据业务活动划分作业,并将同类作业合并建立作业中心;其次,把资源库中归集的资源分配到作业成本库;最后,按照成本动因将作业成本库的成本平行结转至最终的成本对象中。

1) 划分作业,建立作业中心

根据公司的物流活动对业务流程进行梳理是识别作业的基础,也是在成本核算之前必须确认的关键一步,在划分作业时应当突出重点,划分的作业要能代表企业在某一环节的物流活动。接下来,对同质作业进行归集并建立作业中心。在本书中,假设 YT 快递提供的服务产品有 m 种,作业中心有 h 个,企业在整个过程中耗费的资源有 k 种。

2) 归集作业中心成本库耗费

在获取企业内部的成本数据之后,应当根据作业对资源消耗的具体情况,选择合理的资源动因,明确并归集作业中心的资源费用,从而形成作业中心成本库的成本费用。对快递企业来说,主要是明确物流活动中各作业中心发生的间接费用,在本书中用矩阵 C 来表示作业中心成本库作业成本,其中 $C = (c_1, c_2, \cdots, c_h), c_j (j = 1 - h)$,表示作业中心 j 的成本库成本,则:

第7章 物流成本核算与控制的案例分析

$$\begin{pmatrix} c_1 \\ c_2 \\ \vdots \\ c_h \end{pmatrix} = \begin{pmatrix} c_{11} \\ c_{21} \\ \vdots \\ c_{h1} \end{pmatrix} + \begin{pmatrix} c_{12} \\ c_{22} \\ \vdots \\ c_{h2} \end{pmatrix} + \cdots + \begin{pmatrix} c_{1s} \\ c_{2s} \\ \vdots \\ c_{hs} \end{pmatrix} \qquad 公式(7-1)$$

其中，c_{hs} 表示作业中心 j 耗费资源 k 的数量。

3）确定成本动因

成本动因是引起成本变化的主要因素，也是成本分配过程中的关键。其选择的准确性、合理性决定了作业成本核算的客观性，因此，在对成本动因的选择上要尽量选择与资源或者作业耗费存在强线性关系的成本动因。通常，对作业中心成本库来说，成本动因并不是唯一的，一个成本库可能有好几个成本动因。

4）计算成本动因分配率

成本动因分配率指的是单位成本耗费的资源数量。本书中用矩阵 **D** 来表示作业成本动因量，**D** = ($d_1, d_2, \cdots, d_h$)，$d_j(j=1-h)$ 表示消耗作业 j 成本动因量；**R** 表示成本动因分配率，**R** = ($r_1, r_2, \cdots, r_h$)，其中 $r_j(j=1-h)$ 表示作业中心 j 成本库的成本动因分配率，则：**R** = **C/D**，即：

$$(r_1, r_2, \cdots, r_h) = (c_1, c_2, \cdots, c_h)/(d_1, d_2, \cdots, d_h) \qquad 公式(7-2)$$

5）分配成本库费用

在计算出成本动因分配率之后，要对成本库消耗的资源数量进行统计，并实际分配成本库的费用，对一种产品或服务来说，其生产或服务需要耗费的资源费用涉及多个成本库，因此产品从各个成本库中分配的费用加起来就构成了总的费用成本，其中作业成本库分配的费用为成本动因率与消耗的成本动因量的乘积。在本书中，用 **ZC** 来表示。

ZC = (zc_{ij})，zc_{ij} ($i=1-m, j=1-h$) 表示产品 i 消耗作业中心 j 的作业成本，成本动因量矩阵 **D** = (d_{ij})，d_{ij} ($i=1-m, j=1-h$) 表示产品

i 的消耗作业中心 j 的成本动因量,成本动因率矩阵 $DR = (r_1, r_2, \cdots, r_h)$,$r_j$ $(j = 1 - h)$ 表示作业中心 j 成本动因率。则:

$$ZC = D \times DR \qquad 公式(7-3)$$

即:

$$\begin{pmatrix} zc_{11} & zc_{12} & \cdots & zc_{1h} \\ zc_{21} & zc_{22} & \cdots & zc_{2h} \\ \vdots & \vdots & \vdots & \vdots \\ zc_{m1} & zc_{m2} & \cdots & zc_{mh} \end{pmatrix} = \begin{pmatrix} d_{11} & d_{12} & \cdots & d_{1h} \\ d_{21} & d_{22} & \cdots & d_{2h} \\ \vdots & \vdots & \vdots & \vdots \\ d_{m1} & d_{m2} & \cdots & d_{mh} \end{pmatrix} \times \begin{pmatrix} r_1 & 0 & \cdots & 0 \\ 0_1 & r_2 & \cdots & 0 \\ \vdots & \vdots & \vdots & \vdots \\ 0 & 0 & \cdots & r_h \end{pmatrix}$$

$$公式(7-4)$$

作业成本法计算步骤如图 7-1 所示。

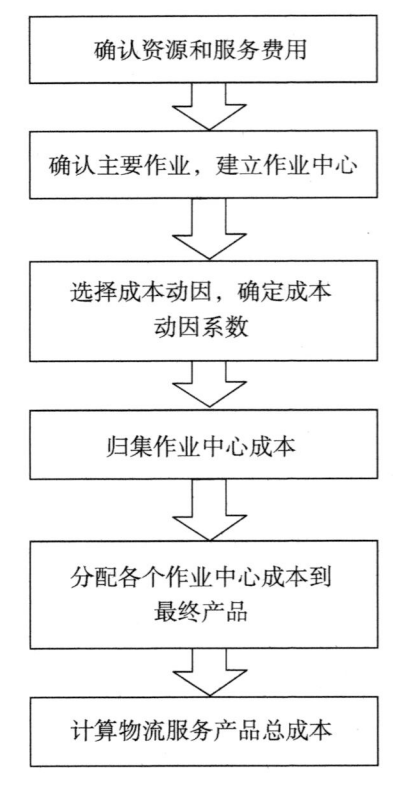

图 7-1　作业成本法计算步骤

第 7 章 物流成本核算与控制的案例分析

7.2 物流现状分析

通过对不同加盟商即快递（分）公司物流现状进行调研分析，归纳出 YT 快递当前的物流现状。

7.2.1 YT 快递公司概况及行业背景介绍

1) 公司概况

YT 快递公司是一家快递分公司，通过加盟的方式加盟总公司，主要负责同城小包裹快递的揽收与派送业务。公司自成立以来一直坚持"诚信服务，开拓创新"的经营理念，现已形成了满足不同客户不同需求的多元化快递服务体系。公司目前有正式员工 60 名，自有三轮车 50 台，主要用来供在职人员进行揽收与派送等运输业务的开展。目前按照公司综合物流服务商和供应链物流集成商的定位，公司已经逐渐建立起强大的物流体系，在快递业务方面已经拥有了一批懂业务、操作技能娴熟、训练有素的员工队伍，在快件揽收、派送方面积攒了丰富的经验，在满足客户多样化需求的同时，也累积了稳定的客户资源，维持了客户、件量以及销售额的稳定。公司在 2014 年率先研发出电子面单，以电子面单替代了传统的四联书写面单，大大提升了分拣系统的效率，降低了纸张的使用频率，为环保事业贡献了力量。2016 年又研发出隐性面单，优化并增强了快递面单的防伪以及信息保密性能。

在会计核算处理层面，公司严格执行现行的会计制度和会计准则，将发生的成本费用都按照会计准则的要求归入会计科目中。在业务处理方面，公司按照各业务部门的要求，配备了专业的人员进行仓储调度、操作出港等工作，尽可能地做到资源的合理配置。

YT 快递公司主要开展同城配送业务，相对来说，涉及的业务复杂程度不高，因此在管理结构的设置上也相对来说比较简单明了。公司目前下设操作部、运输部、业务部、财务部四个部门，由一位总经理负责所有部门的统筹和管理工作，各部门经理负责其所在部门具体的管理工作。操作部主要负责快件的分拣和出港；运输部负责快件运输车辆以及司机的调度；业务部门负责取派件的安排和客服等工作；财务部下设会计和出纳两个岗位，负责企业日常的财务核算。YT 快递公司的组织架构如图 7-2 所示。

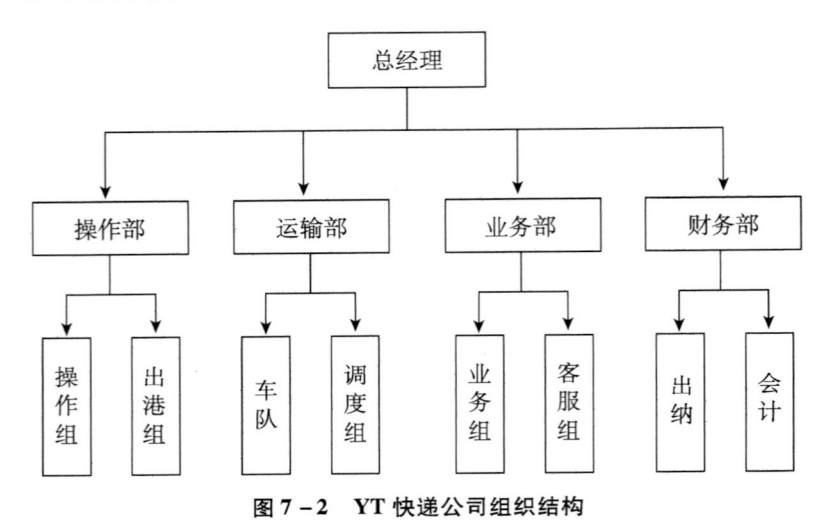

图 7-2 YT 快递公司组织结构

YT 快递公司主要承担总公司快件揽收与快件派送环节。快件揽收主要是通过上门揽件、门店收取等方式进行，与此同时，YT 快递公司自有的信息化平台会实时通过接入电子面单、PDA 扫描等方式获取揽件信息并对快件实行全过程控制与追踪。在完成揽件业务后，YT 快递公司会对快件的信息进行核查，主要是确定快件要发往的目的地信息、快件的尺寸、重量等，在此基础上进行初步分拣、建包，并将其运送至始发地转运中心。

快递揽收环节的具体流程如图 7-3 所示。

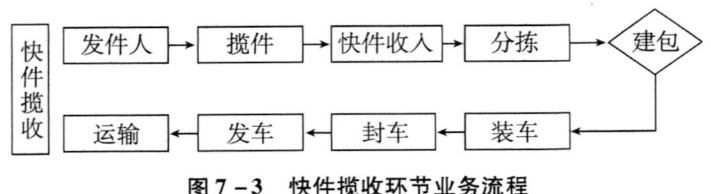

图 7-3 快件揽收环节业务流程

第7章 物流成本核算与控制的案例分析

目的地转运中心分拣完成后，由 YT 快递公司安排快件接收及送达收件人，快件派送环节的具体流程如图 7-4 所示。

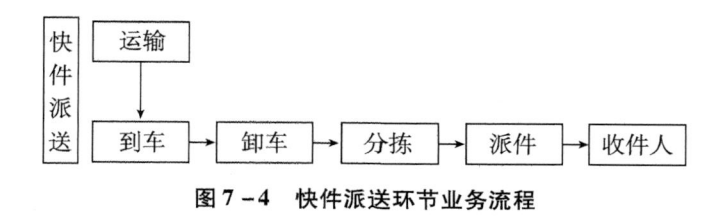

```
快件派送: 运输 → 到车 → 卸车 → 分拣 → 派件 → 收件人
```

图 7-4 快件派送环节业务流程

2）行业背景介绍

（1）行业发展迅速

从严格意义上来讲，快递业属于物流辅助业，主要是提供与物流相关的服务，因此也是现代服务业的重要组成部分。目前，快递业在降低流通成本、助力电子商务、服务生产生活和扩大就业范围等方面发挥着重要作用，是推动我国国民经济发展和增加经济收入的重要行业。从 2011 年开始，快递行业进入迅猛发展阶段，发展势头良好。快递业务发展规模（以快递业务收入为代表）如图 7-5 所示。

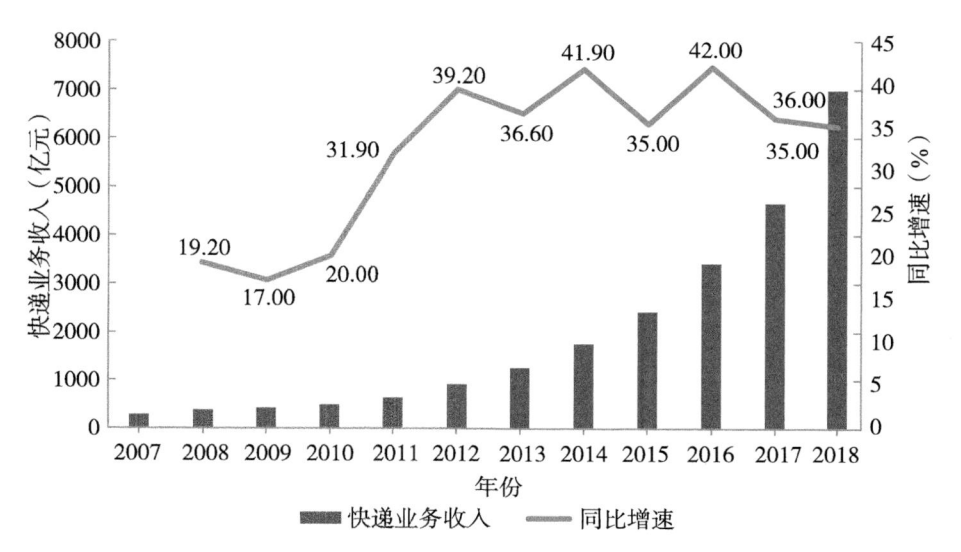

年份	同比增速(%)
2008	19.20
2009	17.00
2010	20.00
2011	31.90
2012	39.20
2013	36.60
2014	41.90
2015	35.00
2016	42.00
2017	35.00
2018	36.00

图 7-5 2007—2018 年全国规模以上快递业务收入

另外，在"网络购物+跨境电商"的双引擎驱动下，我国快递行业实现了跨越式的发展。随着未来网络购物市场交易频次的增加和市场消费结构的多元化发展，快递市场发展前景也会愈加广阔。

（2）行业利润空间压缩

快递行业从业企业数量多，同行业产品和服务同质化程度较高，因此，为了在市场竞争中占据优势，快递企业长期陷入"以价换量"的发展模式，为了争夺电子商务订单，以价格波动来竞争，陷入"谁先涨价谁先死，谁不涨价谁等死"的怪圈。虽然这种竞争模式为快递企业带来了大量的订单，但是也在某种意义上"绑架"了快递企业。

目前，快递行业整体的平均利润率从2005年的30%左右降到目前的3%~5%，如图7-6所示，随着业务量的提升快递市场的利润空间也在被不断压缩。经过多年的价格战洗礼，目前快递企业同质化竞争激烈，价格战也逐渐趋于尾声。当前，快递单价已经降到了成本的极限，价格战将逼近临界点，以同城快递为例，目前每件同城快递成本包括派件费1.5~2.5元、取件费0.5~1元、运输费1~3元、人工操作费用0.5~1元、一定的税费，加盟商的平均单价根据具体情况必须保持在6~8元，才能保证正常

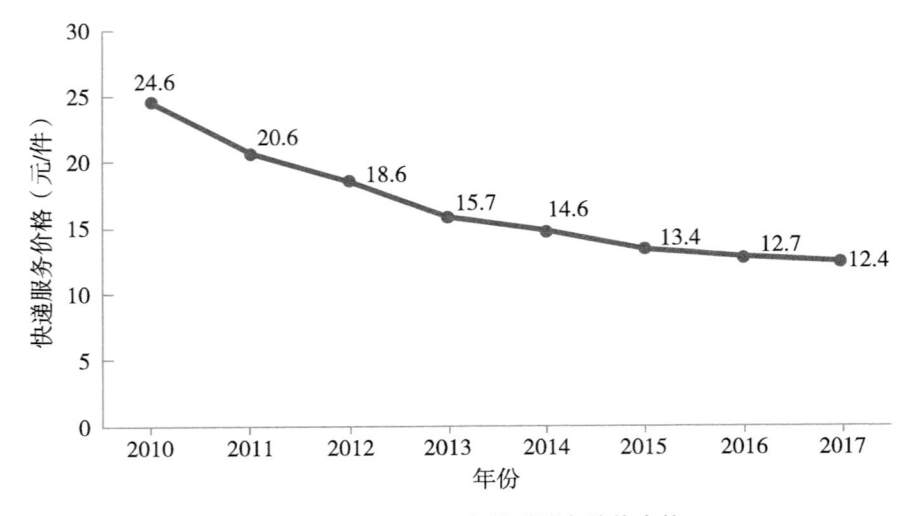

图7-6 2010—2017年快递服务价格走势

第7章 物流成本核算与控制的案例分析

的盈利。目前,同城快递的平均单价已经稳定在 7.5 元左右。行业进入整合阶段,精细化经营成为重点。人工成本的上升和价格竞争的白热化大大压缩了快递企业的利润空间,激烈的竞争推动行业走向整合阶段,并购重组和转型升级成为行业内的两大趋势。

(3) 行业模式导致物流成本偏高

从行业模式来看,YT 快递公司在物流模式上属于第三方物流模式,相对于自营物流以及物流联盟这两种模式来说,第三方物流模式专业化水平较高,选择的风险性也比较小,并且由于服务对象无限制,其覆盖的范围比较大,这就导致各部门之间无论是在信息传递还是沟通及响应速度上都存在滞后性,YT 快递公司固有的物流模式也导致相对于其他两种模式来说,物流成本偏高,且服务质量不易控制,不确定性强,这也是导致企业物流成本控制存在问题的原因。

从行业监管层面来看,由于我国物流监管体制并不健全,因此会导致企业在市场竞争中面临的风险系数加大,一旦企业没有做好充足的准备来应对市场竞争就会面临被淘汰的风险。另外,物流企业在前期发展时需要投入大量的资金以及专用设备,因此一旦经营过程中因为监管不到位而导致资金中断或者企业退出等情况的发生,企业也将付出惨痛的代价。快递业作为新兴的复合型服务产业,发展势头迅猛。但是,目前快递企业仍处于数量扩张的粗放式经营阶段,行业准入门槛低,监管分散,科技化程度低。"小、散、差、弱"的主体格局制约了行业整体竞争力的提升。靠自身累积式扩张难以快速形成综合物流实力,缺乏规模效应,因此,对企业来说无法降低物流成本。

7.2.2 YT 快递公司物流成本核算与控制现状

为了对 YT 快递公司当前物流成本核算以及控制的各方面有一个全面而真实的了解,下述分析是建立在对 YT 快递公司进行实地调研,查阅并整理企业财务年报、相关管理制度和标准、内部成本账以及对企业的管理层、职能部门工作人员、快递人员等进行追踪访问的基础之上进行的。

1) 成本核算现状

（1）成本结构

从 YT 快递公司 2018 年年度财务报告披露的快递成本项目构成表可以看出，公司快递业务的成本构成主要包括：派送服务支出、运输成本、网点中转费、面单成本以及仓储成本，其中并没有单独列示物流成本项目，具体成本分析见表 7－1。

表 7－1 YT 快递公司成本分析

成本构成项目	构成
派送服务支出	人工成本、营运成本、其他费用
运输成本	人工成本、营运成本（车辆折旧费、过路费、过桥费）、差旅费、其他费用
网点中转费	仓库费用、人工费用、运输费用、保险费用、其他费用
中心操作成本	仓库保管、操作人员工资、仓库租金、水电费、调度车油耗
面单成本	材料费（包装纸、文件袋等）、人工费等
仓储成本	自建、外购、租赁仓库的费用、仓储作业产生的成本

（2）当前成本核算方法

当前，YT 快递公司仍采用传统的营运成本法来核算成本，在实际进行会计处理时，将与生产经营相关的直接成本直接计入成本进行核算，对于间接成本则按照单一的分配方式分配并计入成本，而对于与物流活动相关的成本耗费，在实际核算过程中将其分配到不同的成本费用项目，如销售阶段的物流成本计入销售费用，物流部门的开支计入管理费用等。因此，在 YT 快递公司的财务报表以及内部明细分类账中无法直接看到因物流活动而发生的成本耗费，并且从行业整体情况来看，物流行业仍处在成长期，未对成本核算方法达成行业的统一标准，也没有充足的市场实例为公司物流成本核算提供借鉴，YT 快递公司在对成本进行核算时，要根据自身的实力以及发展情况来选定方法，拟定成本核算程序进行分析，这也导致物流成本的核算缺乏科学性与严谨性。

第7章 物流成本核算与控制的案例分析

2）成本控制现状

近几年来，在行业整体利润空间不断压缩的情况下，YT 快递公司为了提高利润率不断在降本增效方面采取措施并挖掘潜力，在运营成本控制以及提升综合竞争力方面做了很多工作。虽然目前 YT 快递公司没有专门针对物流成本进行控制，但是一系列成本控制措施对显性物流成本的控制也起到了很好的效果。本书从当前企业的成本控制方法以及具体的成本控制措施两个方面来对成本控制现状进行分析。

（1）成本控制方法

目前，YT 快递公司已经建立了成本预算制度，即在上一年度终了时，财务部门会根据往年的总体成本支出情况及未来业务的发展情况、经济状况对下一年度可能的成本支出进行预测，并编制下一年度的成本预算表，在实际发生成本时先按照预算数来执行，然后与实际发生额进行比较，判断当前成本处于超支还是结余状态，并重点针对超支项目进行分析，找出实际成本与预算成本差异化产生的原因，进行重点分析与改进，通过把经营成本控制在预算范围内来达到成本控制的目的。

另外，YT 快递公司还采用横向、纵向比较的方式来对成本进行分析与控制。纵向比较主要是对比公司每一年度的成本支出情况，分析是否有某一项成本出现增加的情况，并对异常的成本项目进行分析，查明原因并针对出现的问题提出解决办法；横向比较主要是对同行业规模、业务量较为相似的公司之间进行比较分析，一般来说，公司会选择在行业内发展较好或者成本较低的企业作为标杆企业，分析其他公司成本控制过程中的闪光点，以其作为目标。

（2）具体控制措施

在具体成本项目的控制上，YT 快递公司将控制的重点主要放在物流运输成本以及人工成本上，对占比较大的费用科目进行有针对性的控制。针对物流运输环节的成本，YT 快递公司认为燃油价格的上涨给成本控制带来较大的压力，因此，通过燃油集中采购的方式来降低燃油费的消耗；同时，YT 快递公司持续加大投入自有车辆，通过提高车辆运营效率、服务质量等措施，对运输环节成本进行控制；在人工成本的控制上，主要是通过设备的升级改造以及优化排班工序等方式来降低人工操作成本。

7.2.3 YT快递公司物流成本核算与控制存在的问题

1) 核算对象不明确

（1）没有单独划分并核算物流成本

目前，YT快递公司仍采用传统的成本核算方法，由表7-1即YT快递公司年度报告中对快递业务的成本构成分析情况可以看出，YT快递公司在对成本费用进行划分时，没有将物流成本剥离出来单独列示为成本项目。同时，由公司的成本核算流程可以看出，业务活动中发生的物流成本被拆分计入期间费用之中，因此YT快递公司的管理人员不会对物流成本的具体耗费情况进行特别关注，这就导致一些内部的隐性物流成本被忽视，公司也无法获取准确的物流成本信息，从而使物流费用核算的准确度大打折扣，影响公司的财务决策。

（2）分配标准单一

在具体核算时，没有针对物流成本的系统完整计算，YT快递公司在计算物流成本时，只对运输、仓储和保管等费用进行计算，而对企业内部与物流活动相关的人工、设备折旧等费用只是笼统地将其归入销售费用、管理费用、财务费用等费用中与其他经营成本一同计算，但从已经分配好的成本费用项目中再单独划分出物流成本是很难实现的，因此，YT快递公司在核算时不能做到从源头识别并准确区分物流成本。另外，在实际分配时，由于快递企业主要提供的是不具备实物形态的服务，因此，YT快递公司的成本耗费主要来自因提供服务而发生的办公费、人工费、差旅费等间接费用，但是，企业在分配间接费用时，只选取了单一的成本分配标准，因此，分配的准确性有待商榷。

2) 控制维度不全面

当前，YT快递公司在控制物流成本的过程中，缺乏对整个物流环节进行全面分析控制。这一问题主要体现在三个层面：首先，YT快递公司

第 7 章 物流成本核算与控制的案例分析

没有按照物流发生的环节对成本费用进行明确界定。快递公司的服务过程包括多个环节，这些环节之间彼此互相影响形成一个完整的作业链，而每个环节的成本耗费都不仅仅是由单一的费用科目构成的。但是在查询企业年报时可以发现，年报中只对单一费用科目，如职工薪酬、办公费、差旅费等科目的本期发生额进行单独列示，从 YT 快递内部成本明细账中也只能获得每个月的职工薪酬、运输车辆的燃油费、仓储租金等费用明细，无法从宏观层面识别物流成本产生的环节及具体环节消耗的资源费用的总和，从而也就难以通过成本动因的分析来对整个环节进行有效控制。

其次，无法提供准确的物流成本信息。YT 快递公司目前的成本控制方法忽视了快递作业的具体作业环节，所以企业在物流活动中实际产生的间接费用并没有准确分配到受益对象中，无法明确单位产品所耗费的实际成本信息，对实际成本的发生数也不能真实地反映出来，这就会造成一些成本"虚增"和"虚减"的情况，同时也会影响控制的效果。

再次，整个揽收与派件的物流作业环节构成了 YT 快递公司完整的价值链环节，各个环节之间是彼此联系、层层递进的关系。但是 YT 快递公司在成本控制过程中只关注了物流环节中某一项成本的控制，如通过燃油集中采购的方式来降低运输成本，而忽视了对整个物流环节的全面分析，影响了控制效果。

最后，忽视了对物流成本与服务提供的同步控制。近年来，随着消费者服务意识的增强以及行业同类型企业竞争的加剧，消费者对服务质量的要求也越来越高，同时对公司差异化服务水平也提出了更高的要求。虽然在总公司层面已将快件时效以及服务质量纳入了考核范围，但是公司在实际日常运营过程中，并没有很好地践行，实施的力度较小。同时，YT 快递公司对本身所拥有的客户资源没有明确的定位分析，在差异化服务上存在欠缺，具体表现为：对客户价值信息准确分析存在滞后性，在提供快递服务时仍然以同一种方式去满足不同需求的客户；没有在适应现代生产方式的基础上去尝试降低成本；不能准确把控市场导向、把握客户需求。通过对 YT 快递公司 2018 年度整体投诉数量的统计，发现投诉率较高，对企业的品牌形象有一定的影响，导致服务成本增加。

3) 控制绩效考核不健全

首先，在控制考核方面，存在政令不通的情况，作为加盟商的 YT 快递虽然自负盈亏，但是一些宏观的管理措施还是由总部直接下达，由于总部的管理半径有限，因此导致成本管控措施的上行下达存在滞后性。

其次，企业管理者缺乏对物流成本应有的重视，相比于"节流"，更加重视"开源"。总公司设置了可量化的考核指标体系，但只是从业务量、操作等方面进行考核，更多关注的是业绩，但对于实际揽件、派件等物流活动的成本方面的考核办法欠缺，见表 7-2。

表 7-2 YT 快递公司考核管理指标

主要考核指标	
业务量	揽收及派送延误率
快件及时签收率	快件遗失率
PDA 规范使用	普通投诉率及申诉率

企业管理者没有站在战略全局的角度进行绩效考核，这点体现在两个方面：①没有从宏观角度对物流成本进行分析与控制，在实际发生成本时，公司的财务人员更侧重于成本的记录；②缺乏成本考核以及责任监督机制。

普通员工成本控制意识较差，很少有人对物流专业知识有明确清晰的了解，部分员工虽然有物流成本控制意识，但是，并没有把这个意识变成一项制度上升到公司战略层面，还有一些业务人员由于自身学历、专业水平的限制，认为"成本控制是财务人员的职责""物流成本就是运输费用，不可控制"。可见，公司内部对物流成本以及物流成本控制的认识与了解存在很大欠缺，忽视了成本控制的全局性和主观能动性，使成本管控流于形式。

7.2.4 本节总结

公司的发展战略以及对内部控制要素的改善，会受到整个行业发展导向的影响，因此，本节首先对案例企业的概况以及快递行业的发展状况、当下整个行业普遍面临的成本问题及竞争状况进行概括，并在此宏观背景下对 YT 快递公司的物流现状进行详细分析。

①从 YT 快递公司目前的成本结构、使用的成本核算方法以及成本控制的方法、具体采取的控制措施等具体层面对公司的物流成本核算及控制现状进行分析。

②从 YT 快递公司目前的成本核算与控制情况可以看出，公司在物流成本核算与控制层面存在核算对象不明确、控制维度不全面、控制绩效考核不健全等问题。

本节主要是在对案例企业进行深入分析的基础上，发现并提出存在的问题，为下文通过科学合理的方法进行核算与控制提供思路。

7.3 基于作业成本法的物流成本核算与分析

7.3.1 YT 快递公司应用作业成本法核算的可行性分析

1) 作业成本法在企业成本核算中的应用研究较成熟

随着市场经济的发展，企业需要面对更加复杂的市场环境，因此这也给成本核算工作提出了更高的要求。传统的成本核算方法由于核算方法单一，没有进行成本比例的对比，尤其没有对间接成本进行合理的计算，已经无法满足企业内部管理的需要。因此，各企业纷纷开始选择作业成本法来优化成本核算工作，以达到成本管理的目的。到目前为止，国内外有关作业成本法应用核算的研究，无论是在理论层面还是实践层面都比较成熟，见表 7-3，这也为本书应用作业成本法来分析并核算企业物流成本打下了坚实的基础。

表 7-3 作业成本法应用分析

研究层面	代表人物	主要内容
基于社会理论	胡奕（2001）、朱漩（2011）	主要探究作业成本法与企业生产经营以及成本管理的作用关系
基于组织理论	潘飞（2003）、李从东（2005）	主要基于理论视角，探究作业成本法在具体部门以及综合性开发系统中的应用

续表

研究层面	代表人物	主要内容
基于实地调查和案例研究	Bob Ryan（2002）、沈艺峰（2016）	通过实地调查和案例研究来探析作业成本法在企业中的应用
基于应用结果	张熙华（2014）、苏文兵（2016）	通过实证研究以及应用结果分析说明作业成本法在企业的使用条件

2）物流活动特点符合作业成本法应用条件

首先，快递业务的整个物流活动具有可分解性。从快件揽收到快件派送的整个环节发生的物流活动相互独立，同时又紧密联系，构成一个完整的作业链。因此，在对实际物流成本进行核算时可以根据具体业务环节涉及的物流活动，将其划分为独立作业，并归集形成作业中心。另外，快递企业提供的多是无形的服务，由于不同客户所要求的服务不同，对个性化生产或服务的要求比较高，而作业成本法相对灵活，针对复杂产品或服务结构以及经常调整作业的情形下尤其适用。因此快递公司这种物流运作方式与作业成本法的主体理论思想颇为契合，在实际核算过程中，可以针对不同作业的实际情况，单独选择一个分配标准来进行成本分配。因此在成本划分上具有实践上的可行性。

其次，作为物流派生性服务业，快递公司从成本构成来看，间接费用占比大，在实际核算间接成本时，企业大多采用单一的分配标准来核算。但是间接成本的不确定影响因素偏多，在实际分配过程中无法根据单一标准就能准确分配。因此，在对间接费用进行处理时，不能只采用单一的标准来分配，应当针对不同项目及费用灵活处理，这时相比于传统成本核算方法，作业成本法的优势就凸显出来了。作业成本法在分配间接、辅助性费用时会基于多维度、多层次综合考虑，按照成本的驱动因素即成本动因来对产品成本进行归集，核算结果更为精确，也符合公司间接费用占比较高的特点。

最后，无论是从物流过程的可分解性还是间接成本的分配来看，YT

第 7 章　物流成本核算与控制的案例分析

快递公司的物流活动以及物流成本的特性都与作业成本法的应用条件相吻合。

3) 具备实施作业成本法硬件条件

作业成本法程序烦琐，需要对数据进行高度有效的归集，并进行大量的信息处理。因此要想提升作业成本法在公司实际核算中的应用效率就需要借助完善的计算机系统。公司历来把信息化建设作为主要任务，从 2009 年开始，就连续加大对运营系统的投入与建设，目前公司已经独立拥有具有知识产权的快递服务运营系统，并不定期地对系统进行升级改造，以使系统功能能够适应日常复杂多变的业务活动，保障了公司的信息化水平。

作业成本法在应用过程中，需要对每个作业的发生情况，以及实施效果有一个清晰的了解，目前公司已经形成了"金刚系统""GIS 辅助分拣系统"等行业内高度领先的互联网信息技术平台，对公司日常的揽件、派件、运输、分拣等环节能够做到全过程实时监控、追踪了解，奠定了为实施作业成本法提供有效信息的基础。

7.3.2　基于作业成本法的 YT 快递公司物流成本核算

本部分选取了两家代表性的分公司，通过对其物流成本的核算说明作业成本法在 YT 快递公司物流成本核算中的优势。

1) 划分作业建立作业中心

一般情况下，在划分作业、选择作业中心的时候要坚持"成本—效益"原则，基于此，本书在梳理并建立作业中心的过程中始终遵循两个方面：首先作业的划分要涵盖 YT 快递公司物流活动的全过程；其次要根据作业对产品的贡献多少来划分。

本书将 YT 快递公司从快件揽收到快件投递等一系列物流活动中涉及的作业细分，并在实地调研以及参考专业人员意见的基础上，根据各个作业的特点，将同质化的作业合并，梳理出六个作业中心，具体情况见表 7-4。

表 7-4 作业中心汇总

编号	作业中心	具体作业
1	A，订单处理作业中心	A1，订单接收作业
		A2，PDA 扫描作业
		A3，快件查询作业
		A4，问题件处理作业
2	B，快件验收作业中心	B1，点部快件初分作业
		B2，中转运输作业
		B3，交接验收作业
3	C，快件分拣作业中心	C1，归类分拣作业
		C2，分拣质检作业
4	D，快件封发作业中心	D1，登单作业
		D2，总包封装作业
		D3，总包质检作业
5	E，运输装卸作业中心	E1，总包装卸作业
		E2，车辆发出作业
		E3，跟车调度作业
		E4，运输作业
6	F，快件投递作业中心	F1，快件出库作业
		F2，快件派送作业
		F3，现金结算作业
		F4，签收录入作业

（1）订单处理作业中心

该作业中心主要包含四个作业环节：首先，订单接收，主要有上门揽件下单以及门店收取两种方式；其次，业务员通过 PDA 手持终端进行数据信息录入并将其上传至计算机系统进行集中处理并对相应快件进行查询与追踪；最后，对问题件进行上报、追踪、解决。

（2）快件验收作业中心

快递员将快件收取后会交回点部，而点部会根据快件的寄送方式（陆

第 7 章　物流成本核算与控制的案例分析

路件或航空件）或快件的流向进行初分工作，将快件转入不同的封包进行封扎，接下来点部再将快件运输至中转中心，并按照快件到达的先后顺序进行交接验收作业。

（3）快件分拣作业中心

该作业中心主要是依据客户订单以及配送计划的要求，将快件按照一定的要求分类拣取，其中归类分拣作业包含两次分拣过程，首先大范围地对快件进行分拣，然后再按照寄送地以及派送路段再次分拣。快件分拣入格或入堆后，质检员要随机抽取快件进行质量检查。

（4）快件封发作业中心

该作业中心的主要内容是将分拣好的快件装入总包运往目的地分拨中心或中转中心，首先在处理前各网点需要对总包内的散件封发清单进行登记，可通过手工登记、扫描录入或分拣系统自动形成等方式进行登单作业；接下来对总包按照不同的封装要求进行封装，处理人员要对总包质量进行质量检查。

（5）运输装卸作业中心

该作业中心主要内容为点部快件到中转中心的运输、装卸以及快件从中转中心到点部的运输、卸车等。

（6）快件投递作业中心

快件在目的地转运中心分拣装车完成后，运输至点部完成一系列出入库作业，接下来点部会按照区域距离安排快递员派送快件，并针对到付件进行现场结算，完成后进行签收录入等后期工作。

2）确定资源耗费数

这一部分主要分两步来确定作业中心的资源耗费数。第一步，归集企业物流活动过程中所消耗的各项资源费用并细化分类；第二步，根据物流活动的发生情况将费用分配到作业中，确定资源耗费数。

第一步，根据企业成本报表以及内部相关账本，对 YT 快递公司在实际物流活动中消耗的资源费用加以汇总，并分为六大类，如表 7-5 所示。

表 7-5　资源费用明细

资源费用科目	说明
人员薪酬	工资、奖金以及职工福利等
管理费用	水电费、通信费等其他办公费用、业务招待费等
设备维修及其他费用	设备的维修费用以及运输工具的修理费等
仓储费用	营业部租金、仓库租金等
运输费用	过路费、运输车辆使用费、燃油费、装卸搬运费等
折旧费用	运输工具的折旧费、设备的折旧费等

第二步，将资源耗费分配到每个具体的作业中心，在分配时，要对作业中心的具体作业耗费情况进行全面考量。以订单处理作业中心为例，无论是上门揽件还是门店收取、快件查询、问题件的处理等都需要专业的业务员进行操作，这一作业发生的业务人员的工资、奖金等可归为人员薪酬；快递员上门揽件使用车辆的耗费使用费、燃油费等属于运输费用；其他诸如业务员的通话补贴、业务员为签订该业务所耗费的各种办公耗材等可归入管理费用；业务员所在营业厅的租金费用可归入仓储费用；而办公用品诸如 PDA 手持终端等设备的维护修理费用将其归入设备维修及其他费用；这一作业环节还包含处理过程中对车辆、电脑等固定资产的消耗，因此也有折旧费用的发生。YT 快递公司各作业环节产生的资源耗费明细见表 7-6。

表 7-6　作业中心资源耗费

作业中心	人员薪酬	管理费用	设备维修及其他费用	仓储费用	运输费用	折旧费用
订单处理	√	√	√	√	√	√
快件验收	√	√	√	√		√
快件分拣	√	√	√	√		√
快件封发	√	√	√	√		√
运输装卸	√	√	√		√	√
快件投递	√	√	√		√	√

第7章 物流成本核算与控制的案例分析

本书通过询问 YT 快递公司核心管理人员获得部分口头资料并查阅该企业原始会计资料之后,对物流成本核算所需要的成本数据进行归纳整理,选取企业 2018 年相关物流活动耗费的资源数据进行归集并编制归集表,见表 7-7。

表 7-7 资源费用归集

费用科目	费用(元)	占比(%)
人员薪酬	1634187	47.42
管理费用	693792	20.13
设备维修及其他费用	41729	1.21
仓储费用	46000	1.33
运输费用	969912	28.14
折旧费用	60922	1.77
合计	3446542	100

在界定资源耗费后,需要明确资源动因,其目的是根据"作业消耗资源"的原则将资源分配给作业,因为间接成本的耗费是很难直接追溯到产品(服务)的。因此必须明确引起作业成本增加的真正驱动因素,才能真正找到产品(服务)成本增加的驱动因素。

根据 YT 企业快递物流活动的特点选择资源动因,见表 7-8。

表 7-8 资源动因

资源耗费(元)	资源动因
人员薪酬	工作时间(小时)
管理费用	员工数量(人)
设备维修及其他费用	维修工时(小时)
仓储费用	仓储面积(平方米)
运输费用	运输距离(公里)
折旧费用	机器工作工时(小时)

接下来，以选定的资源动因作为分配基础，将资源成本归集、分配到作业，各个费用的具体分配情况如下所述。

（1）人员薪酬的分配

选择人工工时为资源动因，具体分配情况见表7-9。

表7-9 人员薪酬分配

作业中心	资源动因/人工工时（小时）	分配率（%）	分配金额（元）
订单处理	5903		228804.01
快件验收	4638		179771.81
快件分拣	9275		359504.86
快件封发	6746	38.76	261479.22
运输装卸	8432		326829.65
快件投递	7167		277797.45
合计	42161		1634187

（2）管理费用的分配

具体分配情况见表7-10。

表7-10 管理费用分配

作业中心	资源动因/员工数量（人）	分配率（%）	分配金额（元）
订单处理	38		95869.44
快件验收	39		98392.32
快件分拣	47		118575.36
快件封发	41	2522.88	103438.08
运输装卸	58		146327.04
快件投递	52		131189.76
合计	275		693792

（3）设备维修及其他费用的分配

具体分配情况见表7-11。

第7章 物流成本核算与控制的案例分析

表7-11 设备维修及其他费用分配

作业中心	资源动因/维修工时（小时）	分配率（%）	分配金额（元）
订单处理	157		4164.94
快件验收	236		6260.68
快件分拣	267		7083.05
快件封发	220	26.53	5836.22
运输装卸	441		11698.98
快件投递	252		6685.13
合计	1573		41729

（4）仓储费用的分配

具体分配情况见表7-12。

表7-12 仓储费用分配

作业中心	资源动因/仓储面积（平方米）	分配率（%）	分配金额（元）
订单处理	249		13272.31
快件验收	154		8208.57
快件分拣	326		17376.59
快件封发	134	53.30	7142.53
运输装卸	0		0
快件投递	0		0
合计	863		46000

（5）运输费用的分配

具体分配情况见表7-13。

表7-13 运输费用分配

作业中心	资源动因/运输距离（公里）	分配率（%）	分配金额（元）
订单处理	6487.45		91933.24
快件验收	9821.89		110838.58
快件分拣	0		0
快件封发	7594.16	14.17	107621.56
运输装卸	27859.43		394815.51
快件投递	18677.37		264703.11
合计	61386.84		969912

(6) 折旧费用的分配

具体分配情况见表 7-14。

表 7-14 折旧费用分配

作业中心	资源动因/机器工作工时（小时）	分配率（%）	分配金额（元）
订单处理	425		4027.98
快件验收	513		4862.01
快件分拣	1243		11780.65
快件封发	607	9.48	5752.91
运输装卸	2571		24366.9
快件投递	1069		10131.55
合计	6428		60922

汇总各项资源的分配情况，得出作业中心成本汇总表，见表 7-15。

表 7-15 作业中心成本费用统计

项目	订单处理（元）	快件验收（元）	快件分拣（元）	快件封发（元）	运输装卸（元）	快件投递（元）	费用合计（元）
人员薪酬	228804.01	179771.81	359504.86	261479.22	326829.65	277797.45	1634187
管理费用	95869.44	98392.32	118575.36	103438.08	146327.04	131189.76	693792
设备维修及其他费用	4164.94	6260.68	7083.05	5836.22	11698.98	6685.13	41729
仓储费用	13272.31	8208.57	17376.59	7142.53	0	0	46000
运输费用	91933.24	110838.58	0	107621.56	394815.51	264703.11	969912
折旧费用	4027.98	4862.01	11780.65	5752.91	24366.9	10131.55	60922
总作业成本	438071.92	408333.97	514320.51	491270.52	904038.08	690507	3446542

3）确定成本动因

成本动因是诱导成本发生的原因，是成本分配过程中的关键因素，同时成本动因的确定是有效实施作业成本法的基础。成本动因选择是否合理、准确对核算结果是否准确、科学具有重要影响。作业成本分配必须符合相关性的要求，因此在确定成本动因时，应选择与作业耗费相关系数高

第 7 章 物流成本核算与控制的案例分析

的动因作为成本分配的标准。在选择作业成本动因时，应以快递业务流程的特征为依据，尽量能够反映快递物流作业的全过程。通过实地观察、访谈、交流，确定了本例中各作业的成本动因，见表 7-16。

表 7-16 作业动因

作业中心	作业动因
订单处理	取件单数
快件验收	快件单数
快件分拣	吨数
快件封发	快件单数
运输装卸	运输公里数
快件投递	车辆数

4) 分配作业成本

按照各作业中心确定的成本动因，计算各个作业中心的作业成本分配率，计算情况见表 7-17。

表 7-17 作业成本分配率

作业中心	作业动因	作业成本 (c)	作业动因量 (d)	作业成本分配率 ($r = c/d$)
订单处理	取件单数	438071.92	210000	2.09
快件验收	快件数量	408333.97	1440000	0.28
快件分拣	吨数	514320.51	847	607.23
快件封发	快件数量	491270.52	1440000	0.34
运输装卸	运输公里数	904038.08	1011235	0.89
快件投递	车辆数	690507	50	13810.14

按表 7-17 计算的成本分配率，将作业成本分配给文件类与物品类快件，计算出各自的作业成本，结果见表 7-18。

表 7 – 18　产品成本（1）

项目	作业分配率	物品类 动因数	物品类 分配金额（元）	文件类 动因数	文件类 分配金额（元）	合计（元）
订单处理	2.086056762	157710	328992.0119	52290	109079.9081	438071.92
快件验收	0.283565257	994180	281914.9072	445820	126419.0629	408333.97
快件分拣	607.2261039	582	353405.5925	265	160914.9175	514320.51
快件封发	0.341160083	994180	339174.5313	445820	152095.9882	491270.52
运输装卸	0.893994057	657303	587624.9756	353932	316413.1046	904038.08
快件投递	13810.14	41	566215.74	9	124291.26	690507
合计			2457327.759		989214.2413	

基于同样的方法核算出另一家 YT 快递分公司的成本，如表 7 – 19 所示。

表 7 – 19　产品成本（2）

项目	作业分配率	物品类 动因数	物品类 分配金额（元）	文件类 动因数	文件类 分配金额（元）	合计（元）
订单处理	1.395119	157710	220024.22	52290	72950.77	292974.99
快件验收	0.390614722	994180	388341.34	445820	174143.86	562485.2
快件分拣	0.258014924	994180	256513.28	445820	115028.21	371541.49
快件封发	2.455522	157710	387260.37	52290	128399.25	515659.62
运输装卸	20218.9672	41	828977.66	9	181970.7	1010948.36
快件投递	0.685233739	657303	450406.19	353932	242526.15	692932.34
合计			2531523.06		915018.94	

7.3.3　基于作业成本法核算的物流成本分析

这一部分的分析是建立在上述作业成本法核算的基础之上的，通过对各个物流作业环节产生的费用进行比较分析，明确每个作业环节物流成本

第7章 物流成本核算与控制的案例分析

的具体耗费情况，找出该作业环节支出占比较大的费用，进行有针对性地分析并找出原因。

1）订单处理作业物流成本

由订单处理作业中心费用分布情况（如图7-7所示）可以看出，在订单处理作业环节中，人员薪酬占比最大，占到了该作业环节总费用的一半以上，其次是管理费用和运输费用。

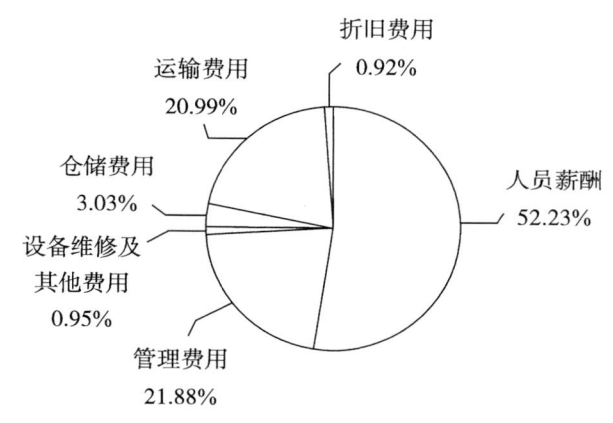

- 折旧费用 0.92%
- 运输费用 20.99%
- 仓储费用 3.03%
- 设备维修及其他费用 0.95%
- 管理费用 21.88%
- 人员薪酬 52.23%

图7-7 订单处理作业费用分布图

该作业环节物流成本产生的主要原因可以概括为在揽件、信息处理等客户服务活动中实际发生的各项显性成本耗费及因物流服务质量存在缺陷，导致客户流失而产生的隐性成本，并且在对该作业物流成本进行分析时，发现投诉率偏高，导致服务成本增加。

该作业环节的一些具体作业，如问题件处理、上门揽收等无法通过自动化设备来完成，必须投入大量的人力，因此订单处理作业人员薪酬耗费控制的关键点在于合理安排人员分工、优化人力资源配置，使人力成本发挥出最大的效用。

在对企业订单处理环节人员安排情况进行调查后发现存在两个问题：首先，未对客户群体进行细分导致某些单次交易量较大、对服务要求比较高的客户投诉量增多，企业投入较多人力去处理问题，加大人力成本；其次，揽件作业资源浪费严重，存在半车运输等情况，加大了运输成本。

2) 快件验收作业物流成本

对快件验收作业中心的费用占比情况（如图7-8所示）进行分析，可以看出人员薪酬、管理费用、运输费用占比较大。

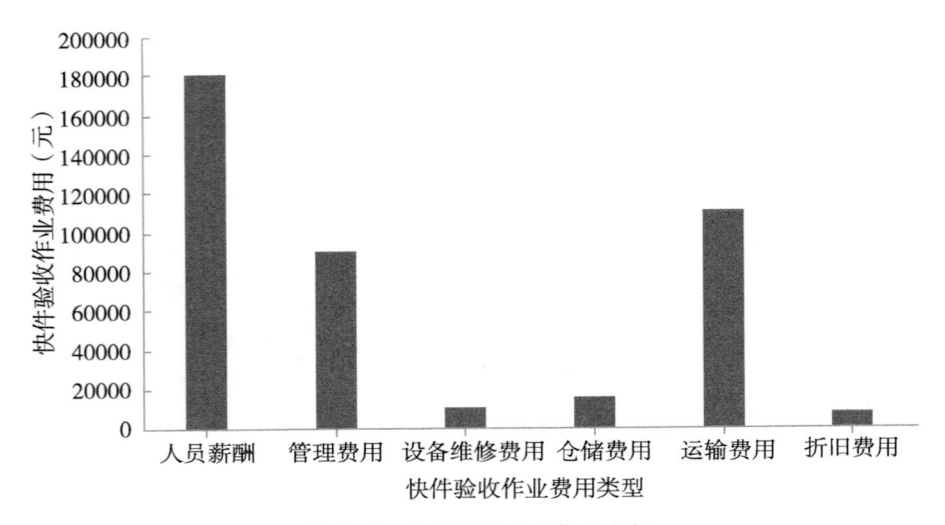

图7-8 快件验收作业费用分布

该作业环节的人力成本、管理费用主要来自于验收人员初分、封扎、扫描以及交接操作等工作的工资以及水电费等，运输成本主要来自从YT快递公司到转运中心的运输费用。从作业的增值性来看，验收作业中心的所有作业是保证其他作业环节得以有效执行的前提，不能通过消除某一项具体作业来达到成本控制的目的。因此该作业环节成本控制的关键点在于减少发生次数，减少资源浪费。

此外，在实地调研过程中发现业务人员在使用水电等资源时，存在较严重的浪费现象。因此，公司应着重培养员工的节约意识，促使员工自发主动地降低成本费用。

3) 快件分拣作业物流成本

本书的研究对象是加盟商YT快递公司，因此快件分拣环节涉及的分拣作业只是点部的揽收或寄送所需要的一些初步分拣。目前，在点部快件初步分拣环节企业仍采用人工分拣，人工分拣准确率和效率都较低。从

第7章 物流成本核算与控制的案例分析

长远的物流成本控制来看，在初分环节也使用自动分拣技术可以减少人员的使用，减轻员工的劳动强度，在降低人工成本的同时提高员工工作效率。管理费用的控制可以参照快件验收作业环节的控制措施来降低成本。

从六个作业中心仓储费用的成本数据对比情况（见表7-20）可以看出，快件分拣作业仓储费用耗费最大，占到了整个物流作业环节仓储总耗费的37.78%。

表7-20 仓储费用占比情况分析

项目	订单处理	快件验收	快件分拣	快件封发	运输装卸	快件投递
仓储费用（元）	13272.31	8208.57	17376.59	7142.53	0	0
占比（%）	28.85	17.84	37.78	15.53	0	0

仓储费用占比较大的原因主要是由于分拣效率低下造成的，针对仓储费用可以从两个方面来控制：首先是提高单位存储面积的利用率，从空间上减少土地占用面积来降低成本；其次是加快快件的周转速率，从时间上加快分拣速度，通过提高分拣效率以达到成本控制的目的。

此外，快件分拣环节使用的各种分拣设施设备所发生的折旧、能耗、维修保养费等，也是导致这一环节成本费用较高的一个重要原因，在实际操作过程中，可以通过提高设备的利用率，降低单位作业的设备费用来控制成本。

4）快件封发作业物流成本

这一环节同样也是人员薪酬、管理费用以及运输费用的成本耗费较大。人员薪酬的耗费主要来自于封装、码放以及质检作业消耗的人力成本；管理费用以及运输费用很大一部分来自发运过程中的出库作业产生的费用。从增值性来看，封发环节实际上只是对货物进行一定空间内的位移，并没有使货物的状态发生改变，因此，可初步将其划分为非增值性作业，但是属于必要的非增值性作业。

5）运输装卸作业物流成本

在我国无论是物流成本结构还是企业成本构成中运输环节的成本都是

占比最大的，因此，运输环节的成本是企业在物流成本控制过程中需要重点关注的一个环节。从运输装卸作业中心的成本费用明细可以看出，该作业环节支出较大的费用是人员薪酬和运输费用，与其他作业中心相比较，设备维修、折旧费用、管理费用的支出占比也较大。总体来说，运输装卸作业环节是整个物流作业中成本耗费最大的作业环节。

目前，YT 快递公司已经通过持续提升自有车辆投入、提升车辆运营效率、提升车辆装载率以及燃油集中采购等方式来降低运输环节的成本，但是由于受国家燃油价格上涨的影响加上总部与加盟商之间上行下达沟通不畅等原因导致运输成本控制的效果并不是很显著。由图 7－9 可以看出，YT 快递无论是在运输环节还是中转环节的单位运输成本都远远高于其他企业，因此应当对运输装卸作业环节中具体的作业以及作业发生的费用进行有针对性的分析并对作业环节进行改善，以达到优化控制运输装卸环节物流成本的作用。

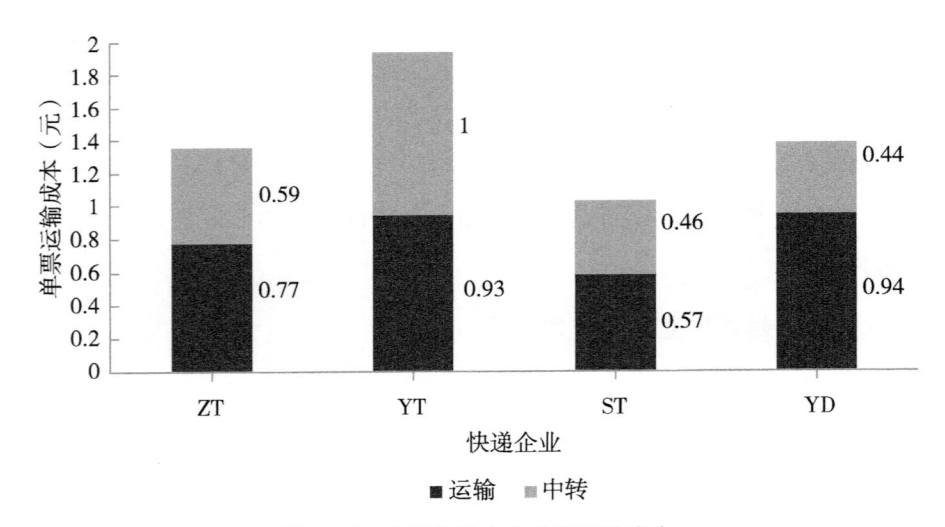

图 7－9 主要快递企业单票运输成本

从作业中心成本费用统计表可以看出，在运输装卸作业中心耗费最大的是人员薪酬和运输费用，而燃料费是造成运输费用居高不下的一个重要因素，公司应当重点针对降低燃料耗费层面来降低成本。

运输装卸环节设备维修费用较其他几个作业环节明显高出许多，这

第 7 章 物流成本核算与控制的案例分析

是由于在装卸作业中，需要通过叉车来进行装运搬卸作业，而装卸叉车的维修费用较高，一旦损坏就需要停止工作送去维修，不仅会使设备维修费用增加还会浪费时间，加大时间成本。针对这一问题应该做到提早预防。

目前，企业在从点部到中转中心的运输过程中，半车运输和空载回程现象较严重，这在一定程度上加大了运输成本，影响运输效率。

6) 快件投递作业物流成本

YT 快递公司主要承担总公司快件揽收与快件派送业务，从物流作业环节来看派送投递是整个物流作业链最末端，同时也是最关键的环节，由于该环节的"最后一公里"涉及公司与顾客的共同参与，所以无论是末端派送的速度、时间还是服务质量顾客都可以非常直观地感受到。因此，该环节任何一项具体的作业出现问题都会影响最终的服务质量。因而对派件环节具体作业效率进行分析，并优化派件流程对提高顾客满意度、降低成本至关重要。

该作业环节物流成本耗费占比最大的是人工费用、运输费用以及设备维修等费用。除此之外，还有一些潜在的隐性因素也对投递作业环节的成本费用有较大的影响。如图 7-10 所示，快件破损、客户未及时取件、派件错误、客户拒付是影响投递作业成本的一些潜在因素。

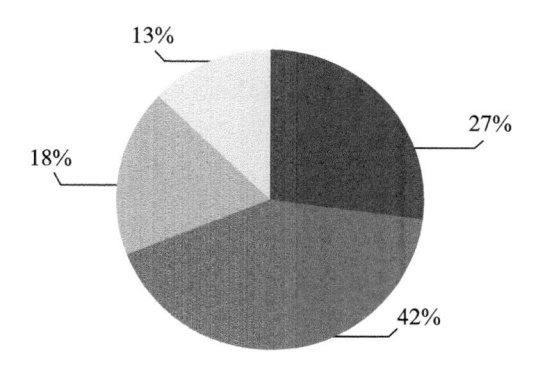

■ 快件破损　■ 客户未及时取件　■ 派件错误　■ 客户拒付

图 7-10　快件投递作业成本影响因素

除了投递派送过程中车辆的使用、运输以及派送员的人工成本等费用，因客户没有及时取件、快件破损等原因产生的二次运输费用以及一系列处理维护所产生的信息处理成本也是导致该作业环节物流成本费用较高的原因之一。因此，该作业环节成本控制的关键点除了对显性人工成本、运输成本采取措施之外，还应注意降低退回快件的二次运输费用、退件的处置费用等。

快件投递作业产生的人员薪酬、运输等费用是无法避免的，因此成本控制的关键在于资源的优化配置，通过减少投递过程中的资源浪费，以达到成本控制的目的。

针对配送运输过程中产生的隐性成本，可以严格划分问题责任归属，加大各部门之间的监督约束，加强对设施设备、路径选择以及信息资源的整合战略，对该环节物流价值链进行优化控制。

7.3.4 与传统成本法核算结果比较

由于快递作业量较大，涉及的成本数额较高，因此，为了方便比较作业成本法与传统成本法的核算差异，在这里通过计算出不同类型快件最终的单位成本进行对比分析。产品的总成本由直接成本和间接成本两部分构成，对快件产品来说直接成本主要有电子面单、包装材料。文件类快递的直接成本有电子面单、信封，合计 2.82 元/票；物品类快件耗费直接成本主要有电子面单、包装袋，合计 2.82 元/票。

票数与重量均为快递企业销售量的衡量指标，其中：票数是指快递业务面单，快件票数与件数相等，"一票一单"。

在作业成本法核算下，两类快件的单位成本为：
物品类快件的单位成本 = 2.82 + (2457327.759/994180) = 5.29（元/票）
文件类快件的单位成本 = 2.82 + (989214.2413/445820) = 5.04（元/票）

而在传统成本核算方法下，公司以单一的分配标准对物流活动中发生的所有间接费用进行分配，由表 7-7 可知 2018 年物流活动的资源耗费总数为 3446542 元，将其全部计入间接成本，以 2018 年公司经手的总快件数（总票数）为分配标准，进行分摊，可得出两类快件应分摊的间接物流费

第 7 章　物流成本核算与控制的案例分析

用为：

$$3446542 \div (994180 + 445820) = 2.39（元/票）$$

两类快件的单位成本为：

物品类快件的单位成本 = 2.82 + 2.39 = 5.21（元/票）

文件类快件的单位成本 = 2.82 + 2.39 = 5.21（元/票）

对以上 YT 快递公司基于作业成本法以及传统成本核算方法的单票成本计算结果进行比较，两种计算方法下得出快件产品单位成本的差异见表 7-21。

表 7-21　作业成本法与传统成本法下的快件成本对比

项目	作业成本法	传统成本法	成本差异额
物品类快件单位成本（元/票）	5.29	5.21	0.08
文件类快件单位成本（元/票）	5.04	5.21	-0.17

由表 7-21 可以看出，在两种成本核算方法下，两类快件的单位成本存在一定差异，两种方法对直接成本的计算都是一致的，但是在间接费用的分配处理上，传统成本法把快件的业务量作为唯一的分配标准，并且只对最后的成本进行核算，而作业成本法是基于成本动因来进行分配的，费用分配标准较为多元，并且考虑了成本发生的全过程，因此计算结果也较为准确。如若公司仍采用传统的成本核算方法来计算，可能会造成对物品类快件成本的低估以及高估文件类产品成本，公司在计算利润时，可能会夸大物品类快件产生的利润和低估文件类快件的经济效益，不利于公司管理者做出正确的定价决策及有效的成本控制。

7.3.5　本节总结

本节通过作业成本法对公司的物流成本进行核算，将物流成本从公司成本中剥离出来，在一定程度上可以实现从源头识别并区分物流成本。

①首先从作业成本法的应用程度、与公司物流活动的匹配程度、公司是否有足够的硬件支持三个层面来说明在 YT 快递公司利用作业成本法核算物流成本的可行性。

②基于作业成本法的计算步骤，把公司的物流活动划分为订单处理、快件验收、快件分拣、运输装卸、快件封发、快件投递六个作业中心，并对公司2018年度发生的物流成本进行核算。

③基于核算过程与结果，对每项作业中心资源耗费情况进行比较分析，并找出影响物流成本的主要因素。

④比较传统成本核算方法与作业成本法下物品类快件和文件类快件的单位成本差异，可以发现相较于传统成本核算方法，作业成本法在物流成本核算方面具有一定优势。

同时，本节基于作业成本法的核算过程与结果分析，为下一节物流成本控制研究提供支撑。

7.4 物流成本控制研究

7.4.1 物流成本控制原则及主要思路

1）控制原则

（1）总成本最低原则

企业物流活动复杂，涉及作业烦琐，但是无论作业如何归集，物流总成本是不会改变的。因此，公司在控制物流成本的过程中，不仅仅要对单一功能耗费进行控制，更要从系统的角度出发，对整个物流过程进行控制。在实际控制时，应当以"效益背反"原则为理论指导，不能只是一味地关注某一项占比较高的费用而忽视因降低该成本引起的其他物流成本的变动，但是也不能因为该项成本的控制会导致其他形式物流成本的增多而放弃采取措施。基于此，在实际控制时要把某一项物流成本的变化对总物流成本的影响作为衡量的关键，通过分析、协调合理配置各个物流作业环节，并采取适当的措施，以达到物流总成本最低的效果。

（2）全面控制与重点控制相结合原则

企业的物流活动其实可以看成是一个全方位、多领域、多功能的开放

第7章 物流成本核算与控制的案例分析

性物流系统，对YT快递公司来说从快件揽收到运输、装卸、派送等一系列物流活动涉及的环节，构成了一个完整的物流链条，一旦链条上的某个环节出现异常，都会导致整个链条运转停滞、效率低下，影响最终产品或服务的质量。因此在物流成本的控制过程中，要遵循全面控制的原则对整个作业流程的具体环节、功能或阶段进行控制，否则有可能影响控制效果。但是这并不意味着对所有发生的物流成本都采取相同程度的控制措施，控制的最终目的是为了达到总成本最低的原则，只有某部分物流成本控制的耗费小于该部分因控制而节约的成本耗费时，该部分的控制才是有意义的。因此，物流成本的控制既要坚持全面控制的原则，从大范围层面来控制，又要根据重要程度、价值等指标，对各种形态以及不同作业层面的物流成本实施有差别的重点控制。

（3）成本与服务同步控制原则

作为影响物流成本的重要因素之一，服务与成本既相互矛盾又具有一致性，对顾客而言希望用较低的花费来获取高质量的服务，对提供服务的企业来说，也希望以较低的成本来提供高质量的服务，但是实际上这种服务形式只是一种理想状态。一般情况下，服务与成本具有一致性，即提供优质的物流服务必然会导致物流成本的增加，从企业的实际情况来看，更多的是高成本高质量的物流服务或低成本低质量的物流服务，当然也有低质量高成本的物流服务。因此，在控制时要充分考虑服务水平对物流成本的影响，要结合具体的服务类型以及服务级别进行有针对性的控制，同时要把控制的重点放在投入较多成本但是服务质量仍很低的服务类型上，不能强行在提供高质量服务的同时把物流成本控制在最低状态，这样就违背了"二律背反"（也称效益背反）的规律，同时这种脱离实际情况的控制，只会起到反作用。

2）控制流程

基于上述原则并结合作业成本法核算过程与分析结果，梳理出对YT快递公司物流成本进行控制的主要思路，主要是从物流活动全过程的成本控制与改善、具体作业的成本控制两个大的方面来进行动态控制，具体步骤如图7-11所示。

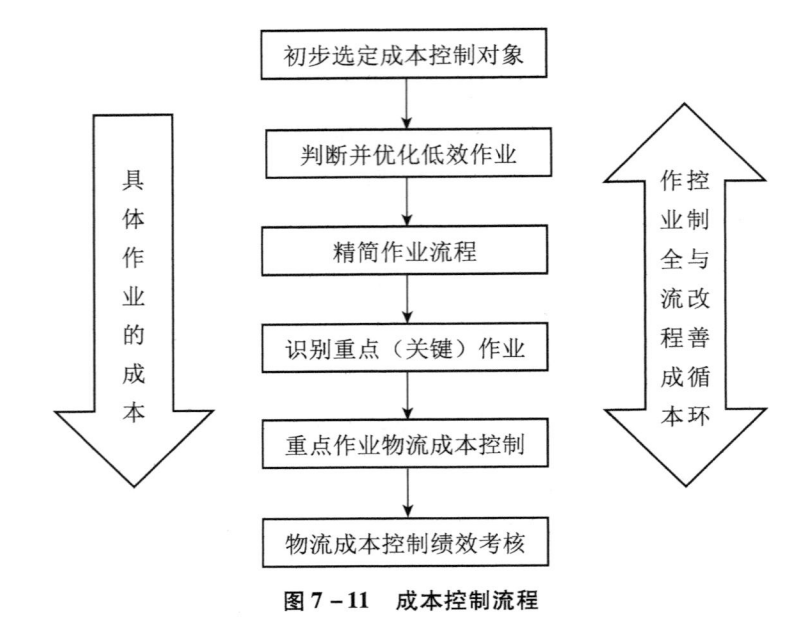

```
初步选定成本控制对象
          ↓
具体      判断并优化低效作业       作业
作业                             控制
的成      精简作业流程            与改
本                               流善
          识别重点（关键）作业    程循
                                 成环
          重点作业物流成本控制    本
          ↓
          物流成本控制绩效考核
```

图 7-11　成本控制流程

（1）初步选定成本控制对象

前文内容已通过作业成本法把 YT 快递公司的整个物流活动划分为六个作业中心，在实际运作过程中作业的每个环节都会消耗物流资源，因此，初步选定成本控制对象为整个物流作业，这样在对整体作业实施优化控制的过程中必然可以实现对整个物流过程的全面控制。

（2）判断并优化低效作业

在初步确定成本控制对象后，首先对六个作业中心的作业效率进行分析，在具体分析过程中引入作业成本价值系数，判断各项作业创造的价值，找出投入与产出不符的作业，筛选出低效作业，并采取措施提高低效作业效率。

（3）精简作业流程

在对作业中心的效率进行分析识别后，同时还要对归集的六个作业中心的 20 个具体作业进行增值性判断与区分，进一步优化整个作业流程。对于增值作业，要继续保持或进行必要的优化，以降低成本，促进作业效率提高；对于非增值作业，则要看该项作业是否必要，必要作业需要进行优化，而对非必要作业进行削减，以精简作业流程，从整体作业流程出发控

第 7 章　物流成本核算与控制的案例分析

制物流成本。

（4）识别重点作业并进行物流成本控制

基于成本—价值的权重关系，识别紧急且重要的关键作业，践行全面控制与重点控制相结合的原则，针对重要作业从成本动因以及资源耗费的角度来控制成本。

7.4.2　整体作业流程控制

在基于作业成本法把公司的物流活动划分成一条完整的作业链并进行核算分析之后，作业中心的每一项具体作业的投入与产出是否成正比，每一项作业是否能发挥出应有的价值，会对物流成本耗费产生影响。同时，这也是公司物流成本优化控制的关键。基于此，把作业链中包含的细分作业都单独列示出来，通过作业分析，对作业的增值性及作业效率进行判断与计算，找出非增值作业及低效作业，再根据具体的作业情况予以改进或剔除，通过合理配置资源，改进并优化整个作业流程，以减少资源的浪费，最终达到控制物流成本的目的。

1）判断作业效率

在对高效与低效作业进行判别时，一般公司都是根据公司的实际情况以及相关人员的判断来进行理论层面的定性分析，判别结果可能存在一定的主观性。因此，本书借鉴价值工程理论，将作业成本价值系数分析法应用到 YT 快递公司各作业中心的效率判别上，目的是通过量化分析每个环节作业中心的成本效益比，找出投入与产出不符的作业环节，改善效益低、成本高的作业中心，从而提高企业运行效率。其中：

作业成本价值系数 = 作业价值系数 ÷ 作业成本系数

作业成本系数 = 某项作业的成本 ÷ 所有作业的总成本

作业价值系数 = 某项作业创造的价值 ÷ 所有作业创造的价值总和

YT 快递公司各项物流作业的作业成本系数由前文基于作业成本法的物流成本核算结果已知，重点是作业价值系数的比重，本部分在确定作业价值系数的比重时，采用层次分析法确定。一般来说，成本价值系数等于

1时，说明该项作业消耗的成本与该项作业创造的价值相匹配，则该项作业为一般作业；如若小于1，说明创造等值的价值需要消耗更多的资源，该项作业为低效作业；如若成本价值系数大于1，说明该项作业的效率较高。

（1）确定作业价值系数

首先，通过专家咨询问卷调查的形式选取了物流成本领域20位专家根据《托马斯层次分析评定9级标度法》分别对各项作业的重要程度进行打分，每个因素的相对重要性都是采用层次分析法的"两两比较"方法确定的，见表7-22。

表7-22 TL. Saaty 的9级标度法

标度	含义
1	两因素重要程度相同
3	因素A比因素B的影响稍强
5	因素A比因素B的影响较强
7	因素A比因素B的影响强烈
9	因素A比因素B的影响绝对强
2，4，6，8	上述相邻判断的中间值
1，1/2，…，1/9	因素A与因素B比较的标度值等于B与A比较的标度值的倒数

接下来，在有效回收问卷的基础上，汇总专家打分结果，并进行归纳处理，得到两两判断矩阵，见表7-23。

表7-23 作业价值判断矩阵

A	B1	B2	B3	B4	B5	B6
B1	1	2	1/2	1	1/3	1/3
B2	1/2	1	1/2	1	1/4	1/4
B3	2	2	1	2	1/2	1/2
B4	1	1	1/2	1	1/3	1/3
B5	3	4	2	3	1	1
B6	3	4	2	3	1	1

第7章 物流成本核算与控制的案例分析

在建立判断矩阵之后,通过求解其特征方程的最大特征值 λ_{max} 和对应的特征向量 W_i,可以得到权重向量,这里采用正规化求和法进行计算:

首先对判断矩阵的每一列进行正规化,正规化后,每一列元素之和都是1,接下来将各列正规化后的判断矩阵按行相加,最后对向量进行正规化得到:

$$W_i = \frac{V_i}{\sum_{i=1}^{n} V_i} (i = 1,2,3,\cdots,n) \qquad 公式(7-5)$$

基于此得到权重向量为 $(W_1, W_2, \cdots, W_n)$。

最后计算判断矩阵的最大特征根 λ_{max}:

$$\lambda_{max} = \sum_{i=1}^{n} \frac{(AW)_i}{nW_i} (i = 1,2,3,\cdots,n) \qquad 公式(7-6)$$

其中,$(AW)_i$ 表示 AW 的第 i 个元素,n 为阶数。由于专家对因素进行两两比较时有可能会出现自相矛盾的现象,因此在进行层次单排序时为了避免出现这种现象,有必要进行判断矩阵的一致性检验。检验的步骤如下:

计算一致性指标 CI:

$$CI = \frac{\lambda_{max} - n}{n - 1} (n \text{ 为判断矩阵的阶数}) \qquad 公式(7-7)$$

一致性比率 CR:

$$CR = \frac{CI}{RI} \qquad 公式(7-8)$$

其中用 RI 指标来评价随机一致性,见表7-24。

表7-24 随机一致性指标 *RI* 取值

阶数	1	2	3	4	5	6	7	8	9
RI	0	0	0.58	0.90	1.12	1.24	1.32	1.41	1.45

若 $CR < 0.1$,则判断矩阵一致性可以接受;

若 $CR \geq 0.1$,判断矩阵不具有满意一致性,需重新构造,直至满意为止。

基于上述方法和步骤，利用 MATLAB 软件计算每个指标的权重并进行判断矩阵的一致性检验，计算结果如下：

$$A = (0.1001, 0.1208, 0.1561, 0.1439, 0.2897, 0.1894)$$

判断矩阵 A 最大特征值 $\lambda_{max} = 6.0501$，一致性比率 $CR = \dfrac{CI}{RI} = \dfrac{0.0100}{1.24} = 0.0081 < 0.1$，表明判断矩阵一致性良好，因此得出的权重比较合理。

（2）作业效率分析

根据上述的计算结果，把各作业的成本系数和价值系数归类，得出 YT 快递公司各个物流作业的成本价值系数表，见表 7-25。

表 7-25　物流作业成本价值系数

作业	成本（元）	成本系数	价值系数	作业成本价值系数
订单处理	438071.92	12.71	10.01	0.79
快件验收	408333.97	11.85	12.08	1.02
快件分拣	514320.51	14.92	15.61	1.05
快件封发	491270.52	14.25	14.39	1.01
运输装卸	904038.08	26.24	28.97	1.11
快件投递	690507.00	20.03	18.94	0.95

从表 7-25 可以看出，订单处理作业中心以及快件投递作业中心成本价值系数小于 1，为低效作业，有较大的改善提升空间，其余快件验收、快件分拣、快件封发以及运输装卸作业中心的作业成本价值系数都接近 1 或在 1 以上，因此，对 YT 快递公司来说，在这四项作业中心的投入与产出相对来说是成正比的，运作效率较高，应予以优化保持。

2）改进低效作业

前文基于作业核算的物流成本分析中，已对订单处理作业和快件投递作业的资源耗费情况以及这两个作业中心存在的问题进行了详细分析，因此，本节对这两个低效作业中心优化的关键点在于采取措施解决发现的问题。

第7章 物流成本核算与控制的案例分析

（1）订单处理作业改进

在对订单处理作业物流资源耗费情况进行分析的过程中，可以发现导致该作业效率低的原因主要有客户投诉率偏高、客户流失严重以及资源浪费等。因此，优化该作业中心效率的关键在于遵守成本与服务同步控制的原则，对不同服务级别进行细分并实行差异化处理，重点关注低质量高成本的物流服务，提高服务质量，优化资源配置。

①细分客户群体，降低无效物流服务成本。

顾客满意度是从顾客维度来衡量服务水平及物流成本的一个重要指标，对快递服务来说，要想保持长远发展，就需要争取更多的客户，提高顾客满意度。但是事实上并不是所有的客户服务都能为企业带来同等的效益，因此应当对不同的客户进行甄别、细分，根据客户需求的变化调整服务，以控制物流服务成本。本书以服务质量（水平）及付出的服务成本作为主要指标对 YT 快递公司客户群体进行分类，具体分类情况如图 7-12 所示。

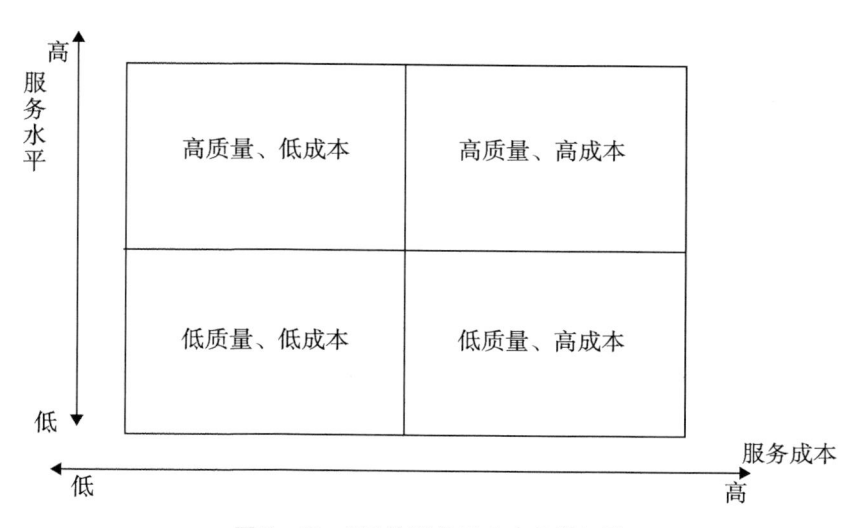

图 7-12　YT 快递公司客户分类矩阵

①左上角这一类高质量低成本的服务群体——提供的服务成本低但客户忠诚度高且能为企业带来高利润的客户群体，企业应当重点关注，努力争取，指派专门的服务人员经常联络，并提高差异化服务水平，优先处理

此类客户的问题，以期获取长期利润；②右上角这类高质量高成本客户群体，这一类客户是企业的主要客户，对企业经济指标完成的好坏构成直接影响，企业应当定期追踪联络，密切关注该类客户的动向，有针对性地提供服务；③左下角这一类客户所需的差异化服务较少，企业付出的服务成本也相对较低，对这一类客户企业应当在为其提供大众服务的基础上，重点发掘培养其中有潜力的客户群体；④右下角这一类耗费企业较多服务成本但是收益率仍很低的客户群体，企业应当不断调整其服务内容或服务水平，使其向其他三个类别转变，如若很难改变其属性企业应当考虑放弃此类客户群体。

②建立动态管理机制，提升服务质量。

动态管理机制建立的目的是通过分析客户需求以及客户信用风险评价，来对服务资源进行优化配置，提高服务质量，以此来控制因客户流失而产生的隐性物流成本，主要从以下两方面来控制：

第一，完善客户信息管理系统，主要是对各类客户的业务趋势、发展前景、对服务的期望值以及对价格的敏感度进行分析。

第二，完善客户信用信息系统，对客户的信用等级进行调查分析与确认，为不同客户配置服务资源、防范欠费风险等提供参考意见。

③完善物流信息系统，控制订单信息处理成本。

该环节的快件信息处理是整个物流作业的第一步，同时也是后续分拣、派送等环节得以有效运行的关键。因此保障并完善全流程信息管理系统的高效、稳定运行，不仅可以降低问题件处理、查询等信息处理环节的成本耗费，而且可以减少操作过程中对人工、运输等成本的浪费。

在内网系统建设与完善方面，构建高效的信息录入、处理及收集平台，提高操作性能，减少时间成本的浪费；在客户端完善方面，提高客户端的可操作性，用户可以直接通过客户端自助查询订单及快件状态、自助下单咨询，降低企业人工操作成本；同时，优化快递员PDA手持终端的性能，同步上传有关数据，提高相关信息的透明度，降低信息处理成本。

第7章 物流成本核算与控制的案例分析

(2) 快件投递作业的改进

通过对 YT 快递公司快件投递作业中心物流成本的分析，可以发现其中派件作业缺乏高效、流畅的衔接以及存在资源浪费的现象，这也是导致 YT 快递公司在该作业环节耗费较多成本但是却未得到等价回报的原因。因此，优化该作业的关键在于优化配送各个环节之间的有效协调，减少资源浪费。

①优化各作业间的有效协调。

通过对 YT 快递公司最后派件环节具体配送操作情况的进一步深入调研与观察，整理出每个步骤的运行情况，并从中寻找拉低派送流程效率的"老大难"问题，通过调整与优化配置，提高作业效率，具体流程及执行情况，见表 7-26。

表 7-26 派件流程及执行情况

具体流程步骤	主要操作	执行情况
划分派送区域	整合排查并重点标记送货地址及周边可寄存地点相关信息	良好
确定配送先后顺序	按照物品接收时间及方式，在规定时间地点送达快件	良好
派送前再次拣选	在派件前按照送达区域由营业部再次拣选	良好
派送前包装检验	最终派件前快件包裹包装的完善与调整	较差
派件（快件派送）	快递员按照指定安排，分区域派件	一般

通过表 7-26 可以看出，影响派件作业效率的核心问题出现在派件前的包装检验以及最后的快件派送环节，通过进一步对执行情况进行分析可以发现，虽然 YT 快递公司派件前的包装检验是不可缺少的必要环节，但是在实际操作过程中，营业部在按照区域对派送快件拣选完成之后，即使发现有包装盒轻微损坏或变形的情况，也不会对包裹进行完善或调整。这样做虽然减少了包装的成本，但是俗话说"人靠衣装"，对消费者来说，体现公司服务质量的第一个直观印象就是快件的外包装，外包装的好与坏，直接影响消费者对快递企业的整体好感，因此包装变形或损坏而产生的一系列的后续问题就会导致服务成本的增加，从而影响整体作业效率。鉴于此，公司可以对包装所需的人工进行专业化培养，使其无论从操作手

段还是操作意识都进行升级，这样才能更好地体现此环节对于快递服务的重要性，同时加强包装与拣选之间的联系及紧密度，做到在拣选的过程中及时发现需要完善的包裹，并立即处理。

  最终的快件派送是整个物流链中最末端的环节，也是唯一与消费者进行沟通与接触并得到服务反馈的环节，在对该步骤执行情况进行深入分析之后，可以发现影响该流程效率的具体原因有两点：一是在出现因天气、交通拥堵等不可抗因素的情况下，公司没有对具体路线、具体送达方式做出提前预判与有效规划，导致不能按规定时间送达或货损率增加等情况出现，拉低派送效率；二是在最后送达方式的选择上，在人口比较集中、快件量比较大的配送点，由于人手问题，快递员无法做到按照不同客户的要求送件上门，因此，会在指定区域等待客户自己上门取件，这就会导致整个派送时间过长、速度慢、服务差，从而影响了整个作业的效率。

  针对最终派件存在的两个问题，首先，公司应加强对送货路线的管理，完善运输基础设施，提前对派送路线以及车辆的选择进行规划，并针对可能出现的特殊情况进行预判，做好应急防御措施；其次，针对快件"最后一公里"存在的问题，公司可以通过在靠近派送点的区域投放智能快递柜，客户可以通过扫描二维码或输入数字密码的方式自助取件，减少快递员等待时间，提高派送效率。

  ②合理配置资源，减少资源浪费。

  效率提升的关键在于资源的优化配置，通过减少投递过程中的资源浪费，以达到成本控制的目的。首先，在派送人员的安排上企业可以根据指定的收寄、派送片区，进行进一步的细分安排，如可以将收件人员与投递人员进行整合，区域内收件人、投递人可以指定为同一人，通过减少收件与派送线路的重合来减少资源浪费；其次，针对维修、运输过程中的资源浪费，或是因车辆使用年份较久导致维修费用较高的现象，企业应当查明原因后实施相应的成本管理措施，如可规定快递员在派件时车辆必须熄火，如若违反规定一经发现要按照奖惩措施严肃处理；最后，在派送环节中还存在时间成本的浪费，对此企业可以考虑在各个区域投放智能快递以提高配送效率。

第7章 物流成本核算与控制的案例分析

针对配送运输过程中产生的隐性成本，要严格划分问题责任归属，加大各部门之间的监督与约束，此外，还要加强对设施设备、路径选择以及信息资源的整合，对该环节物流价值链进行优化控制。

3）精简作业流程

对整个作业流程进行精简的目的主要是为了保障整个作业高效、有序的运行。从快递业务活动的整个作业流程来看，并不是所有作业的发生都能够给公司或服务对象带来相同的价值。因此，在实际分析的过程中就要对作业增加产品或服务的价值进行判断区分，重点识别其中对公司来说至关重要或不可或缺的增值性作业以及不能为公司带来相同贡献的非增值作业，前者予以优化保持，后者根据实际情况进行改进或消除，通过精简作业流程来减少时间以及资源的浪费。

本书在对作业的增值与否进行区分时，主要基于以下三个标准：一是该作业是否具有明确的功能，即能否改变产品或服务的状态；二是该作业能否增加产品或服务的价值；三是该作业的发生在整个价值链环节是不是必需的、不可减少或更换的，或者减少后会不会影响作业链中其他作业的执行情况。基于此标准，对 YT 快递公司物流活动所涉及作业的增值与否进行逐项判断区分，具体的判断流程如图 7-13 所示。

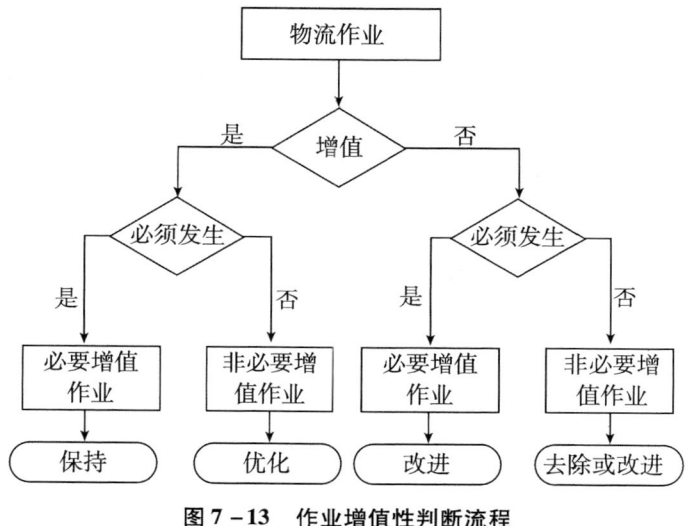

图 7-13 作业增值性判断流程

根据 YT 快递公司作业中心以及划分的作业的具体情况，并结合实际调研的情况，对实际发生作业的增值性进行判断，具体情况见表 7-27。

表 7-27 作业增值性区分

作业中心	具体作业	增值作业	非增值作业
A, 订单处理作业中心	A1, 订单接收作业	√	
	A2, PDA 扫描作业	√	
	A3, 快件查询作业		√
	A4, 问题件处理作业	√	
B, 快件验收作业中心	B1, 点部快件初分作业	√	
	B2, 中转运输作业	√	
	B3, 交接验收作业	√	
C, 快件分拣作业中心	C1, 归类分拣作业	√	
	C2, 分拣质检作业		√
D, 快件封发作业中心	D1, 登单作业	√	
	D2, 总包封装作业	√	
	D3, 总包质检作业		√
E, 运输装卸作业中心	E1, 总包装卸作业	√	
	E2, 车辆发出作业	√	
	E3, 跟车调度作业	√	
	E4, 运输作业	√	
F, 快件投递作业中心	F1, 快件出库作业		√
	F2, 快件派送作业	√	
	F4, 现金结算作业		√
	F3, 签收录入作业	√	

基于初步判断结果可以看出，快件查询、分拣质检、总包质检、快件出库、现金结算等具体作业为非增值作业，但是具体对这些非增值作业予以改进或消除还需要经过进一步的判断分析。

经过对 YT 快递公司业务活动进一步的了解，可以发现：

①快件查询作业产生的主要原因多是由于工作人员未及时将物流信息

第 7 章　物流成本核算与控制的案例分析

录入快件跟踪系统，导致顾客无法自主在网上查询快件信息，该作业环节是完全可以避免的，因此属于非必要的增值作业，并且公司为每个快递员配备了手持 PAD 终端可以直接将运单条码和操作记录通过无线网络实时传输至总服务器，因此在实际操作中公司可以通过加强对业务员的专业技能培训，去除该项作业。

②分拣质检和总包质检作业是对入格的散件以及封装好的总包质量进行检查，实际上并不能改变产品状态，并且质检与否都不会影响上下游作业的执行情况。因此，这两个作业为非增值作业，但是在实际操作中如果直接去掉，可能会导致因快件或总包质量不合格而产生额外损失，因此可通过合并该作业的方式予以改进。

③快件出库作业实际上只是货物在一定空间内的位移，但是该作业是不可以减少的，因此可通过优化物流通道，提高出库前后作业的连贯程度予以改进。

④现金结算作业是可以消除的非增值作业，虽然现在电子支付结算方式已经非常普及，但是仍有一些客户使用现金支付，因此，公司可以通过 APP 实时在线支付或明文规定电子支付的方式，减少派送人员的工作量。

7.4.3　重点作业物流成本控制

前文整体作业流程控制主要是从改进或消除低效、非增值作业的角度出发，以优化整个作业链的效率，为了更全面、更多维度地对 YT 快递公司物流活动发生的成本进行控制，本节通过分析成本—价值权重占比情况，来识别关键作业，并基于作业中各功能耗费以及成本动因的角度对重点作业进行优化控制。

1）重点作业识别

本书将物流活动划分为六个作业中心，每项作业的平均占比为 15% 左右，按照该比例作为衡量基准，通过成本—价值权重坐标图来加以区分，确定作业重要程度划分图，如图 7-14 所示。

社会物流成本效率及发展趋势

图7-14 成本—价值权重坐标

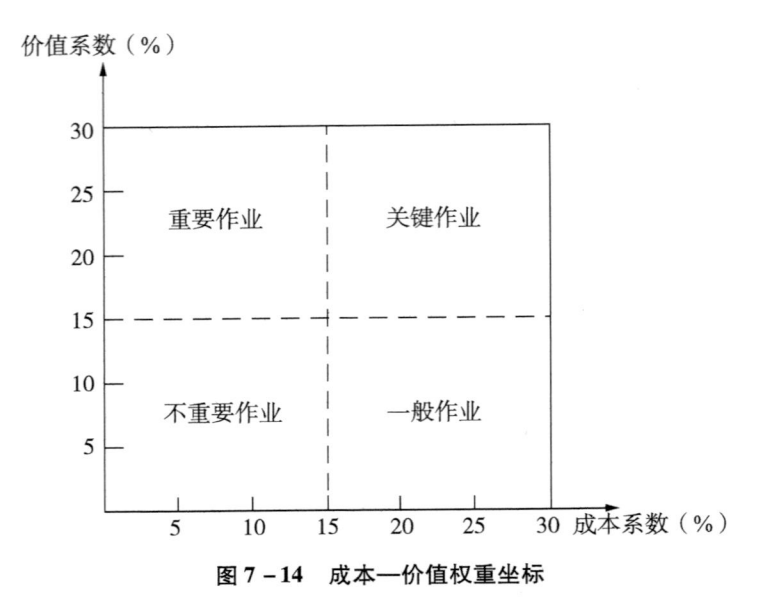

由图 7-14 可以看出：

①当价值系数大于 15% 时，若成本系数大于 15%，则该作业为关键作业；若成本系数小于 15%，则该作业为重要作业。

②当价值系数小于 15% 时，若成本系数大于 15%，则该作业为一般作业；若成本系数小于 15%，则该作业为不重要作业。

把表 7-25 中成本、价值系数具体数值代入坐标图中，可以识别出运输装卸作业以及快件投递作业为关键作业，快件分拣作业为重要作业，订单处理、快件验收、快件封发作业为不重要作业，相对来说重要程度较低。由于前文中已对快件投递作业如何改进优化做出详细论述，接下来将重点对快件分拣以及运输装卸作业物流成本进行优化控制。

2）快件分拣作业物流成本控制

从上述对快件分拣作业物流成本分析情况可以看出，YT 快递公司由于在初分环节采用人工分拣，导致分拣效率低下，并且在分拣过程中前后作业存在脱节，包裹堆积占用空间而导致仓储费用较高。基于此，该环节物流成本控制优化的关键在于提高分拣效率以及减少分拣过程中对时间、空间上的浪费。

第7章 物流成本核算与控制的案例分析

（1）提高分拣作业效率

①在初分环节投入机器等自动化设备。

对 YT 快递公司来说，虽然短期内购买机器设备会导致成本增加，但是从长远角度来看，自动分拣技术可以减少对人力的使用，减轻员工的劳动强度，在降低人工成本的同时提高员工工作效率；同时，人员的工资以及人员闲置的成本也要远远大于购买机器的成本以及机器的闲置成本；此外使用设备分拣操作起来比较灵活，可以实现离散化工作，提高分拣运作效率，从时间以及质量效用上都可以使分拣环节的物流成本控制在合理范围内。

②优化人员配置。

快递分拣作业的强度是根据快递业务量的变化而不断调整的，因此，公司可以在对每周业务量的数据进行统计的基础上，分析并总结变化规律，在事前对工作人员以及工作时间进行规划安排，把低峰期的闲置人员适当地调整到"双11""双12"以及统计数据显示的高峰时段，通过统筹安排，来优化资源配置，控制因人员耗费而产生的物流成本，提高作业效率。

（2）优化分拣上下游作业的连贯性

作业衔接是一个需要多个环节相互协调配合的过程，尤其是从作业流程上看，上游对下游作业的影响是非常大的。因此，针对 YT 快递公司分拣前后作业脱节等问题，在优化时，要充分结合上下游作业状况。分拣作业中心的效率不仅受到归类分拣以及分拣质检作业之间连贯程度的影响，同时也与上游作业交接操作即快件的入库作业，以及下游快件封包出库作业之间的衔接程度有很大的关系。因此企业可以从三个方面来优化作业效率：首先，合理设置入库通道与叉车行走路径，提前清理入库通道，提高入库效率；其次，在初分环节，提高分拣作业流程的连贯度，尽量减少或避免作业脱节、作业拥堵状况的发生，降低闲置成本；最后，在出库环节采用人工与机器设备共同作业的方式，减少因出库造成的分拣备货时间延长而产生的时间闲置成本，从时间效用上减少总耗时，实现物流作业成本的降低。

3) 运输装卸作业物流成本控制

在整个物流活动中，运输装卸作业是承上启下的关键环节，在实际优化控制过程中不仅要从该作业动因出发控制，还要综合考虑与其他各功能之间的内在联系。影响 YT 快递公司运输装卸环节成本的动因主要有快件的重量、价值等属性、总包装卸搬运的次数、货损率、车辆有效配载率、运输距离、运输路线等，因此在控制时要优先从这些指标项目的优化来考虑，同时还要综合考虑其他因素。

（1）降低货损率，提高运输车辆有效配载率

当前物流行业的整体货损率较高，整个行业的平均货损率已超过 2%，YT 快递公司也不例外。调查发现，出现破损的包裹多为易碎品，究其原因主要是在运输装卸途中出现颠簸造成的，并且在运输途中出现破损的快件，只要损失不是特别大，公司也不会耗费精力去关注。因此，针对该问题，YT 快递公司首先应加大员工的培养力度，提高员工的成本控制意识以及运输人员的安全意识，从细节层面降低运输途中的快件损失。此外，要有效利用现代新型运输技术，通过采取托盘化、集装化运输等方式提升运输中转的效率，减少货损率。

针对运输装卸途中的车辆有效配载率，公司应提高运输工具调度的灵活性以及优化配货管理。在快件包裹运输之前，要根据包裹的类型、重量以及体积等选择合适的运输工具，提高载货率。

（2）优化装卸搬运效率

装卸搬运是衔接分拣运输作业的关键，但是通过对 YT 快递公司在装卸搬运环节的实地观察可发现，由于公司只是负责装车和卸车环节的装卸搬运作业，因此，整体现代化程度较低，以人力为主，这样会导致在实际搬运过程中工作效率低下并且易造成快件包裹的破损，为此，公司可以根据不同批次包裹的种类、性质、形状或重量的不同来判断采用推车、叉车或组合装卸的方式，以提高装卸搬运的灵活度，从而提高搬运效率。同时，在装卸搬运的过程中，应当尽量减少装卸次数，公司在装卸搬运的过程中，由于作业流程混乱导致重复搬运，因而造成了许多无效搬运，影响

第 7 章 物流成本核算与控制的案例分析

了搬运的整体效率。

(3) 优化运输路线

从动因层面分析，运输线路的选择也是影响快递公司运输装卸环节成本的重要因素，其中运输线路的选择包含两方面的内容：一个是点部到转运中心的线路；另一个是因货物装卸而发生的叉车到仓库之间的运输线路。从 YT 快递公司运输费用的构成中可以看出，燃油费是消耗最大的资源费用，而运输线路之间的距离决定了燃油费用的消耗，因此线路的优化是公司在控制物流运输成本时需要重点关注的对象。目前，公司的运输费用与其他同类型公司相比较高的大多数原因就是运输路线设置不合理，因此，YT 快递公司在对运输线路进行优化时可以从两方面入手：首先，配合公司的"行者系统"对运输车辆实现全流程追踪，并请专业人士为公司设计科学合理的运输路线；其次，叉车将总包快件运输至仓库之后，最终的搬卸活动还是需要人力来完成，因此，对总包入库的时间需要进行严格把控，并根据总包堆放的位置选择合理的运输路径。

7.4.4 本节总结

本节在基于总成本最低、全面与重点控制相结合以及成本与服务同步控制原则的基础上，同时结合第 6 章作业成本法核算的成本数据，梳理出全过程控制思路。

①通过定性与定量分析相结合的方法，量化成本与价值数据，对六个作业中心的效率进行判断，识别出订单处理作业以及快件投递作业为低效作业，并针对存在的问题提出具体的改进措施，同时对 20 个具体作业的增值性进行区分，通过改进或消除非增值作业来精简作业流程。

②通过坐标轴——对应计算出来的成本—价值权重系数，识别出快件分拣、运输装卸两个重要与关键作业，从提高分拣效率、优化分拣上下游作业连贯性、优化装卸搬运效率、优化运输路线、降低货损率、提高车辆有效配载率等具体层面出发进行优化控制。

③最后从划分责任部门、确定考核指标、考核结果评价三个方面健全物流成本控制绩效考核机制，保障控制措施的有效执行。

7.5 物流成本控制措施

7.5.1 以人为本，加强员工归属感

企业的发展离不开有经验的员工，和其他快递企业相比，YT 快递公司人力成本相对较高。因此，要想对快递物流成本进行有效控制，就需要想尽各种办法来留住那些业务能力较强的员工，这样可以减少人力资源上的重置成本，并且还可以降低招聘成本。企业在管理人员时要以文化为领航，要对同行业员工薪酬情况进行调研，调整员工薪资政策。同时还要定期对一线员工进行慰问，对一线员工推广医食住教行项目。在加强员工归属感基础上降低员工流失率，以此控制人力资源方面的成本。

7.5.2 夯实底盘，加强基础建设

就政府部门而言，要加强和快递企业的相互交流，对交通运输网络进行科学的规划。

就快递相关企业而言，夯实营运底盘，搭建网络平台，进行合理网点布局就显得尤为重要。通过新增网点提高网点覆盖率及市场占有率，增设三级分拨中心，减少中转环节，改变原来运输模式，以此提高时效，提升客户感知度。除此之外，快递企业还要加强自身的服务质量，要对所有快递员工进行专业素养的培训，使其能够认知到服务客户的重要性，从工作人员方面提升企业的形象。通过对服务水平的提升，能有效地降低成本，进而保障快递行业的稳定发展。

7.5.3 合理规划运输路线，减少运输成本

快递物流成本的构成有很多方面，在运输过程中，最主要的就是线路规划。快递企业要想对物流成本进行有效的控制，就需要多种运输方式相结合。在实际运输过程中，需要依据货物的特点选用合理的运输方

第 7 章 物流成本核算与控制的案例分析

式。只有采用合理的运输方式，才能有效避免运输过程中快件出现各类问题。在运输过程中还要依据实际情况，选用最合适的配送路线，要尽可能地避免交叉和不必要的反复运输问题出现，保障在缩短物流时间的基础上降低成本。运输是快递物流过程中的一个关键环节，所以运费是物流成本中占比较大的一部分。要想对快递物流成本进行控制，就要重视运输中的运费问题，要通过降低运费来降低物流总成本。对快递企业而言，要想在现有的基础上提高企业的盈利，首先要做的就是对已经存在的物流运输信息系统进行优化。在我国的快递领域中，已经具备了较为先进的运输信息技术，但是在信息系统上还有较大的改进空间。可以引进一些先进的物流技术和物流设备，将其使用在物流运输过程中，这样可以减少人为工作中的失误和偏差，进而降低运输成本。

7.5.4 降低场地使用费，提高场地坪效

网点的建设是快递行业中影响运输成本的关键因素。因此，要想有效控制运输成本，就需要降低网点场地的使用费，提升场地的利用率。在营改增政策下，房源寻址主体有所变化，房源获得从以往的个人转换成公司。而在这一政策之下，网点的建设就可以获取增值税专用发票，以此来降低网点建设的成本。除此之外，还可以在当地招商引资优惠政策之下获取免费房源，或者是综合当地人群在快递上的消费情况选择距离市区较近的郊区，这样也可以降低网点的租金，进而降低成本。

第 8 章　研究结论与展望

8.1　研究结论

本书以我国社会物流成本的数据为基础，采用协整理论分析了物流成本与影响因素间的长期关系，使用格兰杰因果理论判断影响方向，创建以物流成本为解释变量，其影响因素为被解释变量的关联模型，同时在总结与定义物流、物流业、成本效率等含义的基础上，通过对陕西省物流业相关政策、基础设施、社会物流总费用和能源消耗的现状分析，用 DEA 的三种模型分析了 2005—2017 年陕西省物流业的成本效率，通过实证分析结果表明：

①社会物流成本与第一产业产值、第二产业产值、人均国内生产总值这三个指标彼此存在长期的均衡关系；并且这三个指标都与社会物流成本成正相关关系。当产业产值上升、经济发展水平提高时，社会物流成本也随之提高。

②基础设施建设水平与社会物流成本具有长期协整关系，协同发展，但互不影响。

③第一产业内部结构，农业、渔业对社会物流成本变化产生影响，并且都具有正向影响关系，农业发展的影响大于渔业对物流成本的影响。并根据实证结果提出建议：采取有效措施大力推动我国第一、第二产业向第三产业的转变；推行第一产业产品深加工，提高产品附加值，提高物流效率，间接降低社会物流成本；推广物流行业信息化的交流与普及，实现资源共享，能够保障物流资源合理配置，切实提升物流效率。

第8章 研究结论与展望

④陕西省近年来的总体效率均值在0.95以上，说明陕西省的物流业发展情况较好，资源配置较为有效。

⑤陕西省物流业有些年份未达到DEA有效，造成这一结果的根本原因在于盲目的投入，成本投入使用效率不高，导致无法获得最大的产出效益，通过投影分析，清晰地量化了成本投入的调整尺度，从而提高成本效率。

⑥基于对陕西省经济发展水平、产业结构、物流专业人才、对外开放程度和城镇化水平的现状分析，构建了SFA模型来检验每个因素与成本效率的具体相关系数，研究发现陕西省GDP、产业结构和对外开放程度与物流业成本效率正相关，在校人数和城镇化水平与物流业成本效率负相关。最后根据实证结论提出提高陕西省物流业成本效率的建议：充分利用国家政策，加大走出去步伐；优化产业结构，加快供给侧结构性改革；加快陕西省经济发展，带动物流业发展；培养、吸引、留住物流专业人才；加快建设物流基础设施。

⑦通过分析陕西省物流业发展现状以及陕西省社会物流成本现状，并结合前人对社会物流成本的研究，提出影响陕西省社会物流成本的影响因素。通过对影响因素的分析，在一定的指标选取基础上，构建了陕西省社会物流成本预测的指标体系，将政策背景融入指标体系，较好地体现出陕西省社会物流成本的影响，为日后进一步改进和完善社会物流成本统计指标体系提供一定的具有价值的参考。

⑧运用灰色关联度分析方法分析了指标体系中各影响指标对陕西省社会物流成本的关联程度，其中交通固定资产投资额的关联度极强，关联度为0.894；周边国家和地区进出口总值的关联度次之；第一产业占GDP比重这一因素的关联度最低，这与第一产业在三次产业的比重最小有着不可分割的联系。对各项指标进行灰色关联度分析可以有效分析指标体系的科学性，为下一步预测打下基础。

⑨运用主成分线性回归模型以及灰色神经网络预测模型对陕西省社会物流成本进行预测，并对两种方法预测得到的结果与实际值进行误差分析，得到灰色神经网络预测方法的误差水平较低，可以取得较好的效果，

因此选用它进行最终的预测，得出陕西省社会物流成本未来五年的具体数据，并绘制趋势图。未来五年，陕西省的社会物流成本增长速度预计会保持在 10.63% 左右，根据陕西省历年的社会物流成本数据来看也基本保持着 13% 左右的增长速度。从对陕西省社会物流成本进行预测的结果来看，灰色神经网络预测模型只需少量的数据即可进行建模，可以用于社会物流成本的分析及预测。

8.2 展望

降低社会物流成本与提高物流服务水平是物流成本管理最基本的问题。通过对社会物流成本的有效把握，科学、合理地组织物流活动，加强对物流活动过程中费用支出的有效控制，从而达到降低社会物流总成本以及提高企业和社会经济效益的目的。随着社会物流成本统计数据的继续深化，相关的数据资料将更加丰富和准确，可以有效地促进社会物流成本的深入研究。但是社会物流成本是一个复杂的系统，每个组成部分及其之间的相互关系十分复杂，对社会物流成本问题还有待进一步深入研究。

参考文献

[1] 庞绪庆. 京津冀物流业与经济协同发展的实证研究 [J]. 天津商业大学学报, 2014, 34 (5): 20 – 26.

[2] Ar Ch Shaw. Some Problem of Marketing Distribution [M]. Cbridge: Harvard University Press, 1975.

[3] 日本运输省. 物流成本计算统一标准 [S]. 1977.

[4] D M Lambert. Fundamentals of logistics management [M]. Boston: Irwin/Mc Graw – hiss, 1998.

[5] Outi Manunen. An activity – based costing model for logistics operations of manufacturers and wholesalers [J]. International Journal of Logistics: Research and Applications, 2000, 3 (1): 53 – 65.

[6] Amy Z Zeng. Developing a framework for evaluating the logistics costs in global sourcing processes [J]. International Journal of Physical Distribution & Logistics Management, 2003, 33 (9): 784 – 804.

[7] GB/T 20523 – 2006, 企业物流成本构成与计算 [S]. 百度文库, 2015.

[8] 詹国华. 物流活动成本核算及分析 [M]. 北京: 中国物资出版社, 2004.

[9] 冯社苗. 我国社会物流成本的经济学解析 [J]. 商业时代, 2009 (14): 15 – 31.

[10] 王之泰. 流通成本及物流成本问题探讨 [J]. 中国流通经济, 2013 (5): 12 – 15.

[11] 宋则. "十三五"期间促进我国现代物流业健康发展的若干要点 [J]. 财贸经济, 2015 (7): 5 – 14.

[12] 徐春雨, 孙丹. 降低物流成本的策略和方法研究 [J]. 中国管理信

息化，2016，19（6）：21-22.

[13] GB/T 18354-2006，物流术语（修订版）[S]．百度文库，2016.

[14] Anon. Commercial development of regional ports as logistics centres [J]. Economic and Social Commission for ASIA and the PA, 2002：81-95.

[15] 郑飞，李逢玲．一类区域物流成本的预测方法研究[J]．物流工程与管理，2017（4）：28-29+27.

[16] 吴海建，廉亚楠，李倩倩．省际社会物流成本统计比较分析[J]．物流科技，2019，42（2）：45-49.

[17] 张弘．中美物流成本比较研究[J]．中国流通经济，2014（6）：65-69.

[18] 王华．从物流成本看我国物流业发展现状[J]．物流科技，2017（6）：34-39.

[19] 张依．铁路取消部分货运收费项目[N]．人民铁道报，2017-08-01（A1）．

[20] Linda K Nozick, Mark A Tumquist. Inventory, transportation, service qualityand the Locationof distribution centers [J]. European Journal of Operation Research, 2001 (9): 362-371.

[21] David Dollar, Alejandro Micco. Port efficiency, maritime transport costs and bilateral Trade [J]. Evelopment Economics, 2004 (75): 417-450.

[22] Hens Runhaar, Rob van der Heijden. Public policy intervention infreight transport costs [J]. Effects on printed media logistics in the Netherland's Transport Policy, 2005 (12): 35-46.

[23] Olorunniwo F, Li X M. Current practice in reverse logistics: Findings from three case studies [J]. Production and Operation Management Society, 2007, 21 (8): 131-145.

[24] 王丽颖．产业结构因素对物流成本占GDP比重的影响[J]．现代商业，2007（16）：70.

[25] 张军，刘惠梅，孙克任．我国物流成本区域差异的比较[J]．企业经济，2008（1）：127-129.

[26] Morrison Stuart, Rowbottom Ulrike, Broom Dominic. Logistics and finance

［J］. Logistics & Transport Focus, 2009, 11（2）：36－37.

［27］ Graham Heaslip, Amir M Sharif, Abrahim Althonayan. Employing a systems－based perspective to the identification of inter－relationships within humanitarian logistics［J］. International Journal of Production Economics, 2012, 139（2）：377－392.

［28］ 张铁山, 郭晓薇. 社会物流总费用变化趋势与影响因素分析［J］. 物流工程与管理, 2014, 36（9）：37－39＋11.

［29］ 丁俊发. 中国物流业发展的新动力新机遇新模式［J］. 中国流通经济, 2014（2）：9－15.

［30］ 范林榜. 社会物流成本占 GDP 比重的影响因素［J］. 财经科学, 2014（8）：59－74.

［31］ 陈淑娴. 物流成本占 GDP 比重中的产业结构因素［J］. 物流科技, 2015（8）：54－56.

［32］ 翁心刚. 对我国物流成本的再认识［J］. 中国流通经济, 2016（5）：5－11＋17.

［33］ 刘承子, 刘丽英. 影响我国企业物流成本的因素及控制策略探讨［J］. 物流技术, 2017, 36（10）：37－39＋56.

［34］ 李彦, 肖康元. 物流园区对区域经济效益的影响研究［J］. 交通财会, 2017（6）：100－101.

［35］ 李守林, 赵瑞, 陈丽华. 基于 ANP 的物流成本影响因素研究分析［J］. 工业技术经济, 2018, 37（6）：106－116.

［36］ 张兆民, 韩彪. 社会物流费用占 GDP 比重分解与中美比较［J］. 中国流通经济, 2018, 32（7）：27－35.

［37］ 冯社苗. 基于 GRNN 神经网络的社会物流成本预测研究［J］. 武汉理工大学学报（交通科学与工程版）, 2010（6）：1209－1212.

［38］ 胡晓冰. 三十年来我国产业结构的演进和趋势［J］. 北方经贸, 2010（2）：34－39.

［39］ 漆世雄. 基于灰色关联分析 GDP 与社会物流成本比较研究［J］. 物流技术, 2012（1）：11－13.

[40] 赵东明. 基于定量和边际分析的降低我国社会物流总费用占 GDP 比重研究 [J]. 物流工程与管理, 2012, 34 (3): 3-5.

[41] 庞锦. 我国物流成本分析及政策建议 [J]. 宏观经济管理, 2013 (8): 66-67.

[42] 钟贤柏. 社会物流总费用占 GDP 比重的影响因素 [J]. 运输经理世界, 2013 (12): 58-59.

[43] 代子林. 中美社会物流成本与 GDP 定量关系研究 [J]. 物流工程与管理, 2014 (5): 34-37.

[44] 黄瑛子. 广西: 社会物流成本预测与经济发展关联分析 [J]. 综合运输, 2014 (8): 55-56.

[45] 林勋亮, 陈挺. 我国运输业发展水平与社会物流成本影响关系研究 [J]. 中大管理研究, 2015 (6): 112-115.

[46] 汪文生. 降低社会物流总费用占 GDP 比重的对策研究——基于多元回归模型的实证分析 [J]. 工业技术经济, 2016 (9): 23-24.

[47] 付新平, 田丹, 樊东方. 我国国民经济发展与社会物流需求及其弹性分析 [J]. 物流技术, 2017, 36 (3): 1-3+7.

[48] 郑定杰. 经济发展新常态下产业结构优化分析 [J]. 农家参谋, 2019 (5): 277.

[49] 吴文洁, 刘雪梦. 区域异质性、环境规制与制造业产业升级 [J]. 财会月刊, 2019 (6): 108-116.

[50] 李勇刚, 王猛. 土地财政与产业结构服务化—— 一个解释产业结构服务化"中国悖论"的新视角 [J]. 财经研究, 2015, 41 (9): 29-41.

[51] Akamatsu K. Historical pattern of economic Growth in Developing Countries [J]. Developing Economies, 1962 (1): 1-23.

[52] R Vernon. International Investment and International Trade in the Product Cycle [J]. Quarterly Journal of Economics, 1966, 80 (2): 190-207.

[53] H Chenery, M Sycqquin. Patterns of Development, 1950-1970 [M]. New York: Oxford University Press, 1975: 68-70.

[54] 刘伟. 工业化进程中的产业结构研究 [M]. 北京: 中国人民大学出

版社，1995.

[55] 李红梅.21世纪中国产业结构调整的战略选择［J］.首都师范大学学报（社会科学版），2010（6）：56-60.

[56] 江小涓，李辉.服务业与中国经济：相关性和加快发展的潜力［J］.经济研究，2014（1）：4-8.

[57] 焦继文，李冻菊.再论产业结构合理化的评判标准［J］.经济经纬，2014（4）：88-91.

[58] 马晓国.江苏产业结构调整的计量分析与实证研究［D］.南京：南京航空航天大学，2015.

[59] 何德平，闫子恒.中国产业结构与经济增长关系的统计研究［J］.现代商贸工业，2019，40（9）：7-9.

[60] Koopmans. Analysis of production as an efficient combination of activities［J］. Activity Analysis of Production and Allocation，1951（13）：33-37.

[61] M J Farrell. The measurement of productive efficiency［J］. Journal of Royal Statistical Society Series，1957，120（3）：253-290.

[62] Leibenstein. Allocative efficiency vs "X-efficiency"［J］. The American Economic Review，1966，56（3）：392-415.

[63] Kim H J, Ray S C. Cost efficiency in the US steel industry: A nonparametric analysis using data envelopment analysis［J］. European Journal of Operational Research，1995，80（3）：654-671.

[64] Goto M, Tsutsui. Comparison of productive and cost efficiencies among Japanese and US electric utilities［J］. Omega，1998，26（2）：177-194.

[65] Cummins J D, Tennyson S, Weiss M A. Consolidation and efficiency in the US Life insurance industry［J］. Journal of Banking & Finance，1999，23（24）：325-357.

[66] 赵永亮，徐勇.我国制造业企业的成本效率研究［J］.南方经济，2007（8）：46-55.

[67] 韩晶.中国高技术产业创新效率研究——基于SFA方法的实证分析［J］.科学研究，2010，28（3）：467-472.

[68] Ivan Huljak. Cost efficiency of banks in Croatia [J]. Croatian Review of Economic, Business and Social Statistics, 2015, 1 (1-2): 12-26.

[69] Busayo Bidemi Adeyemi. Cost efficiency among rice millers in Southwest Nigeria [J]. International Journal of Social Economics, 2017, 44 (12): 2450-2465.

[70] 邓学平, 王旭. 我国物流企业生产效率与规模效率 [J]. 系统工程理论与实践, 2009, 29 (4): 34-42.

[71] 张毅, 陈圻. 基于 NEW-COST-DEA 模型的中国上市物流公司成本效率研究 [J]. 华东经济管理, 2011 (4): 74-79.

[72] 柳键, 邱国斌. 基于 DEA 模型的我国物流投入产出效率分析 [J]. 物流工程与管理, 2011, 33 (1): 5-9.

[73] 雷勋平, 刘思峰. 基于 DEA 的物流产业效率测度实证研究——基于我国 31 个省、市、自治区 2008 年投入产出数据 [J]. 华东经济管理, 2012, 26 (7): 62-66.

[74] Fedele Iannone. The private and social cost efficiency of port hinterland container distribution through a regional logistics system [J]. Transportation Research Part A, 2012, 46 (9): 1424-1448.

[75] 赵艺婷. 浅析第三方物流企业成本及效率评价体系 [J]. 物流技术, 2015 (10): 40-41.

[76] 冯利朋, 邓德学. 市场化程度与物流企业成本效率的关系研究 [J]. 重庆文理学院学报 (社会科学版), 2016 (6): 125-129.

[77] 范璐, 王爱虎. 中国上市物流企业成本效率动态分析——基于 Cost Malmquist 指数 [J]. 软科学, 2016 (6): 71-74+87.

[78] Predrag Ralević. Using a nonparametric technique to measure the cost efficiency of postal delivery branches [J]. Central European Journal of Operations Research, 2016, 24 (3): 637-657.

[79] 黄振. 基于数据包络分析模型的湖南省物流业投入产出效率研究 [J]. 知识经济, 2018 (3): 73-74.

[80] 叶影霞. 基于 DEA 的广东省地区物流投入产出效率分析 [J]. 宿州

学院学报,2018,33(3):5-9.

[81] 田刚,李南. 中国物流业技术效率差异及其影响因素研究——基于省级面板数据的实证分析[J]. 科研管理,2011,32(7):34-44.

[82] 景保峰,周霞,胡爱媛. 基于随机前沿分析的上市物流公司技术效率评价[J]. 工业工程,2012,15(2):41-47.

[83] 李葵,曹国,张忠. 基于随机前沿成本模型的上市物流企业成本效率比较研究[J]. 商业经济研究,2016(24):173-175.

[84] 于丽静,陈忠全. 低碳视角下中国区域物流效率研究——基于SFA与PP的实证分析[J]. 生态经济,2017,33(4):43-48+91.

[85] 郑秀娟. 基于随机前沿的物流业发展效率及区域差异分析[J]. 统计与决策,2018,34(18):121-124.

[86] 张云凤,王雨. 物流产业效率评价及影响因素分析[J]. 统计与决策,2018,34(8):109-112.

[87] 田宇. 物流效率评价方法研究[J]. 物流科技,2000(2):15-19.

[88] 张毅,牛冲槐. 中国上市物流公司成本效率收敛分析[J]. 管理评论,2013(9):167-176.

[89] 王琴梅,谭翠娥. 对西安市物流效率及其影响因素的实证研究——基于DEA模型和Tobit回归模型的分析[J]. 软科学,2013(5):70-74.

[90] 路天浩,韦进德. 基于DEA模型的广西物流投入和产出效率分析[J]. 商,2015(40):250-251.

[91] 朱佳翔,蔡建飞,谭清美. 基于超效率DEA的物流服务业技术效率实证分析[J]. 经贸实践,2017(16):185+187.

[92] 唐建荣,杜娇娇,唐雨辰. 区域物流效率评价及收敛性研究[J]. 工业技术经济,2018,37(6):61-70.

[93] 仲昇. 外生性环境因素对中国农产品物流业技术效率影响作用研究——基于2000—2015年数据的实证分析[J]. 物流科技,2018,41(9):18-22.

[94] 廖迎,阮陆宁. 区域物流与区域经济增长的实证研究——基于面板单

位根与面板协整分析［J］. 南昌大学学报（人文社会科学版），2006，39（3）：64-69.

[95] 李克宁. 谈物流成本与GDP［J］. 中国流通经济，2002（4）：11-13.

[96] 王建海. 论中国物流成本管控现状与对策［D］. 北京：对外经济贸易大学，2006.

[97] 邹飞，韩玉麒. 对一个常用物流评价指标的重新思考［J］. 物流科技，2005（5）：74-76.

[98] 吴鹏华. 关于物流成本的几个问题［J］. 铁路采购与物流，2007，6（1）：21-22.

[99] Donald. The elements of successful logistics partnership［J］. International Journal of Sisal Distribution and，1998，45（1）：117-142.

[100] Newton de Castro. Logistics costs and Brazilian regional development［J］. Research Report of the World Bank，2004（8）：72-120.

[101] 张亮亮，周石鹏，张洋. 我国物流成本与GDP的关系——基于时间序列模型的实证分析［J］. 科技与管理，2012（3）：99-103.

[102] 丁雪慧. 回归分析法在物流成本预测中的应用［J］. 财会通讯，2009（11）：120-121.

[103] 孙淑生，罗宝花. 多元线性回归模型在物流成本预测中的应用［J］. 商业时代，2014（18）：19-21.

[104] 岳俊. 基于主成分回归的企业物流成本多元线性预测模型研究［J］. 价值工程，2017，36（24）：28-30.

[105] 田博，欧光军，汪奎. 基于主成分回归分析的商品流通企业物流成本预测研究——以H公司为例［J］. 商业经济研究，2018（5）：123-126.

[106] 刘雷，陆琳. 我国物流成本灰色预测研究［J］. 财会通讯，2011（17）：135-136.

[107] 侯晓华. 灰色关联理论在物流成本预测中的应用［J］. 物流技术，2013（9）：293-295.

[108] 刘柏阳. 基于灰色系统理论的区域物流成本分析及预测研究［D］.

赣州：江西理工大学，2015.

[109] 高子源. 基于改进灰色模型的物流成本预测研究[J]. 现代商贸工业，2016（19）：31-32.

[110] Timo, Linear models. smooth transition autoregressions and neural networks for forecasting macroeconomic time series：Are-examination [J]. International Journal of Forecasting，2005（21）：755-774.

[111] Real Carbonneaut. Application of machine learning techniques for supply chain demand forecasting [J]. European Journal of Operational Research，2007（3）：27-35.

[112] Luis Aburto. Improved supply chain management based on hybrid demand forecasts [J]. Applied Soft Computing，2007（7）：136-144.

[113] 牛忠远. 我国物流需求预测的神经网络模型和实证分析研究[D]. 杭州：浙江大学，2006.

[114] 魏连雨，庞明宝. 基于神经网络的物流量预测[J]. 长安大学学报（自然科学版），2004（6）：55-59.

[115] 胡心专，张亚明，张文文. BP神经网络在社会物流成本预测中的应用[J]. 企业经济，2010（10）：93-95.

[116] 张吉刚，梁娜. 基于改进BP模型的我国社会物流总成本预测[J]. 统计与决策，2014（6）：61-63.

[117] Banker R D, Chang H H. Flexibility of activity resources and behavior of activity costs [J]. The Chinese Accounting Review，1994（9）：23-50.

[118] 张彦，丁冉. 作业成本法的成本内涵及其应用[J]. 财会月刊，2015（7）：120-121.

[119] Cooper R, Kaplan R S. Measure costs right：Make the right the decisions [J]. Harvard Business Review，1988，2（3）：97-98.

[120] Manunen O. An Activity-Based Costing Model for Logistics Operations of Manufacturers and Wholesalers [J]. International Journal of Logistics Research & Applications，2000（1）：53-65.

[121] R S Kaplan, S R Anderson. Time-driven activity-based costing [J].

Harvard Business Review, 2004 (82): 131 – 138.

[122] 廖春梅. 作业成本法国内文献综述 [J]. 全国流通经济, 2017 (4): 104 – 105.

[123] 贲友红. 作业成本法在快递物流成本管理中的应用研究 [J]. 价格理论与实践, 2017 (12): 82 – 85.

[124] 贺琼, 杜敏. 作业成本法在物流企业成本核算中的应用 [J]. 武汉理工大学学报 (信息与管理工程版), 2004 (4): 157 – 160.

[125] 苗玉树, 刁培培, 刘淑琴. 基于作业成本的企业物流成本控制系统设计 [J]. 物流技术, 2014 (17): 249 – 251.

[126] 何灵, 张万磊. 基于 TDABC 的第三方物流企业成本控制模型研究 [J]. 经营与管理, 2018 (1): 134 – 139.

[127] 赵莉, 李之红. 日本物流调查的经验与借鉴 [J]. 城市交通, 2017, 15 (4): 95 – 101.

[128] 西泽修. 流通费用 [M]. 东京: 早稻田大学出版社, 2000.

[129] Cavinato J L. A total cost/value model for supply chain competitiveness [J]. Journal of Business Logistics, 1992, 13 (2): 285 – 301.

[130] Pirttilä T, Huiskonen J. A framework for cost – service analysis in differentiation of logistics services [J]. International Journal of Production Economics, 1996, 45 (1): 131 – 137.

[131] Hyunsoo Kang, Mincheol Kang, Sora Yoon, Dongju Kim. A consumer value analysis of mobile internet protocol television based on a means – end chain theory [J]. Service Business, 2014 (67): 84 – 88.

[132] Walter Alt, Christopher Schneider. Linear – quadratic control problems with L1 – control cost [J]. Optim. Control Appl. Meth, 2015 (3): 64 – 68.

[133] Benjamin T Hazen, Joe B Hanna, Dianne J Hall. Incorporating logistics enterprise architecture: a diffusion of innovation perspective [J]. International Journal of Logistics Research and Applications, 2014 (6): 17 – 23.

[134] 史锦梅. 我国物流企业供给侧结构性改革的应对之策 [J]. 中国流

通经济，2016，30（8）：22-27.

[135] 龚雪. 降低物流成本的理论与政策研究：文献综述与研究展望［J］. 河北经贸大学学报，2018，39（1）：91-95.

[136] 王增慧. 美国物流成本的计算对我国物流成本优化的启示［J］. 物流技术，2014，33（13）：65-67.

[137] 胡博. 试析"互联网+物流"成本控制存在的问题及对策［J］. 商业经济，2017（12）：44-45.

[138] 李亚坤. 供应链环境下物流成本研究［J］. 合作经济与科技，2015（3）：130-132.

[139] 戴钰慧，张学慧. 基于供应链视角的制造企业物流成本核算与控制［J］. 山西财经大学学报，2017，39（S2）：19-20.

[140] 任颖洁. 作业成本法在汉中物流企业中应用因素分析［J］. 会计之友，2011，（10）：26-27.

[141] 姚亮. 作业成本法在速递物流企业成本控制中的应用研究［D］. 济南：山东大学，2013.

[142] 韩丽敏. B2C模式下快递退货逆向物流成本控制研究［J］. 物流工程与管理，2015，37（6）：51-52.

[143] 李滕. 作业成本法在快递行业的分析及应用——以申通快递公司为例［J］. 商场现代化，2018（1）：63-64.

[144] 韩海轩. 作业成本法在快递物流成本管理中的应用研究［J］. 中国管理信息化，2018（12）：26-27.